周蓓 主編

『民國專題史』叢書

姚舜欽 著

河南人民出版社

秦漢哲學史

以哲學思潮爲經，以代表性的哲學家爲緯，以治西方學術的態度叙述先秦哲學各個流派的起伏狀況及其因果關系

圖書在版編目(CIP)數據

秦漢哲學史 / 姚舜欽著. —鄭州 : 河南人民出版社,
2016. 4(2017. 1 重印)
(民國專題史叢書 / 周蓓主編)
ISBN 978 - 7 - 215 - 10040 - 4

Ⅰ. ①秦… Ⅱ. ①姚… Ⅲ. ①哲學史 - 中國 -
秦漢時代 Ⅳ. ①B232

中國版本圖書館 CIP 數據核字(2016)第 079703 號

河南人民出版社出版發行
(地址 : 鄭州市經五路 66 號　郵政編碼 : 450002　電話 : 65788063)
新華書店經銷　　河南新華印刷集團有限公司印刷
開本 710 毫米×1000 毫米　1 / 16　印張 25. 75
字數 380 千字
2016 年 4 月第 1 版　　2017 年 1 月第 3 次印刷

定價 : 166. 00 圓

出版前言

中國現代學術體系是在晚清西學東漸的大潮中逐步形成的。至民國初建，中央政治權威進一步分散和削弱，加之新文化運動帶給國人思想上的空前解放，新學的啓蒙，新知識分子的産生，民國學術如草長鶯飛，進入一個自由而蓬勃的時代。中國傳統學科乃中國學術之根基與菁華所在，民國學人采用『取今復古，别立新宗』之方法，引入西方的學術觀念，積極改造，使史學、文學等學科向現代學術方向轉型。此外，大力推介西方社會科學的新學科和自然科學，在學習、借鑒乃至移植西方現代學術話語和研究範式的過程中，逐漸建立中國現代學科，使中國的學科門類迅速擴展。一時間，新舊更迭，中西交流，百花齊放，萬壑争流，開創了中國現代學術的源頭。

伴隨知識轉型和研究範式轉换而來的，還有學術著作撰寫方式的創新。中國古代的著作向來以單篇流傳，經後人整理匯編後，方以成册成集的面目出現并持續傳播。直到十九世紀末，東西方的歷史編撰體裁不外乎多卷本的編年體、紀傳體和紀事本末體等，章節體的出現標志着近代西方學術規範的産生和新史學的興起。章節體具有依時間順序，按章節編排；因事立題，分篇綜論；既分門别類，又綜合通貫的特點。以章、節搭建起論述之框架，結構分明，邏輯清晰，較傳統的撰寫體裁容量大、系統性强。它的傳入，使中國現代學術體系從内容到形式被納入了全球化的軌道。民國時期專題史的研究、譯介、編纂、出版恰恰是在這樣的背景下欣欣而發，是學術的實驗場，也是歷史的記録儀。編選『民國專題史』叢書的初衷正是爲了從一個側面展示中國學術從傳統向現代過渡的歷史進程。

專題史是對一個學科歷史的總結，是學科入門的必備和學科研究的基礎，也是對一個時代艱深新鋭問題的解答，是學術研究的高點。民國專題史著作中，既包含通論某一學科全部或一時代（區域、國别）的變化過程的，又囊括對一時代或一問題作特殊研究的，還有少部分是對某一專題的史料進行收集的。原創與翻譯并重，翻譯的底本大多選擇該學科的代表著作或歐美大學普及教本，兼顧權威性和流行性，其中日本學者的論著占據了相當比重。日本與中國同屬東亞儒家文化圈，他們在接納西方學術思想和研究模式時，已作了某種消化與調適，從思維轉換的角度看，更便于中國借鑒和利用，他們的著作因而被時人廣泛引進。

與當代學術研究日趨專業化、專門化、專家化的『窄化』道路迥乎不同的是，中國傳統學術崇尚『學問主通不主專，貴通人不尚專家』的通識型治學門徑，處于過渡轉型期的民國學術在不同程度上保留了這種特徵。民國學術大師諸學科貫通一脉，上千年縱横捭闔之功力自不待冗言，外交家著倫理政治史，文學家著哲學史，化學家著戰争史等亦不乏其人，民國專題史研究呈現出開放、融通、跨界撰述的特點。與此同時必須看到，自晚清以來，中國的命運就在外侮屢犯、內亂頻仍的窘境中跌宕彷徨，民族存亡仿若命懸一綫。這股以創建學科、總結經驗、解决問題爲指歸的專題史出版風潮背後，包裹着民國學人企望以西學爲工具拯民族于衰微的探索精神，及以學術救亡的愛國之心。梁任公曾言：『史學者，學問之最博大而最切要者也，國民之明鏡也，愛國心之源泉也。』這種位卑未敢忘憂國的歷史使命感和國民意識是今人無法漠視和遺忘的。

『民國專題史』叢書收録的範圍包括現代各個學科，不僅限于人文社會科學，學科分類以《民國總書目》的分科爲標準，計有哲學、宗教、社會、政治、法律、軍事、經濟、文化、教育、語言文字、中國文學、外國文學、中國歷史、西方史、自然科學、醫學、工業、交通共19個學科門類。本叢書分輯整理出版，內不分科，單本發行，方便讀者按需索驥。既可作爲大專院校圖書館、學術研究機構館藏之必備資源，也可滿足個人研讀或興趣之收藏。

與目前市場已有的一些專題史叢書相比，『民國專題史』叢書具有規模大、學科全、選本精、原版影印的特點。本叢書選目首重作者的首創、權威和著作影響力，尤其注重選本的稀見性。所謂稀見，即建國後没有再版，且多數圖書館没有收藏，或即便有收藏，也是歸于非公開的珍本之列予以保存，普通讀者難以借閲。部分圖書雖有電子版，但作爲學術研究的經典原著讀本，紙質版本更利于記憶和研究之用。本叢書精揀版本最早、品相最佳的原版圖書作爲底本，因而還具有很高的版本收藏價值。

『民國專題史』的著作是民國學者對于那個時代諸問題之探究，往往有獨到之處，無論其資料、觀點短長得失如何，要之在中國現代學術史的構建與發展進程中，自有其開宗立論之地位。

張序

友人姚君舜欽在光華大學任教。我在光華大學時過從甚密。每見必談哲學。當時姚君所注重是人生觀問題。我亦正講倫理思想史。所以相與討論往往至數小時之久。以我所見，好學深思之人當推姚君。

別後四五年，不料姚君已由治西方哲學而轉入于治中國哲學。自胡適之先生之中國哲學史大綱出版以來，書店中此類中國哲學史之著作先後出世不下五六種。當然一半由于不滿意于胡書而作。就中作者對于中國舊籍或較胡先生爲深。而能以西方治學之態度出之，恐尚不及胡書。因爲一方必須深邃于古書，而他方又必須能諳西學，此本爲難事。姚君近有秦漢哲學史之作。他却能以治西方學術的態度來從事于中國思想史之編纂。此固爲近來中國學術界之趨向，然而却是可喜的現象。並且似乎他有見于先秦一時期已爲當世學者深切注意，而獨于秦漢之交則尚有待于董理。往往哲學史注重于若干大思想家，換言之，卽成一家言之人人。至于折衷派與調和派則不視爲重要。此乃西方哲學史之體例。作中國哲學史似亦不能例外。姚君則欲于此一補此種缺憾。凡姚君所述不是一派之創始者，而多爲自居于一派而又兼收他派之長之人。所以姚君于其書中云：「先秦哲學是創造的；秦漢哲學是混成的。」學者往往以爲其係混成，必無新意含于其中。其實不然。姚君又云「秦漢哲學家乃或以各種不同的互相配合，或則引用陳說，而附以新詮釋。……世人亦遂多誤認爲舊說，然仔細推尋，其中異同之迹自有可見。」此眞是研究有得之言。世人總喜歡恭維獨樹一幟的大思想家，而于折衷各派的學者則視爲第二流。我以爲我們苟細研究思想史必見此種第二流之思想家其貢獻于人類思想界並不在第一流大思想家以下。往往此一時代之大思想家實由先一時代之第二流思想家所啓發。我嘗持論以爲折衷的思想家總是失敗的思想家，而創造的思想家則是成功的思想家。但不有折衷的思想家則亦必不有創造的思想家。正似一爲無名之英雄，一爲有名之英雄。殊不知有名英雄之事業皆藉無名英雄之力而成。世人但知謳歌有名之英雄，不過表示眼光短淺而已。就我個人而論，我卽願在哲學史上作一個無名英雄，以供將來中國有新哲學出現時之取資。不知姚君亦同有此志與否。拉雜書此，聊以當序。

民國二十三年三月三日　張東蓀序于北平。

蔣叙

自來治哲學史者，敘先秦思想，則有聲有色，如春花怒放，取之不盡，用之不竭。至敘及秦漢哲學，則材料既覺其貧弱，思想尤不見嶄新，正如秋夜寂寥，索索無生氣者。蓋以先秦思想是創造的，秦漢之思想是因襲的，事實如是，無可諱言也。雖然，秦漢哲學果能以因襲二字，一筆抹殺乎？此不特厚誣秦漢之學者，適以見吾儕讀書未能細心，遂乃人云亦云，隨聲附和耳。姚君舜欽究心哲學有年，與余同在光華大學任教，過從甚密，常以爲普通詆秦漢思想爲因襲，是皮相之論，秦漢學者自有其立場，自有其獨到處，惜後人未加以董理耳。乃毅然引爲己任，積年探討，認爲秦漢哲學，實爲中國哲學史上値得特別注意的一階段；而揭櫫其要義曰：「秦漢哲學是混成的，雖以墨守一家之說相標榜，實多容納他說。此種情勢，時代愈後而愈甚。又是翻陳出新的，……或以各種不同的互相配合，或則引用陳說，而附以新詮釋，重新布置，壁壘一新。……世人多誤認爲舊說，然仔細推尋，其中同異之迹，自有可見。」最後乃評定秦漢哲學之價值云：「哲學思潮轉變之動向，開始於秦朝，穩定於兩漢。」本此旨趣，撰成秦漢哲學史。書中特筆敘述者四派：一、法家，二、道家，三、儒家，四、雜家，都十餘萬言。余受而讀之，覺所述秦漢思想之演變，脈絡貫通，瞭如指掌，間下評斷，亦全持客觀態度，語語精當，苟非姚君識見之卓，用力之勤，曷克臻此。是書將付印，問序於余，爲識數語於此。

民國二十四年六月　蔣維喬敘於因是齋

呂序

學術之興替，豈不以其時哉？世稱東周之時，百家並起，神州學術，於斯爲盛；漢武表章六藝，相切劘相駁詰之風絕，學術因之衰落焉；此不審情實之談也。凡有思想，能遠觀上古，深察當時，創立一說，以闡發宇宙之祕奧，策厲人羣，使之上進者，其人或代不一覯；苟其有之，必非時主之好尙所能囿也。彼因官祿之勸，而遂奔走恐後者，何人而豈足以語於是哉？漢世儒學之獨盛，非人主之好尙爲之，時勢實使之然也。先秦學術，盡於九流。九流之中，縱橫家僅以一節自效，一統之世，無所用之。墨家以哀矜惻怛之心，行勤生薄死之事，乃凶荒札喪之變禮，非平世所當務；抑非治人者所能堪，爲神農之言者，欲使其君與民並耕而食，饔飧而治；黃老之徒，則慨慕夫雞鳴狗吠相聞，老死不相往來之境；皆欲輓世運使逆行，理雖高而勢則格。惟儒與名法，一主以德化民，一主操術以督責其下，皆言治所必資。陰陽之家，在漢世徒鶩於改正朔易服飾之末，然鄒子之言曰：「政教文質者，所以云救也，當時則用，過則舍之」，其意亦類於儒家之通三統。史遷論鄒奭，謂其文具難施，度其言治制必甚詳，惜無傳於後耳。漢宣帝曰：「漢家自有制度，以王霸雜之」，王指儒，霸指法也。蕭曹之無爲，文景之恭儉，李耳墨翟之遺意也。雖賈生亦嘗草具改正朔易服色之事，其意固曰「法制度，定官名，與禮樂，爲一王法」，豈徒雍容於廟堂之上，侈圜橋之觀聽哉？然則先秦之學，周於世用者，漢人皆已取其意而用之矣。又獨隆儒者，平世之治，固當以教化爲本。夫爲學者，不能不專攻以致其精，及其用之也，不能無兼攬以成其大。諸子之學，譬諸水火，相滅亦相生；貴兼收並蓄，而不可以相無。莊周久言之，而雜家亦久行之矣。道家言「羣臣並至，使各自明」；儒者亦曰「學無當於五官，五官弗得不治」；安得謂漢世學術，不逮先秦乎？姚子舜欽，好學深思，心知其意，著爲是書，於秦漢人之哲學，一一窮其原委，辨其異同，可以釋世論之惑，而學術進化之迹，亦自此而益明矣。循誦既終，欣歎無已。

民國二十四年九月二十一日　同邑呂思勉序

自序

中國哲學史已出版者，論述先秦的獨多，且獨詳。這似顯示我國哲學史，祗有先秦的值得注意，其餘可以簡略出之。實在，其餘的也有細究的必要。雖自秦統一以後，哲學已轉變傾向，不若以前的引人注意；但其影響後世之深切，或猶甚於先秦哲學。此轉變的樞紐，卽在秦漢。今秦漢哲學史之撰述，意不僅在證明秦統一以後的哲學有細究的必要；且欲申述我國哲學史上一大轉變的關鍵。

全書的組織，以哲學思潮爲經，以代表哲學思潮的哲學家爲緯。各個哲學思潮之起伏情狀，及其因果關係，都特筆申說。各個哲學家學說，都採取原料，以整理其整個體系。不過有幾個後世公認的大學者，如馬融鄭玄等，與哲學思想却無大關係，故未述及。還有幾個後世不注意的學者，如張敞等，我以爲有研究的必要，故寫上了。這或許是偏見；但意確在盡量揭出秦漢哲學思潮的底蘊。至於體裁，則將敘述式與選錄式並用。說明或發表管見之處，用敘述式。證明之處，用選錄式。所以如此者，意欲兼採西洋哲學史普通方式及我國學案體例之長。

此書多承張詠霓蔣竹莊張孟劬張東蓀馮芝生呂誠之朱公謹諸先生指正；並蒙孟劬先生賜題詞，竹莊東蓀誠之三先生賜序文；又與錢鍾書先生時常討論，頗有所得，合併誌謝。

民國二十四年九月二十四日　姚璋序於光華大學

秦漢哲學史

目次

第五章

第四編　雜家……三二一

秦漢哲學史

緒論

第一章　哲學與哲學史

我國向有『哲人』之稱；而無『哲學』之名。哲學為英文 Philosophy 之意譯，英文 Philosophy 源出於希臘文 Philosophia。希臘文 Philosophia 又由動詞 Philosophien 變成。Philosophien 的意譯為『思索』。此所謂思索，與尋常思索不同，具有兩種特性。（一）為探本窮源：對於一事一物，必窮究其原委盡得其底蘊。（二）為一以貫之：不限於一事一物，且必研究一切事物，而得其會通。凡含有這兩種特性的思索，可通名之曰哲學。所以我在拙作八大派人生哲學中，曾為哲學下一定義說：『哲學是窮究天下事物以求其一貫的無上原理的思索。』用這種思索研究所得的結果，為哲學的學說；哲學的學說通常簡稱為哲學。世所謂某人哲學，或某種哲學者即是。間有非這種思索研究所得的學說，亦以哲學見稱，乃哲學名稱的濫用，而非哲學的涵義有所變更。

西洋哲學最初包容一切學術。今所謂物理生物心理天文等科學，原都屬於哲學，至近世學術進步，分科精細，始離哲學而獨立。現在西洋哲學所包含的有兩大部：卽哲學本部 (Philosophy proper) 與哲學內的學 (Philosophical sciences)。前者是純粹哲學。後者是規範學 (Normative sciences)。前者又可分爲三部：一爲本體論 (Ontology)：討論萬物不變的本體。一爲宇宙論 (Cosmology)：討論萬物轉變的原因。一爲認識論 (Epistemology)：討論關於知識一切問題。前二部又合稱爲形而上學 (Metaphysics)，乃最初哲學的核心。旋以形而上學聚訟紛紜，莫衷一是，遂懷疑知識的眞僞，而轉向認識方面探討。認識論雖非哲學的基本問題，僅爲解決基本問題的先決問題；但近世的西洋哲學却注重在這一方面。

後者也有三部。一爲倫理學 (Ethics)：討論善惡問題。一爲論理學 (Logic)：討論眞僞問題。一爲美學 (Aesthetics)：討論美醜問題。而世所謂政治哲學，教育哲學，社會哲學，宗教哲學等等，都屬於廣義的倫理學。現今所謂西洋哲學，其內容不外乎此。至其分類的形式與其定義的辭句，均有差異；則由於下定義及分類者見解的不同，並非哲學本身原有差異。

我國雖無哲學之名；却有哲學之學。我國的形而上學多側重於宇宙論，以爲宇宙萬物轉變的動因不外乎陰陽五行的消長。其說雖有繁簡的不同，而中心思想終未能出此。對於本體論的討論，不若宇宙論之多。其說始終爲氣的一元論。宋人雖有理氣之說；但考其實，仍爲氣的一元論。至於認識論則極不發達，遠不能與西洋相比。考其原因：（一）我國的形而上學始終一貫，不若西洋的多紛爭，因此不易懷疑認識的眞僞。（二）西洋人以自我與自然爲對立體，因此不得不發生我對於自然認識的問題；我國人則以爲我與天地萬物合一，由內心的直覺卽可貫通一切，根本無須談論認識。（三）我國民族重實利，不若西洋人之好爲知識而求知識，因此卽有知識論，也不容易發達。此三者雖未能盡其原因，總是原因中主要的。宋儒格物致知之說，及由印度傳入的唯識論，則其根本在求善，究不能與求眞的西洋認識論同日而語。倫理學在我國發達獨盛。我國哲學幾無不以倫理學爲核心，口雖談天道，心實在人道。所以日人渡邊秀方在其所著中國哲學史概論的序論裏，開口就說：『漢民族爲意志的倫理的民族。』我國的論理學，除在諸子爭鳴時墨家一露頭角外，其餘無足稱述。後雖有印度因明傳入，仍未能引起多大的興趣。直至最近提倡科學，斯學始見重視。——於此可見我國以往科學的不發達，論理學的不發達，未始非其一因。——考我國論理學之初興，僅爲與他學派爭辯的利器。自秦統一以後，諸子爭鳴之局，卽隨而告終。一般學者雖以謹守師法自豪，而互相辯論之風不盛。卽有辯論，亦多枝離蔓衍，非有歉乎所辯之中，卽或軼出範圍之外，不能謹守辯論的法則。此實爲論理學不發達的主因。美學在西洋尚爲新興之學，在我國更向乏系統之說。至於政治哲學，教育哲學，社會哲學，及宗教哲學等等，在我國哲學中，各色齊備，而尤以政治哲學爲特多。我國哲學家幾無一無政治哲學。此實由偏重致用；而在致用中，又最重政治手段之故。我國哲學的大概如此。

近人馮友蘭先生著中國哲學史謂：『西洋所謂哲學，與中國魏晉人所謂玄學，宋明人所謂道學，及淸人所謂義理之學，其所研究之對象，頗可謂約略相當。』（七頁）又謂義理之學，尤近於西洋所謂哲學；因此主張我國義理之學史，實同於我國哲學史。案以義理，考據，辭章三分中國的學問，其說實出於桐城派巨子姚鼐，其意乃欲調和當時漢宋學者及文士之爭。其所謂義理，實卽宋學之別名，宋學中如周濂溪的太極圖說和通書，張橫渠的正蒙，邵康節的觀物，雖亦研究到宇宙的根原，想探索萬事萬物的眞理；然其意實在研究價值問題，故其範圍與目的未能與西洋的哲學『確合』。又有人以西洋所謂哲學，其本意爲思索，爲求國人易於明瞭起見，把中國思想史之名，來代替中國哲學史。但哲學自係特種思想，普通思想二字，似不足顯出哲學的特性。更有人以爲中國學術史與中國哲學相等，把兵家，農家，縱橫家等一齊收入哲學史；則哲學的範圍，似不能如是之廣。這些因對於哲學含義的歧異，其所編哲學史的名稱及範圍，也就因之而岐異了。我現在仍守普通之說。

『哲學史』雖依據『哲學』而成，却與『哲學』有別。『哲學』僅重在哲學學說本身的叙述；『哲學史』則更須說明哲學整個思潮變遷的情狀及因果。要說明哲學整個思潮變遷的情狀，必須叙述代表各個哲學思潮的哲學學說，而依歷史的程序出之。若要說明哲學整個思潮變遷的因果，則非幷叙代表各個哲學思潮的哲學家之時代，環境及個性不可。時代與環境，爲哲學家產生哲學的外因；個性則爲內因。哲學之產生，固多由外因促成，然內因亦極重要。在同一時代與環境中，產生不同的哲學，卽以內因差異之故。威廉詹姆士（William James）從哲學家心情氣質的不同，說明哲學派別的由來，（見所著 Pluralistic Universe）卽係有見於此。所以本書於時代背景外，更略述哲學家的生平，俾讀者可瞭然於哲學思潮變遷的因果。

第二章　先秦哲學與秦漢哲學

秦始皇統一中國的一年，（西曆紀元前二二一年）不單是中國政治史上上古期和中古期的分界線；幷且是中國哲學思潮轉變的分水嶺。這個轉變的動向開始於秦朝而穩定於兩漢。所以夏曾佑中國古代史說：『秦漢兩朝，尤為中國文化之標準。以秦漢為因，以求今日之果中國之前途當亦可一測識矣。』（二二六頁）於此可見秦漢哲學，實為中國哲學史上值得特別注意的一個階段。

先秦哲學是創造的各有特創的學說；不特不拾人餘唾且極力排斥異說。秦漢哲學是混成的雖以墨守一家之說相標榜實多容納他說。此種情勢時代愈後而愈甚。秦漢哲學是翻陳出新的。先秦哲學在其當時既係初創，自然是嶄新的了；到秦漢時，歷時既久，漸成陳說。秦漢哲學家乃或以各種不同的互相配合或則引用陳說而附以新詮釋。如此重新布置，自然壁壘一新了。他們造成新說，仍冒舊說之名；世人亦遂多誤認為舊說。然仔細推尋其中同異之迹，自有可見。先秦哲學是純的。秦漢哲學是駁的。這是各守專門和漸成通學自然的結果。此項異點，在秦代還不甚顯著，到漢朝就逐漸分明了。所以我說：哲學思潮轉變的動向開始於秦朝而穩定於兩漢。

當時思潮所以有此轉變，以我推測其主因有二：（一）在學術的本身。先秦時代哲學興起未久，與異己者接觸的時日還淺；所以注重『所見，』忽略『所蔽，』『各引一端，崇其所善。』因此能有極精深的發明；亦因此與異己者不相容。大師如此，承學者則因學問尙未廣布，非專從一師不能求學，自易養成『入主出奴』之見。秦漢時代情形就不同了。學問之傳布既廣，學者和各種學問接觸的機會較多，自易容納各家之說。此乃古代專門之學所以逐漸消沉的主因。（二）受政治勢力的影響。『設科射策，勸以官祿；』『非聖無法，』成爲罪名。處此情勢之下，思想易失自由，新說遂少創闢；即或有之，亦隱而不顯。因之哲學思潮亦乏奔騰澎湃之觀。當然各方面有各方面的道理；決不會一方面發達了，別一方面就竟沒人想到的。然此少數失勢的學者，或則因『曲學阿世』而枉其所信；或又爲苟延殘喘計，而貌附於當時的『顯學，』得勢的學派自然也要歡迎他們。如此就更養成表面統一，而暗中轉趨混合的情勢了。

所以表面上中絕的學問，其實或未盡亡。表面上專行的學問，實亦已非其舊。從創造趨混成，從嶄新趨翻陳出新，從純的趨駁的，此等性質迄今猶未改觀。宜乎夏曾佑說：『以秦漢爲因，以求今日之果；中國之前途，當亦可一測識矣』了。

第二章　秦漢哲學的派別

先哲立說，原不以派別自名。在墨守一家之學的，亦未必計及同時有諸派並立，而自居於其中的一派。但是後人整理先哲學說起來，則不能不見爲釐然各別；於是按其學說之內容而爲之分類；類別之名既成，派別之說遂由之而立。所以先秦學派的名稱，直至漢世淮南要略，太史公自序，劉向七略，而始大著。後人把先哲的學說分類，自然免不掉見仁見智的主觀；某人當屬某派，總不免有所出入。撰哲學史的，或因分派叙述易起紛爭；遂僅將各個哲學家的學說依次叙述，而絕不提及派別。此固是避人攻擊的妙計；但似非撰哲學史的得策。因哲學史的撰述，不僅在各個哲學家學說之叙述；尤重在各整個哲學思潮起伏的說明。所以撰哲學史實以分派叙述爲是。不過把秦漢哲學家分派，已較先秦哲學家稍難。因先秦哲學是純的；秦漢哲學是駁的。但秦漢哲學直承先秦的餘緒，其派別的痕跡究尙有可考見；其思想較純的，固無問題；卽其較駁的，亦可以其中心思想爲依據，似總比不分派別，各個叙述，爲較有系統。

在秦漢哲學思潮中，値得特筆叙述的有四派。一爲法家。二爲道家。三爲儒家。四爲雜家。此四派中，法家盛行在先，故最先叙述。繼法家盛行者爲道家，故次之。道家盛行之後，爲儒家一尊之局；故又次之。雜家會通諸家之說，故最列後。此四派中，自以儒家的哲學思潮為最大，故敘述得也最多。四派之外，尚有墨家。在秦漢時代，雖無墨家學說的名著傳世，而墨家的餘勢却依然存在。此在鹽鐵論與論衡兩書中，即不難窺見。例如：

日者淮南衡山修文學，招四方遊士，山東儒墨，咸聚於江淮之間，講議集論，著書數十篇。（鹽鐵論晁錯篇）

今墨家非儒，儒家非墨，各自所持，故乖不合，業難齊同。（論衡薄葬篇）

於此可見墨家在兩漢，猶與儒家並立於世。不過在後漢時，墨家的勢力已不若儒家之盛；且其學說也漸失傳。至其衰落的原因，王充曾論之曰：

墨議不以心而原物，苟信聞見，則雖效驗章明，猶為失實。失實之議，難以教，雖得愚民之欲，不合知者之心，喪物索用，無益於世。此蓋墨術所以不傳也。（論衡薄葬篇）

儒家之宗，孔子也；墨家之祖，墨翟也。且案儒道傳而墨法廢者，儒之道義可為，而墨之法義難從也。何以驗之？墨家薄葬右鬼，道乖相反，違其實，宜以難從也。乖違如何？使鬼非死人之精也，右之未可知。今墨家謂鬼審人之精也，原其精而薄其屍，此於其神厚，而於其體薄也。薄厚不相勝，華實不相副，則怒而降禍；雖有其鬼，終以死恨。人情欲厚惡薄，神心猶然。用墨子之法，事鬼求福，福罕至而禍常來也。以一況百，而墨家為法，皆若此類也。廢而不傳，蓋有以也。（同上案書篇）

其實墨學不僅以難從而失傳；墨家本重行而不尚學。先秦之世，即係如此。至漢代，則力行之墨家，多轉成游俠。漢人議論以儒俠或儒墨並稱者，分量幾於相等。核其實，則俠卽是墨，可見二者之相符。墨家既轉成游俠，自更不重理論。因此，秦漢時代雖有墨家之徒，而乏墨家之說；故對於此派，略而不述。秦漢神仙家，在社會上的勢力，雖亦未可忽視；但其說多屬黃白祠祭之術，說不上哲學思想。至於佛家，則在漢代傳入伊始，與原有哲學思潮，尙未融合。當時的人的信佛，亦僅在其宗教方面，而與哲學無關。故叙述秦漢哲學時，對於這兩家都沒有提及的必要。年湮代遠，書缺有間，今日所見秦漢各派哲學思潮，自僅屬當時顯著而傳世者，其潛伏而不顯，遺佚而不傳者，自不能無。卽名氏僅存，而學說已佚者，亦無從一一羅列。這又是限於史料無可如何之事了。

第一編　法家

第一章　概說

我國春秋時，管仲子產等已有法治之說。不過管仲子產商鞅申不害的法治論，還是片斷的見解，缺乏系統的思想嚴格的講，他們不能算做眞正的法家。我國最初眞正的法家，當推戰國時愼到尹文韓非一班人。所以梁任公曰：『法家起戰國中葉，逮其末葉而大成。』（先秦政治思想史二五三頁）

法家，實我國法治運動中應運而生者。法治運動之起，乃所以救濟向來崇尚禮治之不足。古代國的幅員狹小，組織簡單，君臣主奴的關係都是直接的。貴族間，有禮卽可以維持其應有的關係。貴族對農奴，只須『有威可畏，有儀可象，』卽可爲『草上之風』了。因此，最初行禮治已足。春秋以降，王室衰微，諸侯兼併。兼併的擴大疆土被兼併的變爲平民。同時社會進化，組織亦日趨複雜，平民既多，人與人的關係，也日趨疏遠。禮治至此，效用日減，法治運動，遂應運而興。此春秋以降，各國所以逐漸頒佈法律，採用法治。而採用法治，又可爲抵抗兼併，及實行兼併的工具。所以兼併局勢特甚的戰國時，法治運動也特盛。此戰國時，所以始有眞正的法家。

法家的學說，得之於儒道墨三家。得之於儒家者，爲孔子的『正名主義』及荀子的『性惡觀念』。得之於道家者，爲『無爲主義』。得之於墨家者，爲『兼愛主義』及『尙同主義』。而於此三家中，對道家的關係尤深。太史公謂韓非『喜刑名法術之學，而歸本於黃老』；並把老莊申韓合傳。梁任公又謂：『法家起戰國中葉，逮其末葉而大成。以道家之人生觀爲後盾，而參用儒墨兩家正名覈實之旨，成爲一種有系統的學說。』（先秦政治思想史二五三頁）均其明證。大概法家以爲要使道家無私無欲的理論現實，捨任法末由。

法家不但主張法治，且有勢治術治之說，在管子明法篇韓非子定法篇中，卽可見到。由此可知最初的法家，非狹義的談法治者，實卽爲政論家。儒道墨雖亦論政，却不得稱爲法家，其原因，馮友蘭先生曾解釋道：『儒墨及老莊皆有其政治思想。此數家之政治思想，雖不相同，然皆從人民之觀點，以論政治。其專從君主或國家之觀點，以論政治者，當時稱爲法術之士（見韓非子孤憤篇）漢人謂之法家。』（中國哲學史三五七頁）於此可見法家之說，不僅論政，且以君主或國家做立場。

採用法家言論，而大見成效者，當推秦。孝公採用商鞅的法治主張，居然能使偏于西陲的秦國，國富兵強，預立併吞六國的基礎。到始皇竟能一躍而爲中國的大皇帝。其所以能如此，自不能不歸功於法治。況且三代以前，名爲帝王統一，實則諸侯分治。眞的統一，實始于秦代。始皇爲實行統治權，更不得不採用法治。章太炎秦政紀曰：

古先民平其政者，莫遂于秦。秦皇負扆以斷天下，而子弟爲庶人。所任將相李斯蒙恬，皆功臣良吏也。後宮之屬椒房之變，未有一人得自遂者。富人如巴寡婦築臺懷淸，然亦誅滅名族，不使併兼。嗟乎！韓非道八姦，同牀在旁，父兄者與焉。世之議政者徒言同牀在旁而父兄脫然也。秦皇以賤其公子側室，高于世主。夫其卓絕在上，不與士民等夷者，獨天子一人耳。天子以秉政勞民，貴帝族無功，何以得有位號？授之以政而不達，與之以爵而不衡，誠宜不替與布衣黔首等。夫貴擅于一人，故百姓病之者寡，其餘蕩蕩乎于浣準矣。（章氏叢書）

這就是秦代法治的政績，也就是法治的眞精神。

但秦始皇之所以有如是法治的政績者，則由于李斯。因爲秦之主政者名雖爲始皇，而實則爲李斯。故梁任公曰：

秦併六國，大一統。主政者實爲李斯。（飲冰室文集中國法理學發達史）

李斯既是秦代實在的主政者，則法治的政績，當歸之于他。他不單是有秦一代唯一的大政治家，并且還是獨一無二的法家。他原本出于儒家荀卿的門下，旋應時代的需求，而採取法家之說。他的法理學說源于申不害商鞅和韓非，而加以發揮光大。

逮秦亡漢興，蕭何以刀筆吏佐新命，入關收秦律，因以制漢律。這是歷史上明白告訴我們：漢代與秦代的法治，是有聯絡關係的。故梁任公指出戰國的法理學說與秦漢的法治之聯絡關係曰：

法家起戰國中葉，逮其末葉而大成。以道家之人生觀爲後盾，而參用儒墨兩家正名覈實之旨，成爲一種有系統的政治學說。秦人用之以成統一之業；漢承秦規，得有四百年秩序的發展。蓋漢代政治家蕭何曹參，政論家賈誼晁錯等皆用其道以規畫天下。及其末流，諸葛亮以偏安艱難之局，猶能使『吏不容奸，人懷自厲』，（三國志諸葛亮傳陳壽評語。）其得力亦多出法家。（梁著先秦政治思想史二五三頁）

不過漢代的法治已比不上秦代了。孝文帝雖好刑名之言，（史記儒林傳曰：『孝文好刑名之言。』）但方欲與天下休息，未遑實行。竇太后又好黃老術，（亦見儒林傳。）主張實行放任主義。此與主張干涉的法治主義，不無相背。孝武帝即位，雜用儒法，互相水火。（今傳鹽鐵論一書，後漢桓寬撰，乃敘述始元六年丞相御史與所舉賢良文學論辨鹽鐵均輸的利害，兩黨各持一見，互相詰難，洋洋數十萬言，實儒法興衰的一大公案。此事雖在昭帝時，實則兩家衝突之局，當武帝時代最甚。）終究武帝表章六藝，罷黜百家，儒術立於學官，尊爲國教。自此以後，法治主義就日見衰敗了。章太炎曾將秦漢的法治作一比較曰：

末俗以秦皇方漢孝武，至于孝文，云有高山大湫之異。自法家論之，秦皇爲有守，非獨刑罰依科也；用人亦然。韓非有之曰：『明王之吏，宰相必起於州部，猛將必發于卒伍。夫有功者必償，則爵祿厚而愈勸；遷官襲級，則官職大而愈治。』（韓非子顯學篇。）漢武之世，女富溢尤，寵霍光以輔幼主，平生命將，盡其嬖幸，衞霍貳師之倫，宿將爪牙，若李廣程不識者，非摧抑乃廢不用。秦皇則一任李斯王翦蒙恬而已矣。豈無便僻之使，燕昵之謁邪？抱一司契，自勝而不爲也。孝武壹怒，則大臣莫保其性，其自大守以下，雖直指得擅殺之。文帝爲賢矣，淮南之獄，案誅長吏不發封者數人，遷怒無罪，以飾己名。世以秦皇爲嚴，而不妄誅一吏也。由是言之，秦皇之與孝武，

則猶高山之與大湫也。其視孝文，秦皇猶賢也。（章氏叢書秦政記）

漢代的法治精神，既遠不能與秦代相比，而終漢之世，也沒有一個像李斯那樣的法家。所可稱述的法家，只有賈誼晁錯桑弘羊和張敞四人。晁錯的老師張恢，（史記晁錯列傳云：『學申商刑名於軹張恢生所。』）雖是當時的法學大師；但其學說不傳於世，無從考見。賈誼在漢書藝文志裏歸入儒家，所以後世都稱他為儒生。但實在是儒而法者，故太史公稱『賈誼鼂錯明申商』；劉向論賈誼又曰：『其通達國體，雖古伊管未能遠過。』蓋其旨雖出於儒，而作用實本於法。因此，我把他歸入法家敘述。除桑弘羊外，漢代的法家與李斯的主張都不同。李斯與桑弘羊，還是繼承戰國的法理學說而加以申論的，而其餘的法家，卻是大都把儒學來修正以前的法理學說的。因此，秦代的法家，與戰國的法家，猶無大異；而漢代的法家，則大多另具一副面目了。至其詳情，則于下列各章分述。

第二章　李斯（死於紀元前二〇八年）

（一）一生的事略

李斯是戰國時候楚國的上蔡縣人。他青年時做郡裏的小吏，鬱鬱不得志，乃從荀卿學帝王之術；學成入秦，做秦相文信侯呂不韋的舍人。呂氏見他能幹，任以爲郎。他因此得到向秦始皇說話的機會，始皇因他說話中肯，拜他爲長史。後來始皇下逐客令，李斯也在被逐之列。他就上一封諫逐客書，拿利弊勸阻始皇，仍得見留於秦。從此他步步升高：遷廷尉卿，進左丞相。始皇出巡時，他總是寸步不離的侍奉在左右。始皇死于沙丘後，他受中車府令趙高的甘言誘惑，合夥謀殺始皇的長子扶蘇和邊疆重臣蒙恬；而托僞詔立胡亥爲二世皇帝。後來覺得趙高專權日甚，他上書勸二世不可信任他；反被趙高先下毒手，誣以謀反的罪名，收入牢獄，榜掠千餘，屈打成招。他雖是辛辛苦苦在獄中上書辯白，但被趙高以『囚安得上書』一語，使吏棄去不奏。終究在二世二年七月具五刑，夷三族于咸陽市。

李氏思想的淵源，因首得之于其師荀卿，但受到商鞅韓非和申不害等學說的影響也實在不少。在史記秦始皇本紀和李斯列傳中，可以看到他一生時常援引商鞅的言論和申韓的治術。這是深受他們影響的證據。

（二）法的時代性

古代儒生的見解，言必稱堯舜；以爲「古」總是好的，「今」總是無足取的。直到秦代，這個見解還沒有改變：像秦始皇博士七十人中的齊人淳于越就是一個代表。其言曰：

事不師古而能長久者，非所聞也。（史記秦始皇本紀）

但李斯則竭力反對這個見解。他說道：

今諸生不師今而學古，以非當世，惑亂黔首。……語皆道古以害今，飾虛言以亂實。（同上）

李氏的師今而不學古之主張，和荀卿反對儒家『法先王』而立『法後王』之說相似。荀子之言曰：

聖王有百，吾孰法焉？曰文久而息，節族久而絕，守法教之有司，極禮而褫。故曰欲觀聖王之跡，則於其粲然者矣，後王是也。……舍後王而道上古，譬之是猶舍己之君而爭人之君也。（荀子非相篇）

李斯與荀卿雖同主張『法後王』，而主張『法後王』的理由則各不相同。荀卿主張『法後王』的理由是：

五帝之外無傳人，非無賢人也，久故也。五帝之中無傳政，非無善政也，久故也。禹湯有傳政而不若周之察也，久故也。傳者久則論略，近則論詳，略則舉大，詳則舉小。愚者聞其略而不知詳，聞其細而不知其大也，故文久而滅，節族久而絕。（同上）

荀子主張『法後王』，並非以爲先王不及後王；乃因爲先王的制度文物久遠不可考，不若後王的制度文物來得詳盡可考的緣故。李斯主張『法後王』的理由則不是如此。他以爲：

> 五帝不相復，三代不相襲，各以治，非其相反，時變異也。今陛下創大業，建萬世之功，固非愚儒所知。且越言乃三代之事，何足法也？（史記始皇本紀）

他認定時代是刻刻進化的，立法也應當隨時代的變異而更改；切不可因襲陳法，不知時務。這是他明白宣言法有時代性的。在法學上確是一絕大貢獻。較諸荀卿的見解實高明得多了。不過我以為李斯這個見解，並非是獨創的，恐怕得之於商鞅韓非。請拿商韓的說來做證。商鞅說道：

> 先王當時而立法，度務而制事。法宜其時則治，事適其務故有功。然則法有時而治，事有當而功。今時移而法不變，務易而事以古，是法與時詭，而事與務易也。故法立而亂益，務為而事廢。故聖王之治國也，不法古，不循今，當時而立功，在難而能免。今民能變俗矣，而法不易；國形更勢矣，而務以古。夫法者，民之治也；務者，事之用也。國失法則危，事失用則不成。故法不當時，而務不適用，而不危者，未之有也。（見羣書治要三十六）

韓非又曰：

> 今巫祝之祝人曰：『使若千秋萬歲！』千秋萬歲之聲括耳，而一日之壽無徵於人。此人所以簡（輕慢）巫祝也。……今世儒者之說人主，不善今之所以為治，而語已治之功；不審官法之事，不察姦邪之情，而皆道上古之傳譽，先王之成功。儒者飾辭曰：『聽吾言則可霸王。』此說者之巫祝，有度之主不受也。故明主舉實事，去無用，不道仁義，故不聽學者之言。（韓非子顯學篇）

又更明白的說道：

故明主之國，無書簡之文，以法爲教；無先王之語，以吏爲師。（同上）

這竟和李斯主張焚書時所說的話，如出一口了。

（三）中央集權的主張

始皇稱帝以前，如夏殷周三代雖然號稱統一，其實祇有表面上的統一，而沒有實際上的統一。天子僅爲一共主，而各地的實權都操之于諸侯。封建的制度，到周代而大備。天子之權的弱小，諸侯之權的強大，也至周代而達乎極點。非但大權旁落，而且爭戰不休，與最初建立諸侯的宗旨大相違背。李斯有見于此，所以極力主張廢除封建；把向來地方政府的權柄統統集合于中央政府，以建設一強有力的名實相符的統一國家。其言曰：

周武王所封子弟同姓甚衆，然後屬疏遠，相攻擊如仇讎；諸侯更相誅伐，周天子弗能禁止。今海內賴陛下神靈一統，皆爲郡縣，諸子功臣，以公賦稅重賞賜之，甚足易制。天下無異意，則安寧之術也。置諸侯不便。（史記秦始皇本紀）

他覺得廢了封建以後，固已使地方的權集于中央，在政權上是眞正統一了。不過仍不能『使天下無異意』。此事不能辦到，則天下人民各以其私學私議，毀謗政令，自相爭論。非特有傷中央的威信，且足滋民間的紛擾。雖廢封建仍不能達到『安寧』。所以他更主張燒詩書百家語，使天下的思想，能夠統一。他提出這個政策時，具有下面的說明：

丞相臣斯昧死言：古者天下散亂，莫之能一，是以諸侯（當作儒）並作，語皆道古以害今，飾虛言以亂實，人善其所私學以非上之所建立。今皇帝并有天下，別黑白而定一尊，而私學乃相與非法教之制。（此句始皇本紀有誤，從李斯列傳改。）聞令下，則各以其私學議之；入則心非，出則巷議；夸主以爲名，異趣以爲高，率羣下以造謗。如此弗禁，則主勢降乎上，黨與成乎下。禁之便。

其辦法則是：

臣請史官，非秦記皆燒之。非博士官所職，天下敢有藏詩書百家語者，悉詣守尉雜燒之。有敢偶語詩書，棄市。以古非今者，族。吏見知不舉者，與同罪。令下三十日不燒，黥爲城旦。所不去者，醫學卜筮種樹之書。若有欲學法令，以吏爲師。（史記始皇本紀）

李斯的統一天下思想，也是有淵源的。荀子曰：

故王者之制名，名定而實辨，道行而志通，則慎率民而一焉。故析辭擅作名，以亂正名，使民疑惑，人多辨訟，則謂之大姦，其罪猶爲符節度量之罪也。故其民莫敢爲奇辭以亂正名。故其民慤，慤則易使，易使則功。其民莫敢爲奇辭以亂正名，故一於道法而謹於循令矣。如是，則其迹長矣。迹長功成，治之極也。是謹於守名約之功也。（荀子正名篇）

又曰

凡議，必將隆正，然後可也。無隆正則是非不分，而辯訟不決。故所聞曰，『天下之大隆，是非之封界，分職名象之所起，王制是也。』故凡言議期命以聖王爲師。（荀子正論篇）

韓非也說：

言行而不軌於令者，必禁。

又說：

以吏爲師。（韓非子顯學篇）

細看上文，統一思想的種子早已散播于荀卿和韓非的學說中；宜乎到了李斯手裏就自然開花結實了。他說：

普天之下，摶心揖志器械一量同書文字日月所照，舟輿所載，皆終其命。（史記始皇本紀）

這是他所期望的政權和思想集中統一後的結果。

（四）怎樣做一個賢明的元首

李斯以爲做元首的方法很簡單，很容易行，不過方法雖容易，非賢明之主却不能行。其言曰：

故曰王道約而易操也，唯明主爲能行之。（史記李斯列傳）

要做賢明之主所必須行的方法，究竟是什麼？他說道：

夫賢主者，必且能全道而行督責之術者也。（同上）

這個簡單而易行的『督責之術』就是督察天下人的罪惡而責之以刑罰。這個法術的好處在於什麼地方呢？他說：

若此，則謂督責之誠則臣無邪；臣無邪，則天下安；天下安，則主嚴尊；主嚴尊，則督責必；督責必，則所求得；所求得，則國家富；國家富，則君樂豐：故督責之術設，則所欲無不得矣。羣臣百姓，救過不給，何變之敢圖？若此，則帝道備，而可謂能明君臣之術矣。雖申韓復生，不能加也。（同上）

督責之術用之得當，非特『天下安，國家富』，而且爲元首的人自己就可以定心恣意享樂。所以他復曰：

督責之，則臣不敢不竭能以徇其主矣。此臣主之分定，上下之義明，則天下賢不肖，莫敢不盡力竭任以徇其君矣。是故主獨制於天下而無所制也，能窮樂之極矣。賢明之主也，可不察焉。（同上）

設不能行督責之術，而事事躬親勞役；則非特不能稱爲賢明之主，且實爲賤役與不肖者了。他援引申子之言而申論之曰：

故申子曰：『有天下而不恣睢，命之曰「以天下爲桎梏者。」無他焉，不能督責，而顧以其身勞於天下之民，若堯禹然，故謂之桎梏也。』夫不能修申韓之明術，行督責之道，專以天下自適也，而徒務苦形勞神，以身徇百姓，則是黔首之役，非畜天下者也，何足貴哉。夫以人徇己，則己貴而人賤；以己徇人，則己賤而人貴。故徇人者賤，而人所徇者貴。自古及今，未有不然者也。凡古之所謂尊賢者，爲其貴也；而所謂惡不肖者，爲其賤也。而堯禹以身徇天下者也。因隨而尊之，則亦失所爲尊賢之心矣。夫可謂大繆矣。謂之爲桎梏，不亦宜乎。不夠督責之過也。（同上）

督責之術的好處和重要已經說過了。却如何施行呢？他以爲進行督責之術時，切忌從大處落墨，應該由小處下手。假使對于尋常細小的事情能嚴加督責；則重大的事情自然不會疏忽。他引韓子之言，而加以解釋道：

故韓子曰：『慈每有敗子，而嚴家無格虜』者，何也？則能罰之加焉必也。故商君之法：刑棄灰於道者。夫棄灰，薄罪也，而被刑，重罰也。彼唯明主爲能深督輕罪。夫罪輕且督深，而況有重罪乎。故民不敢犯也。是故韓子曰：『布帛尋常，庸人不釋，鑠金百鎰，盜跖不搏』者，非庸人之心重，尋常之利深，而盜跖之欲淺也；又不以盜跖之行，爲輕百鎰之重也。搏必隨手刑，則盜跖不搏百鎰；而罰不必行也，則庸人不釋尋常。是故城高五丈，而樓季不輕犯也。泰山之高百仞，而跛牂牧其上。夫樓季也而難五丈之限，豈跛牂也而易百仞之高哉？峭塹之勢異也。明主聖王之所以能久處尊位，長執重勢，而獨擅天下之利者，非有異道也，能獨斷而審督責，必深罰，故天下不敢犯也。（同上）

從上文不特可以看到李斯所以主張督責之術；幷可洞悉他所以主用嚴刑峻法的理由了。

第三章　賈誼（紀元前二〇〇——一六八年）

（一）一生的事略

賈誼是洛陽人；十八歲時，就以能誦詩屬文聞於郡中，河南守吳公召置門下，很寵愛他。孝文帝初立，聽聞吳公的治績是天下第一，乃召入京以爲廷尉。吳公做了廷尉以後就向文帝進言賈生的才學。文帝聽了吳公的話，召賈生做博士。當他被召的時候還不過二十多歲，在百官之中年紀最輕。但他年紀雖輕，才學却高。每詔令議下，許多老先生不能夠講說的，他却都會回對；而且回對得『人人各如其意所出』于是許多先生們都說他能幹；文帝也歡喜他，把他破格升擢。一年之中就升到大中大夫。後來又因爲他建議得好，升任公卿之位。一班大臣周勃灌嬰張相和馮敬等，見他這樣寵幸，不免妬忌，就說他的壞話道：『洛陽之人，年少初學，專欲擅權，紛亂諸事。』因此，文帝就漸漸疏遠他，不用他的說話，叫他去做長沙王的太傅。他居長沙四年多，後文帝又召他進京，問他『鬼神之本。』他就盡量說出一個所以然的道理，談到夜半方休。文帝聽他一番話以後，很佩服他，但總未能重用他，僅拜他做梁懷王的太傅。過了幾年，懷王出去打獵，不小心墮馬跌死，弄得後代都沒有。賈生自傷做太傅無狀，哭泣一年多就死了，享年祇三十三歲。他一生僅有後人所輯賈誼新書十卷和文集四卷行世。

（二）古與今

賈誼在過秦論中篇說道：

秦雖離戰國而王天下，其道不易，其政不改，是其所以取之也。孤獨而有之，故其亡可立而待也。借使秦王論上世之事，並殷周之迹，以制御其政，後雖有淫驕之主，猶未有傾危之患也。故三王之建天下，名號顯美，功業長久。今秦二世立，天下莫不引領而觀其亡。（賈誼新書）

上文的含意，就是說秦王祇知師當時諸侯所習用的霸術，而不知學上世天子所施行的王道。這也就是說秦王祇知師『今』而不學『古』。『今』固當師，却不可專師今。賈子曾說：

夫帝王者，莫不相時而立儀，度務而制事，以馴其時也。欲變古易常者，不死必亡。此聖人之所制也。（同上立後義篇）

祇知師今而不學古，所以爲秦代速亡的一大原因，恐怕就是爲此。

賈子以爲學古却有學古的好處：古事正像一面明鏡，從這明亮的古鏡裏可以鑑看當今的事情。他說道：

明鑑所以照形也；往古所以知今也。（同上胎教篇）

所以古時好的事情，今當起而效之；古時壞的事情，今當改而去之。他對于這層意思，曾明白申述道：

鄙諺曰：前事之不忘，後事之師也。（同上過秦論下篇）

又曰：前車覆而後車戒。夫殷周之所以長久者，其已事可知也。然而不能從，是不法聖智也。秦之亟絕者，其軌跡可見也。然而不避，是後車又覆也。夫存亡之反，治亂之機，其要在是矣。（同上保傅篇）

賈子雖極言學古的好處，却非主張學古而不師今。他以爲學古和師今當兼施並行，因爲時代是刻刻進化的。但其進化是漸變而非實變，古與今非完全不同，仍有相同之點。政治上的興革，都要順承進化的途徑，熟察古今的異同而爲之。若學古而不師今，固爲食古不化的迂儒；但師今而不學古，也是舍本逐末的妄人。所以學古師今實有聯合爲用的必要。怎樣聯合爲用呢？他說道：

是以君子爲國，觀之上古，驗之當世，參之人事，察盛衰之理，審權勢之宜，去就有序，變化因時，故曠日長久而社稷安矣。（同上過秦論下篇）

又說道：

臣謹稽之天地，驗之往古，案之當時之務，日夜念此至孰也。雖使禹舜生而爲陛下計，無以易此。（同上數寧篇）

由此可知賈子與事事師古的迂儒既不同，而與師今而不學古的李斯也大異。他在法學上又另開一生面。

（三）中央政府與地方政府

秦代是把郡縣作爲地方政府的。賈子大概有見於秦代所行的郡縣制度，造成外輕內重的局面。一旦禍亂四起，郡縣裏的守尉既非功臣元勳，又非王親國戚，與國家無十分休戚相關，不肯拚命出力；更以缺乏實力，多所牽制，即使有心杜絕亂萌，也是無濟于事。秦之速亡，於此不爲無因。所以在過秦論中篇裏，他有反對郡縣而主用封建的意思；其言曰：

嚮使二世有庸主之行，而任忠賢，臣主一心而憂海內之患，縞素而正先帝之過；裂地分民以封功臣之後；建國立君以禮天下。（同上）

他雖主用封建制度，但也深知封建制度所發生的害處。不必遠引春秋戰國時代的史事，卽就漢代而言，已可得例證如下：

高皇帝以明聖威武卽天子位，割膏腴之地以王諸公；多者百餘城，少則乃三四十縣。德至渥也！然其後十年之間，反者九起。（前漢書賈誼傳）

諸侯跋扈，不聽號令，甚至起而反抗中央政府，乃歷史上屢見的事情。旣然如此，賈子爲什麼還主用封建制度呢？他大概以爲封建固有弊，但或猶不若郡縣之甚。且此弊非不可以糾正的。要糾正其弊，當先找到致弊之因。他以爲諸侯的跋扈或反抗，無非由於其權力的強大。他說：

臣竊跡前事，大抵彊者先反：淮陰王楚最彊，則最先反；韓信倚胡，則又反；貫高因趙資，則又反；陳豨兵精，則又反；彭越用梁，則又反；黥布用淮南，則又反；盧綰最弱，最後反。長沙迺在二萬五千戶耳，功少而最完，勢疏而最忠，非獨性異人也，亦形勢然也。（同上）

既已令之爲藩臣矣，爲人臣下矣，而厚其力，重其權，使有驕心而難服從也，何異於善砥鏌鋣而予射子，自禍必矣。（賈誼新書藩傷篇）

諸侯反抗中央政府的原因既經找到，則當怎樣預先消滅此因，免生惡果呢？賈子曰：

欲天下之治安，天子之無憂，莫如衆建諸侯而少其力。力少則易使以義，國小則無邪心。（同上藩彊篇）

所以他理想中的封建制度如下：

割地定制，令齊趙楚各爲若干國，使悼惠王幽王元王之子孫，畢以次各受祖之分地，地盡而止，及燕梁它國皆然；其分地衆而子孫少者，建以爲國，空而置之，須其子孫生者，舉使君之；諸侯之地，其削頗入漢者，爲徙其侯國，及封其子孫也，所以數償之，一寸之地，一人之衆，天子亡所利焉，誠以定治而已。故天下咸知陛下之廉。地制壹定，宗室子孫，莫慮不王，下無倍叛之心，上無誅伐之志，故天下咸知陛下之仁。法立而不犯，令行而不逆，貫高利幾之謀不生，柴奇開章之計不萌，細民鄉善，大臣致順，故天下咸知陛下之義。臥赤子天下之上而安，植遺腹，朝委裘，而天下不亂。當時大治，後世誦聖。（前漢書賈誼傳）

假使這種封建制度能夠採行以後，則中央政府與地方政府間所能收到的最大效果至少有二。第一是免去尾大不掉之弊。他舉史事爲證曰：

昔楚靈王問范無宇曰：『我欲大城陳蔡葉與不羹，賦車各千乘焉，亦足以當晉矣。又加之以楚，諸侯其來朝乎？』范無宇曰：『不可，臣聞大都疑國，大臣疑主，亂之媒也。都疑則交爭，臣疑則並令，禍之深者也。今大城陳蔡葉與不羹，或不充不足以威晉，若充之以資財，實之以重祿之臣，是輕本而重末也。臣聞尾大不掉，末大必折，此豈不施威諸侯之心哉？然終如楚國大患者，必此四城也。』靈王弗聽，果城陳蔡葉與不羹，實之以兵車，充之以大臣。是歲也，諸侯果朝，居數年，陳蔡葉與不羹或奉公子棄疾內作難，楚國雲亂，王遂死於乾溪芊尹申亥之井。爲計若此，豈不可痛也哉！悲夫！本細末大，弛必至心。（賈誼新書大都篇）

賈子的時代，漢朝就有尾大不掉的局勢。他爲之譬喻曰：

天下之勢，方病大瘇。一脛之大幾如要，一指之大幾如股。平居不可屈信。一二指搐，身慮亡聊。失今不治，必爲錮疾，後雖有扁鵲不能爲已。病非徒瘇也，又苦蹠盭。元王之子，帝之從弟也。今之王者，從弟之子也。惠王親兄子也。今之王者，兄之子也。親者或亡分地以安天下，疏者或制大權以偪天子。臣故曰非病瘇也，又苦蹠盭。可痛哭者，此病是也。（前漢書賈誼傳）

他對於當時尾大不掉的政局，可算說得淋漓盡致了。他的理想封建制度就是要醫治當時的大瘇病和蹠盭病。所以我說：假使他的理想封建制度採行後所能收到的第一種效果，就是治好尾大不掉的弊病。

第二種的效果就是地方政府能隨時聽命於中央。因爲他的理想封建國是國力小少，與秦代的郡縣相彷彿，所以中央政府有指揮如意之威權。他以爲在理想封建制度裏，中央政府當有統治權如下：

今海內之勢，如身之使臂，臂之使指，莫不從制。諸侯之君，不敢有異心，輻湊並進，而歸命天子。（同上）

由此可知賈子對於中央政府與地方政府間的主張，是要兼收郡縣與封建制度之利而去其弊。

（四）民本主義

賈子以為民是國本，天子的大國，或諸侯的小國，都是以民為本。其言曰：

聞之於政也，民無不為本也：國以為本，君以為本，吏以為本。故國以民為安危；君以民為威侮；吏以民為貴賤。此之謂民無不為本也。（賈誼新書大政上）

夫民者萬世之本也。（同上）

故夫士民者，國家之所樹，而諸侯之本也，不可輕也。（同上）

夫民者諸侯之本也。（同上大政下）

民為什麼是國本，他曾有簡要的說明：

聞之於政也，民無不為命也：國以為命，君以為命，吏以為命。故國以民為存亡；君以民為盲明；吏以民為賢不肖。此之謂民無不為命也。（同上大政上）

一切事業之有功與否，以其有功於民與否為斷。其言曰：

聞之於政也，民無不為功也：國以為功，君以為功，吏以為功。故國以民為興壞；君以民為彊弱；吏以民為能不

能。此之謂民無不爲功也。（同上）

他更以爲民力卽是國力：

聞之於政也民無不爲力也國以爲力，君以爲力，吏以爲力。故夫戰之勝也，民欲勝也。攻之得也，民欲得也。守之而存也民欲存也。故率民而守，而民不欲存，則莫能以存矣。故率民而攻，民不欲得，則莫能以得矣。故率民而戰，民不欲勝，則莫能以勝矣。故其民之爲其上也，接敵而喜進而不能止，敵人必駭，戰由此勝也。夫民之於其上也接而懼，必走去，戰由此敗也。（同上）

民爲國本的理由旣經詮明，則民對於國的重要已可瞭然。所以國家的一舉一動，當以人民的意志爲意志；換言之，執政者當以民意爲依歸。他曾用警告的口氣說道：

嗚呼！戒之戒之，夫士民之志不可不要也。（同上）

細讀其文，就可以領會到他對于民意的重視了。執政者苟違反民意，雖富貴不足稱榮。他說道：

故紂自謂天王也，桀自謂天子也，已滅之後，民以相罵也。以此觀之，則位不足以爲尊，而號不足以爲榮矣。故君子之貴也，士民貴之，故謂之貴也。故君子之富也，士民樂之，故謂之富也。故君子之貴也，與民以福，故士民貴之。故君子之富也，與民以財，故士民樂之。（同上）

這是他引史事以申說民意的貴重，他又以爲執政者順民意以行事則獲福；違民意以行事則得禍。善爲民之所欲；

而惡爲民之所惡。所以執政者爲善於民則獲福；爲惡於民則得禍。禍福雖由天所降；但天降禍與賜福的標準，須視執政者能順民意與否而定。其言曰：

嗚呼！戒之戒之，行之善也，粹以爲福已矣。行之惡也，粹以爲菑已矣。故受天之福者，天不功焉。被天之菑，則亦無怨天矣，行自爲取之也。知善而弗行，謂之不明。知惡而弗改，必受天殃。天有常福，必與有德。天有常菑，必與奪民時。（同上）

由此非特可知民意的貴重，幷可見民力的偉大。故凡與民爲敵者，終必遭敗亡。所以賈子曰：

故自古至於今，與民爲讎者，有遲有速，而民必勝之。（同上）

故夫民者多力而不可適（同敵）也。嗚呼！戒之哉！戒之哉！與民爲敵者民必勝之。（同上）

賈子對于一般執政者曾有一句總括而嚴厲的警告道：

嗚呼！輕本不祥，實爲身殃，戒之哉戒之哉。（同上）

(五)刑法與道德

賈子研求秦朝一代的過失，而得其最大者二。其一是重刑法。他說：

秦王懷貪鄙之心，行自奮之智，不信功臣，不親士民，廢王道而立私愛，焚文書而酷刑法，先詐力而後仁義，以暴虐爲天下始。（賈誼新書過秦論中篇）

秦二世非特不能改去始皇的過失，反而變本加厲如下：

而重以無道壞宗廟與民更始阿房之宮繁刑嚴誅。吏治刻深，賞罰不當，賦斂無度。天下多事，吏不能紀。百姓困窮，而主不收恤然後姦僞並起而上下相遁。蒙罪者衆，刑僇相望於道，而天下苦之。自羣卿以下，至於衆庶，人懷自危之心親處窮苦之實，咸不安其位，故易動也。是以陳涉不用湯武之賢不藉公侯之尊，奮於大澤而天下響應者，其民危也。（同上）

上面是說秦朝第一個大過。其第二個大過是『仁心不施。』其言曰：

然秦以區區之地致萬乘之勢，序八州而朝同列，百有餘年矣。然後以六合爲家，崤函爲宮，一夫作難而七廟隳，身死人手，爲天下笑者，何也？仁心（潭本作仁義）不施，而攻守之勢異也。（同上過秦論上篇）

賈子以爲專恃刑法，雖可以壓服人民，而稱強於一時；但必不能持久，一旦勢衰，人民就起來反抗，因而覆沒隨之。刑法祗能劫制一時，而必不可賴以持久。他把秦事爲證曰：

故秦之盛也，繁法嚴刑而天下震；及其衰也，百姓怨而海內叛矣。故周王序得其道，千餘載不絕。秦本末並失，故不能長。由是觀之，安危之統相去遠矣。（同上過秦論下篇）

他雖極言刑法之不可恃；但也不主張完全推翻刑法，以爲當用刑法的地方，須毅然決然而用之，不可姑息養奸。他在陳政事疏中說道：

屠牛坦一朝解十二牛，而芒刃不頓者，所排擊剝割皆衆理解也。至於髖髀之所，非斤則斧。夫仁義恩厚，人主之芒刃也。權執法制，人主之斤斧也。今諸侯王皆衆髖髀也。釋斤斧之用而欲嬰以芒刃，臣以爲不缺則折。胡不用之淮南濟北？勢不可也。（前漢書賈誼傳）

不過他以爲施用刑法時，千萬當謹愼審重。對於怎樣審重施用刑法的方法，牠曾翻覆地說明如下：

戒之戒之，誅賞之愼焉。故與其殺不辜也，寧失於有罪也。故夫罪也者疑，則附之去己；夫功也者疑，則附之與己。則此毋有無罪而見誅，毋有有功而無賞者矣。戒之哉戒之哉，誅賞之愼焉。故古之立刑也，以禁不肖，以起怠惰之民也。是以一罪疑，則勿遂誅也，故不肖得改也。故一功疑，則必弗倍也，故愚民可勸也。是以上有仁譽而下有治名。疑罪從去，仁也。疑功從予，信也。（賈誼新書大政上）

對于重刑法的方面，他已申說如上。至于不施德於民的方面，他也曾與以研究。秦代的擯棄道德，非自始皇始，商鞅輔政時已開端了。他敘述商鞅擯棄道德的事實如下：

商君違禮義，弃倫理，幷心於進取，行之二歲，秦俗日敗。秦人有子，家富子壯則出分；家貧子壯則出贅。假父耰鉏杖彗，（同篲）而（原耳，從潭本改。）慮有德色矣。母取瓢椀箕箒，慮立誶語。抱哺其子，與公併踞。婦姑不相說，則反脣而睨。其慈子嗜利而輕簡父母也，念罪非有倫理也，其不同禽獸懃焉耳。（同上時變篇）

不施德於民，則遲早終必身敗名裂，而國家覆亡。此非秦代如此，往古亦然。他舉史事爲證曰：

紂聖天子之後也，有天下而宜。然苟背道棄義，釋敬慎而行驕肆；則天下之人，其離之若崩，其背之也不約而若期。夫爲人主者誠奈何而不慎哉？紂將與武王戰，紂陳其卒左臆右臆，鼓之不進，皆還其刃顧以鄉紂也。紂走還於寢廟之上，身鬥而死，左右弗肯助也，紂之官衞輿紂之軀，棄之玉門之外。民之觀者，皆進蹴之，蹈其腹，蹶其腎，踐其肺，履其肝。周武王乃使人帷而守之，民之觀者，搴帷而入，提石之者猶未肯止，可悲也夫！（同上連語篇）

反過來說，施德於民，則必能大得民心，而王天下。他也舉史事來證曰：

文王請除炮烙之刑，而殷民從湯去張網者之三面，而二垂至。越王不頹舊塚，而吳人服。（同上胎教篇）

所以治國者不可不注重道德。故他重言以告誡治國者曰：

四維不張，國乃滅亡。（同上俗激篇）

故治國家者，行道之謂。（同上大政下）

故君也者，道之所出也。（同上）

故天下者非一家之有也，有道者之有也。故夫天下者，唯有道者理之；唯有道者紀之；唯有道者使之；唯有道者宜處而久之。（同上修政語下）

細讀上面賈子對于刑法與道德的申說，可知他是注重道德而不注重刑法的。爲什麼他不注重刑法呢？因爲國家頒佈一種法律，往往以爲可以利民，而其結果反致害民。他舉一例爲證曰：

> 法使天下公得顧租鑄錢，敢雜以鉛鐵爲他巧者其罪黥。然鑄錢之情非殽鉛鐵及石雜銅也，不可得贏。而殽之甚微，其利甚厚。名曰顧租公鑄法也而實皆黥罪也。有法若此，上將何賴焉。夫事有召禍，而法有起姦。(同上鑄錢篇）

『法有起姦』，是刑法不可恃的理由之一。至此，雖用刑法來懲治，也是無濟於事。所謂：

> 因欲禁其厚利微姦，雖黥罪日報，其勢不止。(同上)

這是刑法不可恃的理由之二。至此，則法的本身，亦且不能維持。所謂：

> 姦不勝而法禁數潰。(同上)

這是刑法不可恃的理由之三。況且：

> 刑罰不可以慈民。……故欲以刑罰慈民，辟其猶以鞭狎狗也，雖久弗親矣。(同上大政下)

這是刑法不可恃的理由之四。這四個理由大概是賈子不注重刑法的最主要者罷。

爲什麼注重道德呢？他以爲爲上者苟有道德，則下民自能受其感化。故曰：

> 故君能爲善，則吏必能爲善矣；吏能爲善，則民必能爲善矣。…故苟上好之，其下必化之，此道之政也。(同上)

反過來說，下民的爲非作惡，實亦爲上者的失德有以致之。故又曰：

故民之不善也，失之者吏也。……故吏之不善也，失之者君也。（同上）

由此可知刑法之政防民作惡猶恐不能；道德之政化民向善却是水到渠成。就此而言，道德之用已遠勝於刑法。況且德政施行，民咸向善；則根本就用不着防止作惡的刑法了。賈子曾援引帝嚳的話以頌揚道德政治道：

帝嚳曰『德莫高於博愛人而政莫高於博利人故政莫大於信治莫大於仁吾愼此而已矣』。（同上脩政語上）

（六）道德的解釋

賈子既是十分重視道德，則道德的含義似不可不有一解釋。他解釋『道』曰：

道者所從接物也。（賈誼新書道術篇）

他的意思就是我們待人接物所當依據而行的謂之道。但僅這一句還不能把道解釋明白。他又繼續解釋曰：

其本者謂之虛……虛者言其精微也平素而無設施也。（同上）

道的本體既是虛無精微，怎樣去接物呢？他解答曰：

鏡儀而居，無執不臧，美惡畢至，各得其當。衡虛無私，平靜而處，輕重畢懸，各得其所。明主者南面而正，清虛而靜，令名自宣，命物自定，如鑑之應，如衡之稱，有舋和之，有端隨之，物鞠其極，而以當施之，此虛之接物也。（同上）

明白了『虛之接物』，就懂得道的內容了。他對於道的解釋大概是如此。至於道的詳情，乃不可勝述；因『其爲原無屈；其應變無極』。（同上）

他又解釋『德』曰：

德者離無而之有。（同上道德說）

這句話是怎樣解釋的呢？他的意思是說道原來是虛無的，由虛無的道而成爲有形可見的行爲就是德。故曰：

未變者道之頌也道冰而爲德。（同上）

這就是說道未變的本相爲虛無，由虛無的道變成有形的德，正和看不見的水蒸氣變成有目共覩的冰一樣。故又曰：

德受道之化，而發之各不同狀。（同上）

這就是說德是由原來虛無的道而分化出來各種不同的行爲。因此他肯定的說道：

道者德之本也。（同上）

他對于這句話又恐不明白，而自爲之解釋曰：

物所道始謂之道，所得以生謂之德；德之有也，以道爲本，故曰道者德之本也。（同上）

德的由來既經說明，而對於德的內容也不可不述及。他以爲德有六理如下：

道，德，性，神，明，命。（同上）

他用玉來嘗解這六理曰：

諸生者皆生於德之所生，而能象人德者獨玉也。寫（疑即象字）德體六理，盡見於玉也，各有狀。是故以玉効德之六理。澤者鑑也，謂之道；膩如竊膏謂之德；湛而潤，厚而膠，謂之性；康若濼流謂之神；光輝謂之明；礐乎堅哉謂之命。（同上）

他所說的『六理』實是宇宙萬物的規範，不單是人類行爲的規範。他對于德的解釋又大概如此。

對于道和德既有個別的解釋，則不得不再進而求其綜合的解釋。他對于道和德作一總括的解釋道：

道而勿失則有道矣；得而守之則有德矣。（同上）

由此可以綜合的解釋道德二字：道道德就是吾人得接物之道所做出來的行爲。所以得接物之道而做出來的行爲是道德的。離接物之道而做出來的行爲是不道德的。究竟怎樣算做道德的行爲？怎樣算做不道德的行爲？他對此曾作一簡括的對照的說明如下：

親愛利子謂之慈；反慈爲嚚。子愛利親謂之孝；反孝爲孽。愛利出中謂之忠；反忠爲倍。心省恤人謂之惠；反惠爲困。（別本作鼸）兄敬愛弟謂之友；反友爲醽。（醽字無攷，別本作虐。）弟敬愛兄謂之悌；反悌爲敖。接遇愼容謂之恭；反恭爲媟。接遇肅正謂之敬；反敬爲嫚（別本作慢）。言行抱一謂之貞；反貞爲僞。期果言當謂之信；反信爲慢。衷理不辟謂之端；反端爲䟢（何允中云當作跛，今案䟢亦有曲義）。據當不傾謂之平；反平爲險。行善決衷謂之清；反清爲濁。辭利刻謙謂之廉；反廉爲貪。兼覆無私謂之公；反公爲私。方直不曲謂之正；反正爲邪。

以人自觀謂之度；反度爲妄。以己量人謂之恕；反恕爲荒。惻隱憐人謂之慈；反慈爲忍。厚志隱行謂之潔；反潔爲汰。施行得理謂之德；反德爲怨。放理潔淨謂之行；反行爲汚。功遂自卻謂之退；反退爲伐。厚人自薄謂之讓；反讓爲冒。心兼愛人謂之仁；反仁爲戾。行充其宜謂之義；反義爲懞。（同懵）剛柔得適謂之和；反和爲乖。合得密周謂之調；反調爲盭。（戾同，別本卽作戾。）優賢不逮謂之寬；反寬爲阨。（隘同）包衆容易謂之裕；反裕爲褊。欣熏可安謂之熅；反熅爲鷔。（熏字無攷，當是和悅意。熅當謂溫藉也。一云烟熅，亦和意。）安柔不苛謂之良；反良爲齧。緣法循理謂之軌；反軌爲易。襲常緣道謂之道；反道爲辟。廣較自斂謂之儉；反儉爲侈。費弗過適謂之節；反節爲靡。僶勉就善謂之愼；反愼爲怠。思惡勿道謂之戒；反戒爲傲。深知禍福謂之知；反知爲愚。亟見窕察謂之慧；反慧爲童。動有文體謂之禮；反禮爲濫。容服有義謂之儀；反儀爲詭。行歸而過謂之順；反順爲逆。動靜攝次謂之比；反比爲錯。容志審道謂之僩；反僩爲野。辭令就得謂之雅；反雅爲陋。論物明辯謂之辯；反辯爲訥。纖微皆審謂之察；反察爲旄。（同耄）誠動可畏謂之威；反威爲圂。臨制不犯謂之嚴；反嚴爲軟。仁義修立謂之任；反任爲欺。伏義誠必謂之節；反節爲罷。持節不恐謂之勇；反勇爲怯。信理遂惔謂之敢；反敢爲揜。（惔或是錟字之訛。錟者鋒銳。）志操精果謂之誠；反誠爲殆。克行遂節謂之必；反必爲怚。（同上道術篇）

他這段話不僅把道德與不道德的行爲一一分別予以說明；并且主要的道德行爲也可以說是大都舉出來了。

（七）本性與習慣

賈誼曰：

人性非甚相遠也。（賈誼新書保傅篇）

這句話用肯定語氣來說就是人性甚相近也。所以他在勸學篇裏又直捷了當地以爲人性相同。其言曰；

謂門人學者，舜何人也？我何人也？夫啓耳目，載心意，從立移徙，與我同性。（同上）

人性既相類同，『何殷周之君有道之長，而秦無道之暴也？』（同上保傅篇），他以爲殷周的君主與秦朝的皇帝在天賦的本性上固相同；但殷周的君主從小就養成好的習慣故成賢王，而秦朝的皇帝從小就獲得壞的習慣故成暴君。他舉史事爲證曰：

昔者周成王幼在襁褓之中，召公爲太保，周公爲太傅，太公爲太師。保、保其身體。傅、傅之德義。師道之教訓，三公之職也。於是爲置三少，皆上大夫也；曰：少保，少傅，少師，是與太子燕者也。故孩提有識。三公三少固明孝仁禮義，以道習之，逐去邪人，不使見惡行。於是皆選天下之端士孝悌博聞有道術者，以衞翼之，使與太子居處出入。故太子初生而見正事，聞正言，行正道，左右前後皆正人也。（同上保傅篇）

又曰：

及秦而不然。……使趙高傅胡亥而教之獄，所習者非斬劓人，則夷人之三族也。故今日卽位，明日射人。忠諫者謂之誹謗；深爲之計者謂之妖言。其視殺人若艾艸菅然。豈胡亥之性惡哉？其所以習道之者非理故也（同上）

他根據上面的史事，而提出一結論曰：

習與正人居之不能無正也；猶生長於齊之不能不齊言也。習與不正人居之不能無不正也；猶生長於楚之不能不楚言也。故擇其所嗜，必先受業，乃得嘗之。擇其所樂，必先有習，乃得爲之。孔子曰：『少成若天性，習慣如自然。』（同上）

由此看來，聖賢與不肖非天性使然，乃習慣所養成。人性原本相同，而所以異趨者都由於習慣。這正與論語所謂『性相近也，習相遠也』的意思相同。他所謂習於正則正，習於不正則不正，又與墨子所謂：『染於蒼則蒼，染於黃則黃』之語相同。習慣轉變本性的力量既是這樣的偉大，則於養成好習慣而去除惡習慣的事情，不可不十分注意。但對於這事最能奏效的只有教育。所以他極言教育的重要曰：

教者政之本也。……有教，然後政治也。（同上大政下）

教育雖能使吾人養成好習慣以爲聖賢；但須施行得早，方易奏效。假使惡習慣已經養成以後，方施以教育，望他改過遷善，就不容易見功。因爲改正一個錯誤的舊習慣，比養成一個新習慣難得多呢。這已成爲教育上公認的原則了。所以施行教育最好在沒有染過惡習以前，因此不可不早爲設法。賈子有見于此，故力主早施教育曰：

選左右蚤諭教最急。（同上保傅篇）

又曰：

心未濫而先諭教則化易成也。（同上）

賈子以爲小兒一生下來就施以教育已經晚了；當成胎時就應該開始教育，方能收教育上最大的效果。所以他提倡胎教曰：

素成胎教之道，書之玉版，藏之金櫃，置之宗廟，以爲後世戒。（同上胎教篇）

他又援引史事以爲其主張胎教的根據曰：

周妃后妊成王於身，立而不跛，坐而不差，笑而不諠，獨處不倨，雖怒不罵，胎教之謂也。（同上）

他這樣的注重教育，就是重視習慣的養成；因爲教與習是相聯的。

（八）人的生與死

賈子以爲宇宙萬物非是一成不變的，乃長在變化之中，而且這種變化是沒有停止的時候的。其言曰：

萬物變化兮，固無休息。（史記屈原賈生列傳）

萬物既是變化不停，但變化的方式是怎樣的呢？他答道：

斡流而遷兮，或推而還。（同上）

萬物的轉移變化，如同水的旋渦，看似推進，而實爲還原。又說：

合散消息兮，安有常則。千變萬化兮，未始有極。（同上）

合則萬物成，散則萬物毀但合散的變化沒有一定的法則，其理深微，不是吾人所能盡情說出來的。所以他曰：

　　汭穆無窮兮，胡可勝言。（同上）

變化雖沒有常則但變化的狀態總不外乎由有形的變爲無形的，而由無形的變爲有形的罷了。他說道：

　　形氣轉續兮，化變而嬗。（同上）

他又舉例來說道：

　　萬物回薄兮，振蕩相轉。雲蒸雨降兮，錯繆相紛。（同上）

由有形的變爲無形的，如水之變爲蒸氣；而由無形的變爲有形的，如蒸氣之變爲雨。有形無形之相互變化是參互錯綜，紛紛不定的。其所以變化者乃由於振蕩的動力爲之轉移。但振蕩的動力是從何來的呢？他答曰：

　　大專槃物兮，坱軋無垠。（同上）

振蕩的動力是由『大專』所發出來的。大專卽大鈞，又卽造化。大專的發出動力，正同陶工的作器。大專既是陶冶萬物的工匠，則這個萬物的工匠的爐子是什麼？炭火是什麼？銅料又是什麼？他又一一作答道：

　　且夫天地爲爐兮，造化爲工。陰陽爲炭兮，萬物爲銅。（同上）

宇宙萬物既是造化工匠用天地爐子，陰陽炭火和萬物銅料所陶冶成的，則人爲萬物之一，當然也是這樣。『分散消息兮，安有常則。』物既如此生滅，人也不能獨異。人生忽然，輕若鴻毛，何必量度自己年命的長短而愛惜它。一旦死亡如同物化，又何足引爲憂慮呢。故賈子曰：

忽然爲人兮，何足控搏（搏又作揣）化爲異物兮，又何足患。（同上）

不過一班參不透這個道理的庸人，以爲我比物貴，所以所當愛惜此生，爭權奪利，以爲我一生享受。因此『我執』永存，『順達之境』無從超脫。愛生不能反致速死。其言曰：

小知自私兮，賤彼貴我。……貪夫徇財兮，列士徇名。夸者死權兮，品庶馮生。怵迫之徒兮，或趨西東。……拘士繫俗兮，攌如囚拘。……衆人或或兮，好惡積意。（同上）

只有參透這個道理的通人，知道我與物同，不當獨求其異，不當貪生而奔走於名利，應該守道而行。其言又曰：

通人大觀兮，物無不可。……大人不曲兮，億變齊同。……至人遺物兮，獨與道俱。（同上）

他以爲『獨與道俱』的『眞人』，對于生死的態度是如下：

眞人恬漠兮，獨與道息。釋知遺形兮，超然自喪。寥廓忽荒兮，與道翺翔。乘流則逝兮，得坻則止。縱軀委命兮，不私與己。其生若浮兮，其死若休。澹乎深淵之靜，氾兮若不繫之舟。不以生故自寶兮，養空而游。（同上）

這個『眞人』，與莊子所說的：

古之眞人，不知說生，不知惡死。其出不訢，其入不距。翛然而往，翛然而來而已矣。不忘其所始，不求其所終。受而喜之，忘而復之。是之謂不以心揖（一本作捐，一本作楫）道，不以人助天。是之謂眞人。（莊子大宗師）

兩兩相較，絲毫無異，且可互相發明。

第四章　鼂錯（死於紀元前一五四年）

（一）一生的事略

鼂錯是河南潁川縣人，曾從軹縣張恢先生學申商刑名之學，以文學爲太常掌故。他的爲人可以總括在『陗直刻深』四個字內。他曾經在孝文帝時被差遣到山東伏生處，傳受當世絕學——尚書。學成回朝後，就受命爲太子舍人門大夫家令。因他富於辯才，頗得太子的歡心，被稱爲：『智囊。』文帝雖奇其才，但未能大用。迨太子孝景帝卽位，他升任內史，運籌劃策，頗受寵信。因之一般大臣多忌他，想中傷他；苦無機會。有一次機會來了。錯以內史府居太上廟壖中，門東出，深感不便，乃穿門南出，鑿廟壖垣。丞相申屠嘉就想乘機攻擊他。幸而他探悉得早，當夜向景帝疏通，得以安然無事。嘉以計不能行，怨憤而死。他却格外顯貴，又升任御史大夫，乘機想推行他的政見，奏請削諸侯之地，力排衆議，貫澈個人主張，所更令有三十章之多，因此諸侯都對他懷恨。他的父親聽聞了，特地從本鄉趕進京去勸止。錯終不聽，他的父親恐禍及於己，飲藥自盡。十餘日後，吳楚七國就借誅錯的名義造反。他的政敵竇嬰和袁盎趁此勸景帝斬錯以謝七國。錯衣朝衣斬東市。

（二）對于元首與僚屬的見解

錯以爲一國最重要的是元首；而元首唯一不可缺少的學識是術數。所謂術數就是刑名之書；又卽是法制治國之術。其言曰：

人主所以尊顯功名，揚于萬世之後者，以知術數也。故人主知所以臨制臣下，而治其衆，則羣臣畏服矣；知所以聽言受事，則不欺蔽矣；知所安利萬民，則海內必從矣；知所以忠孝事上，則臣子之行備矣。（漢書鼂錯傳）

從上面一段文字裏可以知道術數之學的好處。但做了元首方才學習，就嫌遲了。故曰：

此四者臣竊爲皇太子急之。……願陛下幸擇聖人之術可用今世者，以賜皇太子，因時使太子陳明于前。（同上）

預備做元首的人無論怎樣飽學，只要缺乏了術數之學就等於不學。故又曰：

皇太子所讀書多矣，而未深知術數者，不問書說也。夫多誦而知其說，所謂勞苦而不爲功。（同上）

由此可知術數對于元首的重要了。所以他肯定的指明不知術數之害說道：

竊觀上世之君，不能奉其宗廟，而劫殺于其臣者，皆不知術數者也。（同上）

元首應有的準備和應具的學識既當如是；但一國之中單是元首好還是不中用，所以他又說：

臣竊聞古之賢主，莫不求賢以爲輔翼。故黃帝得力牧而爲五帝先；大禹得咎繇而爲三王祖；齊桓得筦子而爲五伯長。（同上）

賢主有賢輔而猶不能彼此協調，依然是不中用。主輔間之協調，因其賢不肖之差等，而有三種方式。他說：

臣聞五帝其臣莫能及，則自親之。三王臣主俱賢，則共憂之。五伯不及其臣，則任使之。此所以神明不遺，而聖賢不廢也。故各當其世而立功德焉。（同上）

有術數之學，以駕馭其臣；則雖然傾心任使，自不慮其大權旁落。但這是指內臣而言。至於在外的，就難了。當時的諸侯，地跨數郡，連城數十，隱然和中央政府相對抗。這是挾術數以馭下者決不能容的。所以他要力『請諸侯之罪過，削其地，收其枝郡。』（同上）

（三）治國的統則

上自元首，下至小吏，都當『本于人情』而行事。能如是，則國自治，天下自平。否則非特不能求治，反足以速亂。他舉史事為證曰：

計安天下，莫不本于人情。人情莫不欲壽，三王生而不傷也。人情莫不欲富，三王厚而不困也。人情莫不欲安，三王扶而不危也。人情莫不欲逸，三王節其力而不盡也。其為法令也，合于人情而後行之。其動衆使民也，本于人事然後為之。取之以己，內恕及人。情之所惡，不以彊人；情之所欲，不以禁民。是以天下樂其政，歸其德，望之若父母，從之若流水。百姓和親，國家安寧，名位不失，施及後世。此明于人情終始之功也。（同上）

由此可知『王道不外乎人情，』非是虛語。但治國最要的工具是法令。無論怎樣誠懇想本人情以治國，而法令不基于此，無異于南轅北轍。所以他愷切的說道：

其立法也非以苦民傷衆而爲之機陷也；以之興利除害，尊主安民，而救暴亂也。其行賞也，非虛取民財妄予人也；以勸天下之忠孝而明其功也。故功多者賞厚；功少者賞薄。如此歛民財以顧其功而民不恨者，知與而安己也。其行罰也，非以忿怒妄誅而從暴心也；以禁天下不忠不孝而害國者也。故辠大者罰重；辠小者罰輕。如此民雖伏罪至死而不怨者，知罪罰之至，自取之也。立法若此，可謂平正之吏矣。法之逆者，請而更之，不以傷民。主行之暴者，逆而復之，不以傷國。（同上）

不本于人情之法，就是法之逆者。不本于人情之行，就是行之暴者。其害足以傷民傷國。所以本于人情以立法行事，是治國者不可片刻忘懷的。而所謂本于人情者，具體說來，就是以興利除害爲本。所謂本于人情以立法，也就是以此爲準則。不過利害隨時地而不同，故法亦當因之而變。他在稱頌文帝時，曾暗示變法的必要道：

今陛下配天象地，覆露萬民。……所爲天下興利除害，變法易故，以安海內者，大功數十，皆上世之所難及。陛下行之，道純德厚，元元之民幸矣。（同上）

（四）解決民生問題的途徑

解決民生問題，實在是治國平天下的先決問題。否則一切設施都無從進行，雖有賢明的執政，也無從顯其好身手了。所以他建議道：

聖王在上而民不凍飢者，非能耕而食之，織而衣之也，爲開其資財之道也。（漢書食貨志）

開其資財之道如何？由他以爲：

方今之務，莫若使民務農而已矣。（同上）

他以務農與否爲治亂的總原因，細細分析其因果曰：

民貧則姦邪生。貧生于不足。不足生于不農，不農則不地著。不地著則離鄉輕家。民如鳥獸，雖有高城深池，嚴法重刑，猶不能禁也。夫寒之于衣，不待輕煖；飢之于食，不待甘旨。飢寒至身，不顧廉恥。人情一日不再食則飢，終歲不製衣則寒。夫腹飢不得食，膚寒不得衣，雖慈母不能保其子，君安能以有其民哉？明主知其然也，故務民于農桑。（同上）

既認定務農是爲治之本；則我們緊接着要問他的就是怎樣可以使民務農？他簡捷的回答道：

欲民務農，在于貴粟。（同上）

用什麼方法可以貴粟呢？他又答道：

貴粟之道，在于使民以粟爲賞罰。（同上）

更按當時的情形，詳述使民以粟爲賞罰的方法和理由如下：

今募天下入粟縣官，得以拜爵，得以除罪。如此，富人有爵，農民有錢，粟有所渫。夫能入粟以受爵，皆有餘者也。

取于有餘以供上用，則貧民之賦可損。所謂損有餘，補不足，令出而民利者也。順于民心，所補者三：一曰主用足，二曰民賦少，三曰勸農功。今令：民有車騎馬一匹，復卒三人。車騎者，天下武備也，故爲復卒。神農之教曰：「有石城十仞，湯池百步，帶甲百萬，而亡粟，弗能守也。」以是觀之，粟者王者大用，政之本務。令民入粟受爵，至五大夫以上，迺復一人耳。此其與騎馬之功相去遠矣。爵者上之所擅，出于口而亡窮；粟者民之所種，生于地而不乏。夫得高爵與免罰，人之所甚欲也。使天下入粟于邊，以受爵免罪，不過三歲，塞下之粟必多矣。（同上）

他這一個建議，文帝採用了。他從邊郡推至內地，因此除民之租稅，至於十有三年，可謂很有成效。

（五）充實邊防的方法

國防的要地是在邊疆，而秦代謫戍之法厲民最甚，所以他主張徙民實邊，使民自守，以代屯戍之事。其言曰：

徙民實邊，使遠方亡屯戍。塞下之民，父子相保，亡係虜之患。（漢書鼂錯傳）

這話說得動聽，但怎樣可以達到如此地步呢？這個答案當分兩層講。第一層是徙民的方法，他說道：

臣聞古之徙遠方以實廣虛也，相其陰陽之和，嘗其水泉之味，審其土地之宜，觀其草木之饒，然後營邑立城，製里割宅，通田作之道，正阡陌之界，先爲築室，家有一堂二內，門戶之閉，置器物焉。民至有所居，作有所用，此民所以輕去故鄉而勸之新邑也。爲置醫巫，以救疾病，以脩祭祀。男女有昏，生死相卹，墳墓相從，種樹畜長，室屋完安。此所以使民樂其處而有長居之心也。（同上）

第二層是怎樣使徙邊之民能夠自己防禦。他又說道：

臣又聞古之制邊縣，以備敵也。使五家爲伍，伍有長；十長一里，里有假士；四里一連，連有假五百；十連一邑，邑有假侯。皆擇其邑之賢材有護，習地形，知民心者，居則習民于射法，出則教民于應敵。故卒伍成于內，則軍正定于外。服習以成，勿令遷徙。幼則同游，長則共事。夜戰聲相知，則足以相救。晝戰目相見，則足以相識。驩愛之心，足以相死。如此而勸以厚賞，威以重罰，則前死不還踵矣。（同上）

邊疆的人口稀少，防禦欠缺，是給敵人以侵入的機會。古今戰守之術雖不同，而必有人然後能守。必其本地之民能自守，然後無調兵運餽之勞，則並無差異。鼂錯之論，眞可謂根本之圖了。

第五章　桑弘羊（西紀元前一一〇——八〇年）

（一）一生的事略

桑弘羊是雒陽賈人子；十三歲時，以心計用事侍中，言利事析秋毫。漢武帝元鼎二年，（西紀元前一一五年）他升任大農丞，管諸會計事，稍稍置均輸以通貨物，始令吏得入穀補官。元封元年，（西紀元前一一〇年）他爲治粟都尉，領大農，盡代大農孔僅管天下鹽鐵。此時他在政治上建立兩件大事，且行之很見成效；史記平準書記其事曰：

一、弘羊以諸官各自市，相與爭物故騰躍，而天下賦輸或不償其僦費；乃請置大農部丞數十人，分部主郡國，各往往縣置均輸鹽鐵官，令遠方各以其物貴時商賈所轉販爲賦，而相灌輸，置平準于京師，都受天下委輸。召工官治車諸器，皆仰給大農，大農之諸官盡籠天下之貨物，貴卽賣之，賤則買之。如此，富商大賈無所牟大利，則反本而萬物不得騰踊。故抑天下物，名曰平準。天子以爲然，許之。於是天子北至朔方，東到太山，巡海上，並北邊以歸，所過賞賜，用帛百餘萬匹，錢金以巨萬計，皆取足大農。

二、弘羊又請令吏得入粟補官，及罪人贖罪；令民能入粟甘泉各有差，以復終身，不告緡，他郡國各輸急處，而諸農各致粟山東漕益歲六百萬石。一歲之中，太倉甘泉倉滿，邊餘穀，諸物均輸帛五百萬匹，民不益賦而天下用饒。於是弘羊賜爵左庶長，黃金再百斤焉。

後武帝將病歿時，拜弘羊為御史大夫。受遺詔輔政。昭帝即位六年，他與賢良文學之士在上前辯論『罷鹽鐵酒榷均輸官』，終罷酒酤；以怨望大將軍霍光，遂與上官桀等謀反，誅滅。

弘羊無專著遺世。其思想僅見於漢汝南桓寬所撰鹽鐵論。此書記述桑弘羊等與賢文學之士，雙方辯論之語。全書共有六十篇：末篇為桓寬自述意見之語；餘五十九篇為雙方之辯辭。賢良文學一方面有六十餘人，其名見於末篇者，為賢良茂陵唐生，文學魯萬生，中山劉子雍，九江祝生。有司一方面，則桓寬說：

桑大夫據當世，合時變，推道術，尚權利，辟略小辯，雖非正法，然巨儒宿學惡然大能自解，可謂博物通士矣。然攝卿相之位，不引準繩，以道化下，放於利末，不師古始。易曰：『焚如棄如，處非其位，行非其道，果隕其姓，以及厥宗。』車丞相即周魯之列，當軸處中，括囊不言，容身而去，彼哉！彼哉！若夫羣丞相御史，不能正議以輔宰相，成同類，長同行，阿意苟念，以說其上，斗筲之人，道諛之徒，何足選哉！

於此可見有司一方主辯者實為桑弘羊。有司之語雖非盡出於弘羊之口，但多趨附弘羊之意。故今即根據該書所述有司之語，以研求桑弘羊的思想。

(二)從天人感應說到道

水旱篇曰：

禹湯聖主，后稷伊尹賢相也，而有水旱之災。水旱天之所爲，饑穰，陰陽之運也，非人力。故太歲之數在陽爲旱，在陰爲水，六歲一饑，十二歲一荒，天道固然，殆非獨有司之罪也。

這是明白否認當時流行的天人感應說，以爲天災之來，並非由於有司的作惡而使陰陽失和之所致；乃由於天地間陰陽的自然運行所成。雖以爲災異之生出於陰陽的自然運行；然對于陰陽五行相生相克之說，却不置信。故論菑篇曰：

文學言剛柔之類，互勝相代生。易明於陰陽；書長於五行。春生夏長，故火生於寅木陽類也。秋生冬死，故水生於申金陰物也。四時五行，迭廢迭興。陰陽異類，水火不同器，金得土而成，得火而死，金生於巳，何說何言然乎？

因爲對於一切不可知者，不必曲爲解說；還不如默然存疑。若強作解人，直是庸人自擾。故又曰：

菑異之變，夭壽之期，陰陽之化，四時之叙，水火金木，妖祥之應，鬼神之靈，祭祀之福，日月之行，星辰之紀，曲言之故，何所本始？不知則默，無苟亂耳。

不過仍以爲人道得之於天道。貧富篇曰：

道懸於天，物布於地，知者以衍，愚者以困。

欲得天道，當合之於人事。所以又說道：

夫善言天者合之人。（詔聖篇）

（三）從人性說到行爲

疾貪篇曰：

賢不肖有質，而貪鄙有性。

此言人性生來就有賢不肖貪鄙等種種差別。這種差別且非人力所能改造；所以接着說：

君子內潔己而不能純教於彼；故周公非不正管蔡之邪，子產非不正鄧晳之僞也。夫內不從父兄之教，外不畏刑法之罪，周公子產不能化必也。

教化既不能改造人性，所以毀學篇言學之爲用道：

學者所以坊（古防字）固辭，……故學以輔德。

於此可知學祇能輔助人性之善者爲善；而却不能改造人性之惡者爲善。故殊路篇曰：

性有剛柔，形有好惡；聖人能因而不能改。孔子外變二三子之服，而不能革其心。故子路解長劍，去危冠，屈節於夫子之門，然攝齊師友，行行爾，鄙心猶存。宰予晝寢，欲損三年之喪；孔子曰：「糞土之牆，不可杇也。」若由不得其死。故內無其質，而外學其文，雖有賢師良友，若畫脂鏤冰，費日損功。故良師不能飾戚施，香澤不能化嫫母也。

人性雖有差別，却同趨向於利祿。毀學篇曰：

司馬子言「天下穰穰，皆爲利往。」趙女不擇醜好，鄭嫗不擇遠近，商人不醜恥辱，戎士不愛死，力士不在親，事君不避其難，皆爲利祿也。

因此人人都要想富貴尊榮的。人能得到富貴尊榮，乃是人性的充分表現。人之守困窮以死者，並非其性願如此，乃實由於其力不足爭得富貴尊榮。故繼之曰：

尊榮者，士之願也。富貴者，士之期也。方李斯在荀卿之門，闒茸與之齊軫。及其奮翼高舉，龍昇驥騖，過九軼二，翺翔萬仞，鴻鵠驊騮且同侶，況跛牂燕雀之屬乎！席天下之權，御宇內之衆，後車百乘，食祿萬鍾，而拘儒布褐不完，糟糠不飽，非甘菽藿而卑廣厦，亦不能得已。雖欲嚇人，其何已乎！

其故以隱居爲高者，都以一時不能爭得富貴尊榮，不得已而暫歸隱；一俟機會來臨，卽羣起而爭仕。故褒賢篇曰：

文學高行，矯然若不可卷；盛節潔言，皦然若不可涅。然戍卒陳勝釋輓輅，首爲叛逆，自立張楚，素非有回由處士之行，宰相列臣之位也。奮於大澤，不過旬月，而齊魯儒墨薦紳之徒肆其長夜，長衣官之也；負孔氏之禮器詩書，委質爲臣；孔甲爲涉博士，卒俱死陳，爲天下大笑。深藏高逝者，固若是也！

所以不知進取者，非立功成名之士；惟有勉力爭得富貴尊榮者，方是天士名士。故又曰：

伯夷以廉饑，尾生以信死，由小器而虧大體，匹夫匹婦之爲諒也，經於溝瀆而莫之知也，何功名之有！蘇秦張儀，知足以強國，勇足以威敵，一怒而諸侯懼，安居而天下息，萬乘之主莫不屈體卑辭幣請交。此所謂天下名士也。夫知不足與謀，而權不能舉當世，民斯為下也。今舉亡而為有，虛而為盈，布衣穿履，深念徐行，若有遺亡，非立功成名之士，而亦未免於世俗也。

再人性雖有善有惡；但人辨別行為上善惡之心則相同。相刺篇曰：

橘柚生於江南，而民皆甘之於口，味同也。好音生於鄭衛，而人皆樂之於耳，聲同也。越人夷吾，戎人由余，待澤而後通，而並顯齊秦，人之心於善惡同也。故曾子倚山而吟，山鳥下翔，師曠鼓琴，百獸率舞。未有善而不合，誠而不應者也。

即此而言，辨別善惡的能力，是人與禽獸所同賦有的。大概是得之於先天的了。

（四）從統治者說到治平之道

備胡篇曰：

天子者，天下之父母也。

統治者的地位既如是其重要，其自身應從修身做起，再進而治家國。孝養篇曰：

身修然後可以理家；家治然後可以治官。

修身之最要者，就是自治。貧富篇曰：

未有不能自治而能治人者也。……善治人者，能自治者也。

統治者能自治，則賢明。自己賢明自能得賢人爲輔佐。故論誹篇曰：

湯與而伊尹至，不仁者遠矣。未有明君在上而亂臣在下也。

至於治平之道之最要者有數端如下：

（甲）齊民

地廣篇曰：

王者包含幷覆，普慶無私，不爲近重施，不爲遠遺恩。今俱是民也，俱是臣也，安危勞佚不齊，獨不當調耶？

統治者應普愛人民，使其安危勞佚齊一；而使之齊一的關鍵則在於財用。故錯幣篇曰：

非散聚均利者不齊；故人主積其食，守其用，調其不足，禁溢羨，厄利塗，然後百姓可家給人足也。

要協調一國之財用，須把商工與農同樣重視，並採行鹽鐵均輸之制。本議篇曰：

古之立國家者，開本末之途，通有無之用，市朝以一其求，致士民，聚萬貨，農商工師各得所欲，交易而退。易曰：「通其變，使民不倦。」故工不出，則農用乖；商不出，則寶貨絕；農不出則穀不殖。寶貨絕，則財用匱。故鹽鐵均輸，所以通委財而調緩急。

當時儒家都重農而輕工商；但桑弘羊卻堅持工商應與農並重，因工商有關於協調至巨。其理由如下：

管子云:「國有沃野之饒而民不足於食者,器械不備也;有山海之貨而民不足於財者,商工不備也。」隴蜀之丹漆旄羽,荆揚之皮革骨象,江南之柟梓竹箭,燕齊之魚鹽旃裘,兗豫之漆絲絺紵,養生送死之具也,待商而通,待工而成。故聖人作爲舟楫,以通川谷;服牛駕馬,以達陵陸;致遠窮深,所以交庶物而便百姓。是以先帝建鐵官以澹農用,開均輸以足民財。鹽鐵均輸,萬民所戴仰而取給者。

當時儒家都主張罷鹽鐵,而桑弘羊力反此議。其理由爲:

家人有寶器,尙函匣而藏之,況人主之山海乎?夫權利之處,必在深山窮澤之中,非豪民不能通其利。異時鹽鐵未籠,布衣有朐邴,人君有吳王,皆鹽鐵初議也。吳王專山澤之饒,薄賦其民,賑澹窮小,以成私威,私威積而逆節之心作。夫不蚤絕其源而憂其末,若決呂梁,沛然,其所傷必多矣。太公曰:「一家害百家,百家害諸侯,諸侯害天下,王法禁之。」今放民於權利,罷鹽鐵以資暴强,遂其貪心,衆邪羣聚,私門成黨,則强禦日以不制,而幷兼之徒姦形成也。(禁耕篇)

於此可見他所以反對罷鹽鐵者,深恐造成幷兼之徒。幷兼之徒爲害於國家最大者,爲破壞協調政策。故曰:

山海有禁而民不傾;貴賤有平而民不疑。縣官設衡立準,人從所欲,雖使五尺童子適市,莫之能欺。今罷去之,則豪民擅其用而專其利。決市閭巷,高下在口吻,貴賤無常,端坐而民豪。是以養强抑弱而藏於蹠也。强養弱抑,則齊民消若衆穢之盛而害五穀。

所以政府籠天下鹽鐵諸利，正所以促成協調政策。輕重篇曰：

籠天下鹽鐵諸利，以排富商大賈買官贖罪，損有餘補不足，以齊黎民。

這樣地協調以行施齊民政策，正合乎天道；因爲天道就是主協調的。通有篇曰：

五行東方木而丹章有金銅之山；南方火而交趾有大海之川；西方金而蜀隴有名材之林；北方水而幽都有積沙之地。此天地所以均有無而通萬物也。

財用齊一的標準，以足夠生活爲度；因民若過富反致不順，或爲富不仁。其言曰：

民大富則不可以祿使也；大強則不可以威罰也。（錯幣篇）

民饒則僭侈，富則驕奢，坐而委蛇，起而爲非，未見其仁也。（授時篇）

由此可知他的齊民政策之重心，是在造成國家資本主義。

（乙）法治

刑德篇曰：

執法者國之轡銜；刑罰者國之維檝。故轡銜不飭，雖王良不能以致遠；維檝不設，雖良工不能以絕水。

這是明白主張法治。其所以主張法治的理由，則第一以法能禁姦鉏惡。故曰：

夫治民者若大匠之斲，斧斤而行之，中繩則止。杜大夫王中尉之等，繩之以法，斷之以刑，然後寇止姦禁。故射

者因勢，治者因法。（大論篇）

古之君子，善善而惡惡。人君不畜惡民，農夫不畜無用之苗。無用之苗，苗之害也。無用之民，民之賊也。鉏一害而衆苗成，刑一惡而萬民說。雖周公孔子，不能釋刑而用惡。家之有鉏子，器皿不居，況鉏民乎？民者教於愛而聽刑；故刑所以止民，鉏所以別苗也。（後刑篇）

所以去除姦惡者正所以福利良民。故又曰：

明理正法，姦邪之所惡而良民之福也。（申韓篇）

第二以刑法不僅能消極的去除姦惡；且積極的勸人爲善。周秦篇曰：

未嘗灼而不敢握火者，見其有灼也。未嘗傷而不敢握刀者，見其有傷也。彼以知爲非罪之必加，而戮及父兄，必懼而爲善。

因此，法令實寓有教化之作用。故刑德篇曰：

令者所以教民也；法者，所以督姦也。

總之，桑弘羊力主法治之理由，是全在齊民爲善。

行法治者須採用嚴刑峻法，方能收法治之效。刑德篇又曰：

令嚴而民愼，法設而姦禁。網疏而獸失，法疏則罪漏。罪漏，則民放佚而輕犯禁；故禁下必法。夫儌倖誅誡，蹠蹻不犯。是以古者作五刑，刻肌膚，而民不踰矩。

不僅立法須嚴，且刑罰須重。刑罰實有不得不重之理由，如：

文學言王者立法，曠若大路，今馳道不小也，而民公犯之，以其罰罪之輕也。千仞之高，人不輕凌。千鈞之重，人不輕舉。商君刑棄灰於道，而秦民治。故盜馬者死，盜牛者加；所以重本而絕輕疾之資也。

行法治者，更須因時而變法。錯幣篇曰：

湯文繼衰，漢興乘弊，一質一文，非苟易常也，俗弊，家法，非務變古也，亦所以救失扶衰也。故教與俗改，弊與世易。

所以稱頌商鞅之變法曰：

夫商君起布衣，自魏入秦，期年而相之，革法明教，而秦人大治。（非鞅篇）

又引商鞅變法的目的，以為一般變法者之南針曰：

商君雖革法改教，志存於強國利民。（論儒篇）

這是明告統治者因時而變法，當以『強國利民』為目的；不可借變法之名，行利己之實。

不過桑弘羊雖主張法治，却非迷信法治者可比；他以為時世無需法治，法治儘可廢除。惟民未齊之時，非行法治不可。大論篇曰：

俗非唐虞之時，而世非許由之民，而欲廢法以治是猶不用隱栝斧斤，欲撓曲直枉也。

他相時而行法治或德治的主張，正所以迎合天道；因天道是因時而變換的。故論菑篇曰：

金生於巳，刑罰小加，故薺麥夏死。易曰：「履霜堅冰至。」秋始降霜，草木隕零，合冬行誅，萬物畢藏。春夏生長，利以行仁。秋冬殺藏，利以施刑。故非其時而樹，雖生不成。秋冬行德，是謂逆天道。月令涼風至，殺氣動，蜻蛚鳴，衣裘成，天子行微刑，始貙膢以順天令。

(丙)武備

和親篇曰：

昔徐偃王行義而滅，好儒而削，知文而不知武，知一而不知二。

這是說單有文治尚未能盡治平之道。故世務篇曰：

詩云：「詰爾民人，謹爾侯度，用戒不虞。」故有文事，必有武備。

一國之所以必須有武備者；因國之獨立端賴武力。桑弘羊舉史事以證明此說道：

秦楚燕齊，周之封國也。三晉之君，齊之田氏，諸侯家臣也。內守其國，外伐不義，地廣壤進，故立號萬乘，而爲諸侯。宗周室修禮長文，然國翦弱，不能自存，東攝六國，西畏於秦，身以放遷，宗廟絕祀，賴先帝大惠，紹興其後，封嘉潁川，號周子男君。秦既幷天下，東絕沛水，幷滅朝鮮，南取陸梁，北卻胡狄，西略氐羌，立帝號，朝四夷，舟車所

通，足迹所及，靡不畢至，非服其德，畏其威也。力多則人朝，力寡則朝於人矣。（誅秦篇）

因此，他竭力稱揚武力道：

虎兕所以能執熊羆服羣獸者，爪牙利而攫便也。秦所以超諸侯，吞天下，幷敵國者，險阻固而勢居然也。故龜倡有介，狐貉不能禽；蝮蛇有螫，人忌而不輕。故有備則制人，無備則制於人。（險固篇）

他雖稱揚武力，却不贊成黷武；以爲用武者，當以『討暴衞弱定傾扶危』爲目的。其言曰：

古者明王討暴衞弱，定傾扶危，衞弱扶危，則小國之君說。討暴定傾，則無罪之人附。（備胡篇）

他惟恐人家誤解其重武之說，故又舉古聖王之用兵以示範曰：

湯武之伐，非好用兵也；周宣王辟國千里，非貪侵也；所以除寇賊而安百姓也。故無功之師，君子不行；無用之地，聖王不貪。（地廣篇）

於此可見統治者之用兵，絕對非爲個人圖私利；而當爲全民謀公利。故曰：

聖王斥地，非私其利，用兵，非徒奮怒也；所以匡難避害，以爲黎民遠慮。（結和篇）

上述三端，雖未能盡治平之道；但大體已具於此了。

第六章　張敞（死于紀元前四八年）

（一）一生的事略

張敞是山西平陽人，初遷於陝西茂陵，再徙於陝西杜陵。他的祖和父都是顯官。他自己以鄉官的資格，補做太守卒史。上察其廉，改委他做甘泉倉長，不久又升做太僕丞。他曾經上書規諫過霍光所迎立的昌邑王。旋昌邑王廢立；宣帝即位。他以切諫顯名，升做豫州刺史。他又以數上事有忠言，宣帝徵他做太中大夫平尙書事。因爲他守正不阿，開罪了當時大權獨攬的大將軍霍光，乃出京做函谷關都尉。又因爲宣帝怕廢掉的昌邑王有變，徙他做山陽太守。隔了許久的時候，霍光也已早死了，因勃海膠東盜賊並起，他上書自請治之。天子遂徵他，拜膠東相。他到任後所用治盜賊的方法，是把賞罰來勸善懲惡。因之不久就盜賊消滅，吏民歙然。因爲好幾個京兆尹都是不稱職罷免，弄得京師漸廢，偸盜時起，上乃調他做京兆尹。他接事後，以計于一日之間盡捕得所有偸盜，依法懲治，就此京師無偸盜之患。他的好友楊惲以大逆被誅後，上以公卿奏請，罷免惲的黨友，而對于他的免職令獨遲遲不下。旋以他殺戮自己手下無罪的賊捕掾絮舜，始免爲庶人。他解職數月，京師吏民解弛，枹鼓數起，而且冀州部中有大賊。天子想念他的功效，又起用他做冀州刺史。他到部後，發覺廣川王姬昆弟及王同族宗室劉調等是賊的窩主，逃賊多匿於王宮;遂親自率部屬圍捜王宮盡捕殺賊犯,懸首於宮門外,並彈劾掉廣川王。一年後,冀州盜賊絕跡,他徙做太原太守。不多時,宣帝崩元帝即位徵他做左馮翊,剛巧他生病死了。『敞爲人敏疾,賞罰分明,見惡輒取,時時越法縱舍,有足大者。』(漢書張敞傳)不過缺乏威儀,當他做京兆尹,『時罷朝會,走馬過章臺街,使御吏驅,自以便面拊馬。』(同上)古今流傳的畫眉美談,也就是他的韻事。他有集一卷,錄一卷,但今都不傳。

(二)元首應當注意之點

往往做了元首的人,自以爲富貴尊榮達於頂點,大可稱心適意的了;於是恣意求樂,置政事於度外。這是歷史上暴君常常踐蹈的覆轍。所以要做一個好的元首就不該如此,所以張敞說:

願明主時忘車馬之好,斥遠方士之虛語,游心帝王之術,太平庶幾可興也。(漢書郊祀志下)

元首抑心意,絕嗜慾,游心治術外,還須盡量舉用賢良方正之士以爲輔佐。所以他又曰:

明主游心太古,廣延茂士。(漢書朱邑傳)

元首對于臣下,濫施責罰,固足啓離心之漸;妄給恩賞,亦足開僥倖之門。所以賞罰須得當,不可有所偏私。他在諫昌邑王書中曾明白揭示此意曰:

孝昭皇帝早崩無嗣,大臣憂懼,選賢聖承宗廟,東迎之日,唯恐屬車之行遲。今天子以盛年初即位,天下莫不拭目傾耳,觀化聽風。國輔大臣未褒,而昌邑小輩先遷,此過之大者也。(漢書張敞傳)

就是應賞的功臣，也須賞得有分寸。假使過乎其分，往往成爲後患。他舉史事爲證曰：

臣聞公子季友有功于魯，大夫趙衰有功于晉，大夫田完有功于齊，皆疇其爵邑，延及子孫。終後田氏簒齊，趙氏分晉，季氏顓魯。故仲尼作春秋，迹盛衰，譏世卿最甚。（同上）

因此，他主張『褒寵故大將軍（霍光）以報功德足矣』，爲免除『輔臣顓政，貴戚太盛』，力『請罷霍氏三侯。』他雖引用春秋之說，然法家的色彩是很顯著的了。

（三）官吏應當注意之點

一個人做了官吏，應當爲元首盡力。這如同在家庭裏，應當盡心于父母一樣。其言曰：

臣聞忠孝之道，退家則盡心于親，進宦則竭力于君。夫小國中君猶有奮不顧身之臣，況于明天子乎？今陛下遊意于太平，勞精于政事，亹亹不舍晝夜。羣臣有司，宜各竭力致身。（漢書張敞傳）

無論怎樣精明強幹的官吏，只要心上存着暫時的觀念，就做不好了。因爲一存這個觀念，對于一切事情就不免敷衍了事，做一天算一天。這樣做官，如何能做得好？所以官吏應當不以任期的久暫而影響其努力；做一天官，就當盡一天職。明知明天革職，今天還是要和尋常一般的盡職。要知道他怎樣深惡痛嫉這個官吏的暫時觀念，只須細讀下面的故事：

（敞）爲京兆九歲，坐與光祿勳楊惲厚善。後惲坐大逆誅，公卿奏惲黨友不宜處位，等比皆免，而敞奏獨寢不下。敞使賊捕掾絮舜有所案驗。舜以敞劾奏當免，不肯為敞竟事，私歸其家。人或諫舜，舜曰：「吾為是公盡力多矣！今五日京兆耳，安能復案事？」敞聞舜語，卽部吏收舜繫獄。是時冬月未盡數日，案事吏晝夜驗治舜，竟致其死事。舜當出死，敞使主簿持教告舜曰：「五日京兆竟何如？冬月已盡，延命乎？」乃棄舜市。（同上）

舜之所以被殺，就是存着『五日京兆』之心。敞之所以殺舜，就是表示官吏不當以『五日京兆』而稍懈怠其職守。

官吏固須執法以繩，不稍寬息；但却不當專事殺罰，草菅人命。所以他勸告酷吏嚴延年說道：

> 昔韓盧之取菟也，上觀下獲，（言良犬之取菟，仰觀人主之意而獲之，喻不妄殺。）不甚多殺。願次卿少緩誅罰，思行此術。（漢書酷吏嚴延年傳）

他的意思是官吏當仰體上天好生之德，能夠赦罪的地方總當從寬發落。所以他『治雖嚴，然尚頗有縱舍。』（同上）

（四）法律與禮教

不論禮教或法律設立之時，都是人民實際生活的規則。人民實際生活變更，禮教和法律也就當隨之而改革。西漢的法律沿襲嬴秦，也未必盡合於實際。然而較之儒者所想恢復的禮教，其新舊自不可同年而語。人民實際生活的規則，與其取禮教，自不如取法律了。所以從儒家看來，法律是不得已而用之；欲求治平，總須回復到禮教。而從法家看來，則法律正是因禮教已不適用，而起而代之的。所以張敞毅然說：

漢家承敝通變，造起律令。（漢書循吏黃霸傳）

以反對黃霸虛僞的禮教而說法律之設：

即以勸善禁姦。（同上）

儒家以爲法律祇能消極的禁姦，萬萬不能如禮教之積極的勸善。但法家則以爲法律不僅能消極的禁姦，還能積極的勸善；有了法律，則無需禮教。所以張敞特作此語，以反對儒生黃霸的提倡虛僞禮教。

儒家的注重禮教輕視法律，是孔子的傳統思想。禮記仲尼燕居，載孔子的話：

禮者何也？卽事之治也。君子有其事，必有其治。治國而無禮，譬猶瞽之無相與，倀倀乎其何之？譬如終夜有求於幽室之中，非燭何見？若無禮，則手足無所措，耳目無所加，進退揖讓無所制。

論語爲政篇曰：

道之以政，齊之以刑，民免而無恥。道之以德，齊之以禮，有恥且格。

到漢代，一般儒生依舊供奉孔子所稱道的禮教，并想實行這種禮教。

張敞以爲禮教不僅不能勸善，反致長僞。所以他斬鋼截鐵的拒絕禮教，而獨側重法律道：

郡事皆以義法令檢式；毋得擅爲條教。敢挾詐僞以奸名譽者，必先受戮，以正名好惡。（漢書循吏黃霸傳）

爲什麽擅行禮教，其結果反致勸僞呢？因爲人民的生活是隨時演變的，可以前進而不可以後退；但儒家則拘泥于禮，時時刻刻想把前進的民生退合于古代的禮教。他們明知違抗進化的潮流是不可能的，但總想勉強復演已往的黃金時代，於是假託禎祥以資號召。下面的事情就是一個實例：

竊見丞相（黃霸）請與中二千石博士，雜問郡國上計長吏守丞，爲民興利除害，成大化條。其對有耕者讓畔，男女異路，道不拾遺，及擧孝子弟弟貞婦者，爲一輩先上殿，擧而不知其人數者次之。不爲條教者在後叩頭謝。丞相雖口不言，而心欲其爲之也。長吏守丞對時，臣敞舍有鶡雀飛止丞相府屋上，丞相以下見者數百人。邊吏多知鶡雀者，問之，皆陽不知。丞相圖議上奏曰：「臣聞上計長吏守丞以興化條，皇天報下神雀。」後知從臣敞舍來，乃止。（同上）

幸而鶡雀爲皇天報下神雀的謊話沒有說得像。黃霸想恢復古代禮教的把戲也沒有玩得成。否則，黃霸就要假託神雀的禎祥，以號召天下人相率而勉強實行禮教，致成貌合神離之局。所以張敞奏劾黃霸，而沉痛的推論其必致的結果曰：

臣敞非敢毀丞相也，誠恐羣臣莫白，而長吏守丞畏丞相指，歸舍法令，各爲私教，務相增加，澆淳散樸，竝行僞貌，有名亡實，傾搖解怠，甚者爲妖。假令京師先行讓畔異路，道不拾遺，其實亡益廉貪貞淫之行，而以僞先天下，固未可也。即諸侯先行之，僞聲軼于京師，非細事也。（同上）

張敞的推論似乎危言聳聽。但後來王莽努力復古所造成虛僞的政局，就是這個推論的保證。

（五）行權與守經

當國家遇到困難非變通辦法不足應付時，就該權變法令以適合實際。這就是承敝通變以造律令的原則。張敞根據這個原則；所以見到西羌反漢，邊民行將絕糧時，就上書奏請令入穀贖罪曰：

> 國兵在外軍以夏發。隴西以北安定以西，吏民竝給轉輸，田事頗廢，素無餘積。雖羌虜以破，來春民食必乏。窮辟之處，買亡所得，縣官穀度不足以振之。願令諸有辠，非盜受財殺人及犯法不得赦者，皆得以差入穀。此八郡贖罪，務益致穀，以豫備百姓之急。（漢書蕭望之傳）

但儒家則不是如此。他們重義輕利。苟有捨義圖利之事，他們必竭其全力以反對之。這是因爲以義而不以利治國，乃儒家的經義。孟子上開宗明義的第一章就揭出這一點道：

> 孟子見梁惠王。王曰：「叟，不遠千里而來，亦將有以利吾國乎？」孟子曰：「王何必曰利？亦有仁義而已。」

所以當時『京師諸儒稱述』的儒生蕭望之駁斥張敞入穀贖罪議曰：

> 民函陰陽之氣，有好義欲利之心，在教化之所助。堯在上不能去民欲利之心，而能令其欲利不勝其好義也。雖桀在上，不能去民好義之心，而能令其好義不勝其欲利也。故堯桀之分，在於義利而已。道民不可不慎也。今欲令民量粟以贖罪，如此則富者得生，貧者獨死，是貧富異刑，而法不一也。人情貧窮，父兄囚執，聞出財得

以生活，爲人子弟者將不顧死亡之患，敗亂之行，以赴財利，求救親戚，一人得生，十人以喪。如此，伯夷之行壞；公綽之名滅。政教壹傾，雖有周召之佐，恐不能復。古者藏財於民，（財字從漢紀補）不足則取，有餘則予。詩曰：「爰及矜人，哀此鰥寡。」上惠下也。又曰：「雨我公田，遂及我私。」下急上也。今有西邊之役，民失作業，雖戶賦口斂，以贍其困乏，古之通義，百姓莫以爲非。以死救生，恐未可也。陛下布德施教，教化既成，堯舜亡以加也。今議開利路，以傷既成之化，臣竊痛之。（漢書蕭望之傳）

他們兩人相異之點，是在於行權與守經。蕭氏墨守經義，故力主佈德施教。張氏權變法度，故力主因時制宜。張氏對于這一點自己看得很清楚，所以明白指出持論各異的緣故道：

少府（李彊）左馮翊（蕭望之）所言，常人之所守耳。……竊憐涼州被寇，方秋饒時，民尙有饑乏之病，死于道路，況至來春將大困乎。不早慮所以振救之策，而引常經以難，恐後爲重責。常人可與守經，未可與權也。（同上）

爲什麽一則守經而一則行權呢？因爲儒家重禮教，懷抱着經典中教化政治的理想；而法家重法律，努力於趨時的法治政治的實利。既以經典中教化政治爲理想，則不願以實際上稍有困難而卽犧牲其理想：此蕭望之所以力主守經。既努力於趨時的法治政治的實利，則遇有實際困難，就毅然權宜行事，以避害趨利：此張敞之所以力主行權。所以行權與守經，是儒法兩家的政策根本不能調和的。雖然儒家未嘗不反對執中無權；然到實行之時，就不如法家之善於變通了。

第七章　結論

秦漢的法理學說已如上述。茲再進而一論秦代法理學說之優點。但秦與戰國以來的法理學說是一線繼承的，在李斯的學理中已由分析予以證明。所以要論秦代法理學說之優點，即無異追論戰國以來的法理學說。其可稱述之優點，約略如下。

人的聰明才智無論如何高絕，總不能沒有偏私錯誤。即使人沒有偏私錯誤，總不能使人人心服意滿。故慎子曰：

君人者，舍法而以身治，則誅賞予奪從君心出。然則受賞者，雖當望多無窮；受罰者，雖當，望輕無已。君舍法，以心裁輕重，則同功殊賞同罪殊罰矣。怨之所由生也。

祇有用像權衡斗斛度量等物的法來治事，可以沒有一毫私意，又可以不至於陷入偏見。所以慎子又曰：

法雖不善，猶愈於無法。所以一人心也。夫投鉤以分財，投策以分馬，非鉤策爲均也，使得美者不知所以美，得惡者不知所以惡。此所以塞願望也。

這是說客觀的法可以免『以心裁輕重』的大害。此處慎子用鉤策比『法』，就是說法有客觀性。這客觀的法的第一大效用，就是能夠免去專制的人治——『誅賞予奪從君心出』——的種種禍害。也就是主張法治學說的第一大優點。

法家都極信歷史是進化的，故治人之法也當隨時代之進化加以改進。韓非曰：

今有搆木鑽燧於夏后氏之世者，必為鯀禹笑矣。有決瀆於殷周之世者，必為湯武笑矣。然則今有美堯舜禹湯武之道於當今之世者，必為新聖笑矣。是以聖人不務循古，不法常可，論世以事，因為之備。（韓非子五蠹篇）

李斯之所以主張不學古而師今，也即本于此。這是法家明白宣言法須因時制宜的主張。禮治者，雖然也說：『三王異世，不相襲禮。』（樂說）又說：『協諸義而協，則禮雖先王未之有，可以義起。』（禮運）然而

禮也者，理之不可易者也；（禮記樂記）

禮者，天地之序也；（同上）

大禮與天地同節。（同上）

等觀念入之太深，既將禮與自然律同等看待，則禮當然是不可變的了。主張禮治主義者之所以失敗，就是由于拘泥固守，執一不變。法家之所以能戰勝禮治主義者，就是由于適合時代，隨機應變。這是主張法治學說的第二大優點。

法家以為一國之中，君臣上下都須受同等法律之裁制。上下同遵法行事，絲毫不以尊貴貧賤而變易其法，方得稱為眞正之法治。管子任法篇曰：

法不一，則有國者不祥。……故曰：法者，不可恆也。（安井衡云「恆上脫不字」。）存亡治亂之所從出，聖君所以為天下大儀也。……萬物百事，非在法之中者不能動也。故法者，天下之至道也，聖君之實用也。……有生法，有守法，有法於法。夫生法者，君也。守法者，臣也。法於法者，民也。君臣上下貴賤皆從法，此謂大治。

韓非子有度篇曰：

故明主使其羣臣，不遊意於法之外，不為惠於法之內，動無非法。

又難二篇曰：

人主雖使人，必以度量準之，以刑名參之。以事遇於法則行，不遇於法則止。

秦代的『民平其政』（章氏叢書秦政紀）就是要現實法家之『君臣上下貴賤皆從法』的理想。而主張禮治主義者則反是。禮記曲禮篇曰：

禮不下庶人，刑不上大夫。

這是主張禮治主義者明白的說君臣上下貴賤不能受同一之制裁，而于階級之間立有差等的待遇。以此與法家之平等制裁說相較，遜色實多。這是主張法治學說的第三大優點。

戰國以來的法理學說既有此種種優點，則漢代的法家除桑弘羊外，爲何更予以一番修正呢？既須修正，則其中必尙有缺點在。

法理學說的第一大缺點在于立法權方面。管子曰：

夫生法者，君也。（管子任法篇）

這是說有立法之權者祇有君主一人。商鞅曰：

前世不同教，何古之法？帝王不用襲，何禮之循？（商君書更法篇）

這是說君主有廢法權。法家之意時代常在轉變之中，法也不得不常時更改以適實用。所以要使君主除舊布新，以達到『當時而立法，度務而制事』（商君書）的目的。其用意固甚善。不過賢明的君主自能向改善的方面變法。不良的君主則往往利用變法以達其貪暴之慾。好的法固足以治國。不好的法反致於亂國。法家所謂『抱法以待，則千世治而一世亂』（韓非子難勢篇）的話，未免徒存虛願了。

法理學說的第二大缺點在于執法權方面。法家以爲君主不但有廢法立法之權，且有執法之權。故管子明法解曰：

故明主之治也，當於法者誅之。故以法誅罪，則民就死而不怨。以法量功，則民受賞而無德也。

這就是說君主有執法之權。不過民有罪則君主可誅之以法。君有罪，則民祇可聽其逍遙法外。君可自由變立苛刻之法，強制執行。民却無法使君主永守其善良之法。卽使善良之法不變，而君主不自守之，亦無可奈何。所以法家也自知其缺點而說道：

國家有法，而無使法必行之法。（管子七法篇）

法理學說的第三大缺點是法不能包容一切。法家動以衡量尺寸比法，謂以法量度人，如尺的量度布帛，衡的量度土石。殊不知布帛土石是死的東西，一成不變的。把一成不變的死東西如衡尺等來量度死的東西是可行的。而人却是活的東西，其自由意志的發動，日新而無窮；要專靠一客觀的『物準』以窮其態是不可能的。君單靠『殺人者死』一條法去抱括一切殺人的案情，豈不要冤枉殺許多無罪的人嗎？所以一尺可以盡萬物的長短，一衡可以盡萬物的輕重；人心輕重長短，試問要多少法方能包容得盡呢？法雖如牛毛，而終必有『法之所不至者。』（荀子王制篇）

法理學說的第四大缺點是蔑視人民。法家曾說道：

民智之不可用也，猶嬰兒之心也。夫嬰兒不剔首則腹痛，……剔首……必一人抱之，慈母治之，猶啼呼不止。嬰兒子不知犯其所小苦致其所大利也。（韓非子顯學篇）

這幾句話固然含有一面的眞理。不過，人民果眞都是嬰兒麼？果眞常是嬰兒麼？須知人類不甚相遠，同時代同環境的人尤不能相遠。人民既是嬰兒，則爲民立法的人也是嬰兒了。何以見得其獨能爲慈母呢？今卽退一步，謂立法的人比於人民確如慈母之於嬰兒。然而慈母之利其嬰兒，是要希望成人的；不是使之永遠爲嬰兒，假使思械嬰兒的足不使學步，則此兒雖成人亦將不能行；鉗嬰兒的口勿使出話，則此兒雖成人亦將不能語。然則人民的程度逐漸增高，待遇人民之法亦當隨時而變。然而法家於此却絕未籌及。這似乎也不能不算做一個缺點。何況慈母嬰兒本非確喻呢。

這四大缺點就是漢代法家賈誼鼂錯張敞等所認爲急須予以修正的。他們以爲第一與第二缺點的主要關鍵是在于人主方面。設採人治以補充法治，則兩缺點同時銷除。因有賢明的君主，則自不妄自廢法立法。即使廢法立法，也必定是向改善的方面去進展的。即『無使法必行之法，』也必定與民共守。所以賈誼鼂錯和張敞等都主張于法治之外，兼採人治。因爲他們主張兼採人治，所以對于人主都極注意。賈誼在新書保傅篇裏剖言『殷周之君有道之長而秦無道之暴』的原因，完全是在于君主的好與不好。殷周的君主好，所以久存；秦的胡亥不好，所以速亡。而君主的好與不好，則又係于教育的優良與否。他主重君主的教育，尤主重胎教。這就是他主重人治的表示。鼂錯以爲君主應懂得『術數之學』；做太子的時候，就須預先學習。其用意與賈誼之主重像教相同。張敞所謂：『願明主時忘車馬之好，斥遠方士之虛語，游心帝王之術』（漢書郊祀志下）等語，也就是明白主張君主應當賢明。由此可知他們三人都主張人治是很重要的。但人治的主張却非是他們的創見，實得之于儒家。儒家是向來主張人治的。如荀子君道篇曰：

羿之法非亡也，而羿不世中；禹之法猶存，而夏不世王。故法不能獨立，類不能自行。得其人則存，失其人則亡。……有君子，則法雖省，足以徧矣。無君子，則法雖具，失先後之施，不能應事之變，足以亂矣。

漢代的法家雖不像儒家那樣完全採用人治主義，却以爲有兼採人治的必要。這就是漢代的法家把儒學來修正以前的法理學說的第一點。

漢代的法家對于戰國以來法理學說的第三大缺點已早見到。賈子所謂：『姦不勝而法禁數潰，』（賈誼新書鑄錢篇）即明言法不能包容一切。其補救之法莫善于兼採德化之政。故曰：『故君能爲善，則吏必能爲善矣；吏能爲善，則民必能爲善矣。……故荀上好之，其下必化之，此道之政也。』（同上大政下）民旣能由德政而感化爲善，則就是有法律夠不到的地方也無關緊要了。漢法家又深見到法律的呆板，不能量度盡得其宜；所以爲補救之計曰：『戒之戒之，誅賞之愼焉。故與其殺不辜也，寧失於有罪也。故夫罪也者疑，則附之去己。夫功也者疑，則附之與己。則此毋有無罪而見誅；毋有有功而無賞者矣。』（同上大政上）張敞也把此意勸告酷吏嚴延年曰：『昔韓盧取菟也，上觀下獲，不其多殺。願次卿少緩誅罰，思行此術。』（漢書酷吏嚴延年傳）這種寬大的政策也就是德政。道德教化之政原出于儒家。漢書藝文志曰：

儒家者流，蓋出于司徒之官，助人君順陰陽明教化者也。游文於六經之中，留意於仁義之際。祖述堯舜，憲章文武，宗師仲尼，以重其言，於道最爲高。

由此可知道德教化之政為儒家特具之傳統政策。今漢法家以此補充法律之不足，乃是把儒學來修正以前法理學說的第二點。

漢法家又見到戰國以來的法家蔑視人民之非，故力矯其弊曰：『聞之於政也，民無不為本也：國以為本，君以為本，吏以為本。故國以民為安危，君以民為威侮，吏以民為貴賤。此之謂民無不為本也。』（賈誼新書大政上）又曰：『計安天下，莫不本于人情。……其為法令也，合于人情而後行之。其動衆使民也，本于人事，然後為之。……是以天下樂其政，歸其德，望之若父母，從之若流水；百姓和親，國家安寧，名位不失，施及後世。此明于人情終始之功也。』（漢書鼂錯傳）他們一反往昔之非，力言以民為本，尊重民意者，也不是獨創的見解，仍得之于儒家的議論。孟子曰：

民為貴，社稷次之，君為輕。（孟子盡心章）

國君進賢，如不得已，將使卑踰尊，疏踰戚，可不慎與？左右皆曰：『賢』，未可也；諸大夫皆曰：『賢』，未可也；國人皆曰：『賢』，然後察之；見賢焉，然後用之。左右皆曰：『不可』，勿聽；諸大夫皆曰『不可』，勿聽；國人皆曰『不可』，然後察之；見不可焉，然後去之。左右皆曰『可殺』，勿聽；諸大夫皆曰：『可殺』，勿聽；國人皆曰：『可殺』，然後察之；見可殺焉，然後殺之。故曰：『國人殺之也』。如此，然後可以為民父母。（同上）

以此與賈誼鼂錯之言相比，則貴民之意如出一轍。這是漢法家把儒學來修正以前法理學說的第三點。此三點是漢法家修正戰國以來法理學說最足稱述的。至于他們何以援用儒學，則一以儒學確有修正法學之力量；一以漢代爲儒學流行之世，當時法家不無受時代潮流之影響。

我國法理學說在戰國時代曾盛極一時；但自秦漢以降，則退化復退化，馴至今日而固有的法系幾成殭石。其故何在？大概因爲禮治主義和其他各種主義久已深入人心，都和法治主義做對敵。法治主義雖一時偶占勢力，摧滅封建制度和等級制度；然以我國崇古念重，所以法治主義的學說終爲禮治主義的學說克服。幷且門戶之見惡及儲胥，並其精粹之義而完全吐棄之。一切法律事業，多全委諸刀筆吏。學士大夫都不肯從事于此。這是我國法理學說不能發達的第一大原因。又法家的理論主張團體自身利益過甚，遂至蔑視團體員的利益。此雖能救一時之敝，但于助長社會的發達非可久行。其道不愜于人心，就是沒有舊學說反對，也難免于凋敝的。假使法家的理論能與主張團體員利益過甚的儒墨兩家之說互相眞正調和，未始不可創一持久之局。然此兩派非特不能相互調和，且相輕相軋。這是我國法理學說不能發達的第二大原因。因此之故，我國法理學說雖于一時代百數十年間有如火如荼之盛，而終歸于衰替也。

第二編　道家

第一章　概說

法家的學理本導源於道家。法治論者希望國家有了完備的法律，君主對于臣民祇須以法爲度量權衡而制裁之，對于官吏只要循名責實便可以無爲而治。西漢初年，『相國蕭何攈摭秦法，取其宜於時者，作律九章。』（漢書刑法志）『叔孫通又益律所不及，爲傍章十八篇。』（晉書刑法志）此項法律在後來觀之雖甚覺其不完備，然在當時較之商君治秦祇有李悝所撰法經六編者，已覺其完備許多。一時的目光不在更求法律之完備，而在能利用此法達到無爲而治的目的。所以當時法家的思想本易與道家接近；況又有別種原因以促之，而道家之學遂勃然興起了。

當時抱道家的主張者，通稱爲信奉黃老之學的人。所謂『黃老之學』，就是黃帝和老子的學說。這兩個人的學說怎樣會聯在一處的呢？大概在戰國時候信奉老學一派人，嫌自己的學說沒有久遠的淵源以資號召，遂抬出遠古的黃帝來做幌子，意圖壓倒當時的其他學派。這種企圖正同當時的儒家揹出堯舜禹湯文武的牌頭來的用意一樣。中國人對于各種事物以老牌爲勝的心理，至今還沒有改革。當時各派學者所以要變『託古戲法』也就是在於迎合社會上一般人的這種心理。信奉老學一派人又恐怕單祇抬出黃帝的空頭招牌來不足以取信；所以還編造着多種關于黃帝的作品，使人家看了之後不得不信以爲眞。據漢書藝文志道家類所載關于黃帝的作品有黃帝四經四篇，黃帝銘六篇，黃帝君臣十篇，雜黃帝五十八篇，力牧二十二篇。前三種作品，原注云『起六國時，與老子相似也。』第四種作品原注云『六國時賢者所作。』第五種作品原注云：『六國時所作，託之力牧。力牧，黃帝相。』由此可知這些作品都是戰國時代『託古戲法』的宣傳品。現在這些作品雖亡，但從引於韓非（揚權篇），呂覽（應同去私圜道遇合審時等篇）賈子（宗首修政上）淮南（繆稱訓，泰族訓）列子（天瑞力命）文子（符言上仁）六韜漢書（賈誼陳政事疏）等書者看來，與老子所言確大都相似。因爲黃帝和老子的學說相似，所以遂有『黃老之學』的複合名詞。司馬談論六家要旨把黃老之學又稱做道德家言。（見史記太史公自序）這大概又因爲黃老的主要學說是尊道貴德，（見老子三十八章）所以以道德名之。史記孟荀傳曰：『愼到田駢接子環淵皆學黃老道德之術。』這不僅告訴我們黃老的主要學說是道德，且明示黃老之學就是道德之術。史記魏其武安侯列傳曰：『竇太后好黃老之言而魏其武安趙綰王臧等務隆推儒術貶道家言。』細讀這段的上下文，可知『黃老之言』就是『道家言』。道家大概是道德家的簡稱。道家之名不知起于何時。最早見者是在史記陳丞相世家，陳平自言曰：『我多陰謀，是道家之所禁。』總之，黃老之言，道德家言，道家言，是從老子一派學說演化出來的通稱。

黃老之學雖在戰國時卽已成立，但直至西漢初年始克盛行。因爲戰國和秦時的執政，多是雄心勃勃，要想奮發有爲的；對于主張淸靜無爲之學，自然話不投機。而創立漢帝國的劉邦，則祇能馬上得天下。他祇要把拚性命得來的天下安安穩穩保守得牢，於願已足，萬萬沒有心力大展宏猷了。不但自己無能力，幷且忌憚意圖有爲的人。所以功臣盡遭殺戮，眞儒亦不見用。所用的叔孫通等，不過玩些定朝儀等把戲。孝惠帝本是無能的人，況在呂后淫威之下，自然只好垂拱而治；所以曹參的黃老術，正中其意。

西漢初年不但君主傾向無爲，當時的經濟狀況也不容有爲。漢書食貨志說：

漢興，接秦之敝，諸侯並起，民失作業，而大饑饉。凡米石五千，（史記平準書作『米至石萬錢。』）人相食，死者過半。高祖乃令民得賣子，就食蜀漢。天下旣定，民亡蓋藏，自天子不能具醇駟，而將相或乘牛車。

經濟狀況如此，怎樣能夠有爲呢？所以魯國的儒生對叔孫通說：

今天下初定，死者未葬，傷者未起，又欲起禮樂。禮樂所由起，積德百年而後可與也。吾不忍爲公所爲。（漢書叔孫通傳）

如是，主張無爲的黃老之學，自然可乘機勃興了。

從秦始皇到漢武帝百年間的道家，可考見的略表如下：

毛翕公，
樂瑕公，
樂臣公，（以上三人見史記樂毅傳。）
蓋公，
曹參，（以上二人見史記曹相國世家，漢書曹參傳。）
黃生，（見史記太史公自序。漢景帝時人，約當紀元前二世紀中葉。）
鄰氏，（有老子經傳四篇，已亡。）
傅氏，（有老子經說三十七篇，已亡。）
徐氏，（字少季，臨淮人，有老子經說六篇，已亡。以上三人時代不明，均見於漢書藝文志。）
捷子，（齊人，有捷子二篇，已亡；藝文志云：『武帝時說。』）
曹羽，（有曹羽二篇，已亡；藝文志云：『楚人，武帝時說于齊王。』）
郎中嬰齊，（有郎中嬰齊十二篇，已亡；藝文志云：『武帝時。』師古曰：『劉向云「故待詔，不知其姓，數從游觀，名能爲文。」』）
司馬談，（見史記太史公自序。）

汲黯，（見史記和漢書中的汲黯傳。）

鄭當時，（見史記和漢書中的鄭當時傳。漢武帝時人，約死於紀元前一〇〇年。）

楊王孫。（見漢書楊王孫傳。）

上列的道家學者，有許多既無行事可考，又無學說遺傳於後；其中尙有言行可以稱道者，祇有蓋公曹參司馬談汲黯楊王孫等人。茲分述于下。至於鄭當時則雖有行事可見，但無學說可述，故從略。

第二章　蓋公（紀元前二〇〇年尚生存）

蓋公是西漢初年的膠西人。膠西就是現在山東的膠縣高密等地方。史記曹相國世家說道：

　　聞膠西有蓋公，善治黃老言。

由此可知他是漢初山東有名的道家。他學派的淵源大概如下：

　　樂臣公學黃帝老子，其本師號曰河上丈人，不知其所出。河上丈人教安期生，安期生教毛翕公，毛翕公教樂瑕公，樂瑕公教樂臣公，樂臣公教蓋公。蓋公教於齊高密膠西，爲曹相國師。（史記樂毅傳）

他的學派，追溯上去，最先的是河上丈人。自此至樂臣公共有五傳，其學說皆不傳于世。樂臣公是戰國末期人。可知蓋公在戰國末年其學已成，至漢初遇曹參（死于西曆紀元前一九〇年）而其道始行。史記曹相國世家道：

　　孝惠帝元年，除諸侯相國法，更以參爲齊丞相。參之相齊，齊七十城，天下初定，悼惠王富於春秋，參盡召長老諸生，問所以安集百姓，如齊故俗。諸儒以百數，言人人殊，參未知所定。聞膠西有蓋公，善治黃老言，使人厚幣請之。既見蓋公，蓋公爲言治道貴清靜而民自定，推此類具言之。參於是避正堂，舍蓋公焉。其治要用黃老術，故相齊九年，齊國安集，大稱賢相。

從這段話裏我們可以知道蓋公的中心思想是『貴清靜而民自定。』這個思想並非他的創見。莊子在宥篇載黃帝問道於廣成子的話：

黃帝順下風膝行而進，再拜稽首而問曰：『聞吾子達於至道。敢問治身奈何而可以長久？』廣成子蹶然而起曰：『善哉問乎！來吾語汝至道。至道之精，窈窈冥冥，至道之極，昏昏默默。無視無聽，抱神以靜，形將自正。必靜必清，無勞汝形，無搖汝精，乃可以長生。目無所見，耳無所聞，心無所知，汝神守形，形乃長生。愼汝內，閉汝外，多知爲敗。我爲汝遂於大明之上矣，至彼至陽之原也。爲女入於窈冥之門矣，至彼至陰之原也。天地有宮，陰陽有藏；愼守汝身，物將自壯。我守其一，以處其和。故我修身千二百歲矣，吾形未常衰。』

呂氏春秋圜道篇載：

黃帝曰：「帝無常處也。有處者乃無處也。」

老子道德經也同樣的載：

躁勝寒，靜勝熱，清靜爲天下正。（四十五章）

不欲以靜，天下將自定。（三十七章）

這是黃老以『清靜』爲養生與治國之主要學說。蓋公不過援引此說欲用之於當時。曹參實行之，居然爲齊相而齊國安集，爲漢相而漢朝治平。曹參的事怎樣呢？

曹參做了九年齊相。到惠帝二年，蕭何卒，入爲漢相。臨去時，面囑繼任的齊相曰：

以齊獄市爲寄，愼勿擾也。（史記曹相國世家）

繼任的齊相驚疑的問着曰：

治無大於此者乎？（同上）

曹參曰：

夫獄市者，所以幷容也。今君擾之，姦人安所容也。吾是以先之。（同上）

獄市是兼收善惡的，假使窮究其極，則姦人無地容身，勢必發生變亂。秦朝用極刑而天下畔，就是一個教訓。曹參這種治術就是得之於老子所謂：

我無爲而民自化，我好靜而民自正。（道德經五十七章）

曹參要把道化其本，却不願擾其末。

他做了漢相國以後，所最留意的是：

擇郡國吏木詘於文辭，重厚長者，卽召除爲丞相史。吏之言文刻深，欲務聲名者，輒斥去之。（史記曹相國世家）

這也是恰遵老子的無名主義。老子曰：

無名，天地之始。（道德經第一章）

道常無名朴。（同上三十二章）

『木訥於文辭』的重厚長者是與無名主義相近的。『言文刻深，欲務聲名，』是與無名主義相背的。無名者，能存天眞；重名者，趨向智巧。故老子曰：

道常無名朴。雖小，天下莫能臣。侯王若能守之，萬物將自賓。天地相合以降甘露。民莫之令而自均。始制有名，名亦旣有，夫亦將知之。知之所以不治。（同上）

主張無名主義，就是反對把智巧治國。不主張把智巧治國，本來是老子的政治哲學。其言曰：

絕聖棄智，民利百倍；絕仁棄義，民復孝慈；絕巧棄利，盜賊無有！（同上十九章）

所以曹參的這種措置，就是要實現老子所謂『其政悶悶，其民醇醇。』（同上五十七章）

曹參除留意於用人之外，一切悉遵蕭何的遺制，絲毫沒有變更，日夜飲醇酒，以享受淸福。

惠帝怪相國不治事，以爲「豈少朕與？」乃謂窋（曹參之子）曰：「若歸試私從容問而父曰：『高帝新棄羣臣，帝富於春秋，君爲相，無所請事，何以憂天下乎？』然無言吾告若也。」窋旣洗沐歸，閒侍，自從其所諫參。參怒而笞窋二百，曰：「趣入侍，天下事非若所當言也。」至朝時，惠帝讓參曰：「與窋胡治乎？乃者我使諫君也。」參免冠謝曰：「陛下自察聖武孰與高帝？」上曰：「朕乃敢望先帝乎？」曰：「陛下觀臣能孰與蕭何賢？」上曰：

「君似不及也？」參曰：「陛下言之是也。且高帝與蕭何定天下，法令旣明，今陛下垂拱，參等守職，遵而勿失；不亦可乎？」惠帝曰：「善！君休矣！」（史記曹相國世家）

這就是曹參實行道家所謂無爲而治。法家主張設立法制，原冀達到無爲而治的目的。法制僅爲達此目的的工具。但後來的法家却忘掉初衷，專從事於法制之改革。這是法家的舍本逐末。曹相國就是要回復法家的初衷，而實現老子所謂：

爲無爲，則無不治。（道德經第三章）

曹參所用于政治上的『民自化』，『無名』，『無爲』等黃老之術，歸根結底還不外乎蓋公所謂：『貴淸靜而民自定。』因爲老子曾說道：

道常無爲而無不爲。侯王若能守之，萬物將自化。化而欲作，吾將鎭之以無名之朴。無名之朴，夫亦將曰無欲。不欲以靜，天下將自定。（同上三十七章）

所以『民自化』，『無名』，『無爲』等術，總括起來就是『以靜』，或『貴淸靜。』故民爲之歌曰：

蕭何爲法，

顜若畫一。

曹參代之，

守而勿失。
載其清靜，
民以寧一。（史記曹相國世家）

『清靜』二字，實爲黃老術的鎖鑰。人民這樣的歌頌，就是直接稱道曹參的功德，而間接宣告蓋公的黃老之學在當時實際上所發生的成效。

第三章　司馬談（死于西曆紀元前一一〇年）

司馬談是古代五帝中顓頊的子孫。他的祖先在周宣王（紀元前八二七——七八二）時始姓司馬。司馬氏世典周史。惠王子頹之難（紀元前六七五）和襄王子帶之難（紀元前六三七）時，司馬氏離周適晉。適晉後，又分散到趙秦衞等國。在秦國最先顯貴的，就是和張儀爭論伐蜀的司馬錯。幫助秦國名將武安君白起阬趙長平軍的司馬靳，就是錯的孫子。曾經做過秦朝主鐵官的司馬昌，又是靳的孫子。昌的兒子無澤，曾做漢市長。無澤生喜。喜就是司馬談的父親，曾爲西漢的五大夫。由此可知司馬談是累世顯宦之後。他自己是漢武帝建元元封間的太史公。至於他的學說的淵源，據他的兒子司馬遷所言是：

太史公學天官於唐都；受易於楊何；習道論於黃子。（太史公自序）

據司馬遷天官書所說，唐都是漢朝專門研究星的天文學家。楊何則是易經的專門家。徐廣說：漢書儒林傳裏與轅固生辯論湯武革命的黃生，就是傳授道論給司馬談的黃子。但在儒林傳裏所見到的黃生，祇不過反對湯武革命，並沒有什麼道家的言論發表。所以是否一人，還是個疑問。但黃子是研究黃老之術的專家，那是無可置疑的。司馬談的求學既不限於一家，他的學問的廣博又可想而知了。當武帝征討四方勝利後，出京舉行封禪的大典時，他留滯在周南，未能參與其事，因之發憤而卒。他臨終的時候，握着他兒子司馬遷的手哭泣道：

余先周室之太史也。自上世嘗顯功名於虞夏，典天官事。後世中衰，絕於予乎？汝復爲太史，則續吾祖矣。今天子接千歲之統，封泰山，而余不得從行，是命也夫！命也夫！余死，汝必爲太史。爲太史，無忘吾所欲論著矣。且夫孝始於事親，中於事君，終於立身。揚名於後世，以顯父母，此孝之大者。夫天下稱誦周公，言其能論歌文武之德，宣周召之風，達太王王季之思慮，爰及公劉，以尊后稷也。幽厲之後，王道缺，禮樂衰。孔子修舊起廢，論詩書，作春秋，則學者至今則之。自獲麟以來四百有餘歲，而諸侯相兼，史記放絕。今漢興，海內一統，明主賢君，忠臣死義之士，余爲太史而弗論載，廢天下之史文，余甚懼焉。汝其念能。（太史公自序）

從這個遺囑裏，很可見到他自己惋惜未能盡展其所學之意。

他憐憫當時的一般學者各習師書，惑於所見，而不能通達各家學說的要領，曾論六家的要旨道：

易大傳『天下一致而百慮，同歸而殊塗。』夫陰陽、儒、墨、名、法、道德，此務爲治者也，直所從言之異路，有省不省耳。嘗竊觀陰陽之術，大祥而衆忌諱，使人拘而多所畏；然其序四時之大順，不可失也。儒者博而寡要，勞而少功，是以其事難盡從；然其序君臣父子之禮，列夫婦長幼之別，不可易也。墨者儉而難遵，是以其事不可偏循；然其彊本節用，不可廢也。法家嚴而少恩；然其正君臣上下之分，不可改矣。名家使人儉而善失眞；然其正名實，不可不察也。道家使人精神專一，動合無形，贍足萬物。其爲術也，因陰陽之大順，采儒墨之善，撮名法之要，與時遷移，應物變化，立俗施事，無所不宜，指約而易操，事少而功多。儒家則不然，以爲人主天下之儀表也，主倡而臣和，主先而臣隨。如此，則主勞而臣逸。至於大道之要：去健羨，絀聰明，釋此而任術。夫神大用則竭，形大勞則敝。形神騷動，欲與天地長久，非所聞也。夫陰陽四時八位十二度二十四節各有教令，順之者昌，逆之者不死則亡，未必然也。故曰：使人拘而多畏。夫春生夏長，秋收冬藏，此天道之大經也，弗順，則無以爲天下綱紀。故曰：四時之大順，不可失也。夫儒者以六藝爲法。六藝經傳以千萬數，累世不能通其學，當年不能究其禮。故曰：博而寡要，勞而少功。若夫列君臣父子之禮，序夫婦長幼之別，雖百家弗能易也。墨者亦尚堯舜道，言其德行曰：『堂高三尺，土階三等，茅茨不翦，采椽不刮，食土簋，啜土刑，糲粱之食，藜藿之羹，夏日葛衣，冬日鹿裘。其送死桐棺三寸，舉音不盡其哀，教喪禮必以此爲民之率。』使天下法若此，則尊卑無別也。夫世異時移，事業不必同。故曰：儉而難遵。要曰：彊本節用，則人給家足之道也。此墨子之所長，雖百家弗能廢也。法家不別親疏，不殊貴賤，一斷於法，則親親尊尊之恩絕矣。可以行一時之計，而不可長用也。故曰：嚴而少恩。若尊主卑臣，明分職不得相踰越，雖百家弗能改也。名家苛察繳繞，使人不得反其意，專決於名而失人情。故曰：使人儉而善失眞。若夫控名責實，參伍不失，此不可不察也。道家無爲，又曰無不爲，其實易行，其辭難知。其術以虛無爲本，以因循爲用。無成勢，無常形，故能究萬物之情。不爲物先，不爲物後，故能爲萬物主。有法無法，因時爲業。有度無度，因物與合。故曰：聖人不朽，時變是守。虛者道之常也，因者君之綱也。羣臣並至，使各自明也。其實中其聲者謂之端。實不中其聲者謂之窾。窾言不聽，姦乃不生，賢不肖自分，白黑乃形，在所欲用耳，何事不成。乃合大道，混混冥冥，光耀天下，復反無名。凡人所生者神也，所託者形也。神大用則竭，形大勞則敝，形神離則死。死者不可復生，離者不可復反，故聖人重之。由是觀之，神者生之本也；形者，生之具也。不先定其神，而曰我有以治天下，何由哉？（史記太史公自序）

從『復反無名』句下一節，與前面的文筆既不相同，而意思也不相類，疑是魏晉談神仙者所插入，非司馬談手筆。

這篇六家要旨論，簡捷是一篇六家哲學的比較觀。他對於陰陽、儒、墨、名、法、道德六家的主要思想剖析得沒有再明白的了。他這種觀察，並非是戴了主觀的眼鏡所得的結果，的確是用客觀的目光所見到。我們從這篇文章裏不特可以看到當時六家思想的眞面目，而且還可以確定司馬談是信奉黃老之言的一個人。因爲他論陰陽、儒、墨、名、法都是有褒有貶；獨於道家，則有褒無貶。但他的信奉一家，與通常學者不同。通常學者，都是拘守師說，知其一而不知其二，以至於入主出奴。這種信奉是由于成見。他的信奉道家之言，是用客觀的方法比較的結果。這是從理性而到信仰。他所走的路，確眞是哲學之道。所謂『愍學者之不達其意而師悖』，就是要使一般學者都走理性之路，其意還不僅在比較六家學說的短長。

他以爲道家之學所以可取，就是因爲能夠兼收其餘各家之長，而去其短。道學何以能夠如此呢？因爲『其術以虛無爲本，以因循爲用，』所以能夠『與時遷移，應物變化，立俗施事，無所不宜。』其餘各家却是具體的。既是具體，就不免得此失彼了。

講到此地須得有一個鄭重聲明：司馬談所說當時的道學已非是原始的老子之言。換言之，老學到了當時已變樣了。因爲老子曾嚴厲的說道：

民之饑，以其上食稅者多，是以饑。民之難治，以其上之有爲，是以難治。民之輕死，以其求生之厚，是以輕死。（道德經第七十五章）

天下多忌諱，而民彌貧；民多利器，國家滋昏；人多伎巧，奇物滋起；法令滋彰，盜賊多有。（同上第五十七章）

大道廢，有仁義；智惠出，有大僞；六親不和，有孝慈；國家昏亂，有忠臣。（同上第十八章）

太上不（通常本爲下字，今照永樂大典本及吳澄本改。）知有之，其次親而譽之，其次畏之，其次侮之。信不足，焉有不信。猶兮其貴言，功成事遂，百姓皆謂我自然。（同上第十七章）

細讀上面的文句，可知老子是極端反對尊卑貴賤的名分的。但司馬談則說當時的道學采儒學之善——『序君臣父子之禮，列夫婦長幼之別』；撮法家之要——『正君臣上下之分』；而以『尊卑無別』短墨學。又老子說：『道常無名，樸』；（同上三十二章）以爲名是知之始，『知之所以不治』。（同上）這是老子明白主張無名，而司馬談則說當時的道學撮名家之要——『正名實』。如是，則當時的道學是改造的黃老之學。爲什麼要有這一番改造呢？那就是要適應時代的需要啊。因爲當時的封君要培養納稅農家的發達，因此要農業不失時節，所以對于陰陽家則取他的『四時之大順。』因爲當時的封君要統治農民奴隸的階級，所以對儒家則取他的君臣父子夫婦長幼的倫常之說。因爲當時的封君主張重農薄賦，以予民生息，所以對墨家則取他的『彊本節用，則人給家足之道。』因爲當時的封君一方反對秦代用法苛細之弊，所以捨除法家的『嚴而少恩；』但一方却又以法爲維持治權所不可少，所以又採取法家的『尊主卑臣，明分職不得相踰越』的學說。因爲當時的封君雖以名家有『使人儉而善失眞』之弊；但認其『控名責實』主義可爲君主駕御臣僚的手段，如淮南書所謂『上操其名以責其實，臣守其業以效其功，』（主術訓）所以又採取之。如此看來，司馬談所謂道學，雖名爲黃老之術，其實已大加改造過了，當時黃老之術所僅能保存其原始的神髓，只有『虛無』和『因循』罷了。

第四章　汲黯（死于西曆紀元前一一二年）

汲黯，字長孺，濮陽人。他的祖先累世爲卿大夫。他以父任，在漢景帝時爲太子洗馬。景帝崩，太子卽位，是爲武帝。他做謁者，掌賓讚事。曾以東越相攻與河南失火兩次受命出使。他出使河南時，見該地民貧不堪，乃擅自發倉粟賑濟。此事理宜有矯制的處分，但上賢而釋之，改任他爲滎陽令。他恥做縣令，托病告退。武帝知道他的隱情，遂召他做中大夫。因爲他時常切諫，武帝有些忌憚他，乃改命他做東海太守。旋以他治東海有功，又召他做主爵都尉，列於九卿。他以直諫屢犯主顏，致上不說。又以詆毀張湯及公孫弘等的主張，致遭用事大臣的怨恨；遂徙爲右內史。不久，他坐小法，會赦免官，於是脫離政治舞台，歸隱田園。數年後，民多盜鑄錢，楚地尤甚，武帝特地召他做楚地的淮陽太守。他固辭不獲，乃以諸侯相秩居淮陽，七歲而卒。這是他一生的概況。他雖多病弱質，但生性剛直，不曲承主意，不阿諛親貴，好學游俠，任氣節，內行脩絜，這是他爲人的特點。

據史記汲鄭列傳載：『黯學黃老之言，』則汲黯也是信奉道家的一個人。他受到黃老的思想後，所表見於行爲的是：

治官理民，好淸靜，擇丞史而任之。其治責大指而已，不苛小。黯多病，臥閨閤內不出。歲餘，東海大治。稱之。上聞，

召以爲主爵都尉，列於九卿，治務在無爲而已，弘大體，不拘文法。（史記汲鄭列傳）

從他治東海和做卿相時的政見與設施中就可以知道他所恪守的黃老之言是『淸靜』『無爲。』凡與此旨相反的，他必竭力反對。如：

天子方招文學儒者。上曰「吾欲云云。」黯對曰：「陛下內多欲而外施仁義，奈何欲效唐虞之治乎？」上默然怒變色而罷朝。公卿皆爲黯懼。上退，謂左右曰：「甚矣汲黯之戇也！」羣臣或數黯。黯曰：「天子置公卿輔弼之臣，寧令從諛承意陷主於不義乎？且已在其位，縱愛身，奈辱朝廷何？」（同上）

他所不顧一切而反對武帝的，就是以其『內多欲』。『多欲』是黃老所深惡的，因爲『罪莫大於可欲，禍莫大於不知足，咎莫大於欲得。』（道德經四十六章）他們主張『少私寡欲，』（同上十九章，）最好是『無欲。』『無欲』方能達到淸靜主義，故曰：『夫亦將無欲；不欲以靜，天下將自定。』（同上三十七章）今汲黯既把黃老的淸靜主義做治術，所以以爲武帝的內多欲是不應該的，若不拚命直言竭諫，就是『陷主於不義。』又如：

張湯方以更定律令爲廷尉。黯數質責湯於上前，曰：『公爲正卿，上不能褒先帝之功業，下不能抑天下之邪心。安國富民，使囹圄空虛，二者無一焉。非苦就行，放析就功，何乃取高皇帝約束紛更之爲？公以此無種矣。』黯時與湯論議，湯辯常在文深小苛，黯伉厲守高不能屈，忿發罵曰：『天下謂刀筆吏不可以爲公卿，果然，必湯也，令天下重足而立，側目而視矣。』是時漢方征匈奴，招懷四夷。黯務少事，承上間，常言與胡和親，無起兵。

上方向儒術，尊公孫弘。及事益多，吏民巧弄。上分別文法，湯等數奏決讞以幸。而黯常毀儒，面觸弘等徒懷詐飾智以阿人主取容，而刀筆吏專深文巧詆，陷人於罪，使不得反其眞，以勝爲功。上愈益貴弘湯。弘湯深心疾黯，唯天子亦不說也，欲誅之以事。（同上）

漢武帝是好大喜功的，所以對于主張『更定律令』的法吏和倡言『自強不息』的儒生，極爲情投意合。但汲黯的不滿意於張湯和公孫弘，正因爲他們好弄智巧，妄自作爲。『絕聖棄智』（道德經十九章）因爲老子所恆言。妄自作爲，尤爲道家所切忌。『黯務少事』，所以對于歡喜妄自作爲的人們，無論怎樣不利，還是要反對的。他所以『務少事』，就是要想做到老子所謂『損之又損，以至於無爲，無爲而無不爲。』（同上四十八章）

總之，汲黯一生所鍥而不舍的主張，就是淸靜無爲；所以以道家見稱者，也就是以此。

第五章　楊王孫

楊王孫的生年死期，後世無從考見。只知道他是漢武帝（在位時期西曆紀元前一四〇——八七年）時人。班固說他『家業千金。』（漢書楊胡朱梅云傳）由此可知他很有些家產但他一生的事業又無從查悉，只曉得他的生活是『厚自奉養生亡所不致。』（同上）

據班固所說，他『學黃老之術。』（同上）

由此又可知道他也是前漢的一個道家。他所遺傳於後世的道論是只有羸葬之說，其他無從知道。他竭力主張羸葬的理論如下：

及病且卒，先令其子曰：「吾欲羸葬，以反吾眞。必亡易吾意。死則爲布囊盛尸，入地七尺。既下，從足引脫其囊，以身親土。」其子欲默而不從，重廢父命；欲從之，心又不忍。迺往見王孫友人祁侯。祁侯與王孫書曰：「王孫苦疾，僕迫從上祠雍，未得詣前。願存精神，省思慮，進醫藥，厚自持。竊聞王孫先令羸葬，令死者亡知則已；若其有知，是戮尸地下，將羸見先人。竊爲王孫不取也。且孝經曰：『爲之棺槨衣衾。』是亦聖人之遺制。何必區區獨守所聞？願王孫察焉。」王孫報曰：「蓋聞古之聖王緣人情不忍其親，故爲制禮。今則越之，吾是以羸葬，將以矯世也。夫厚葬誠亡益於死者，而俗人競以相高，靡財單幣，腐之地下。或迺今日入而明發，此眞與暴骸於中野何異？且夫死者，終生之化而物之歸者也。歸者得至，化者得變，是物各反其眞也。反眞冥冥，亡形亡聲，迺合道情。夫飾外以華衆，厚葬以鬲眞，使歸者不得至，化者不得變，是使物失其所也。且吾聞之，精神者天之有也；形骸者地之有也。精神離形，各歸其眞，故謂之鬼。鬼之爲言歸也。其尸塊然獨處，豈有知哉？裹以幣帛，鬲以棺椁，支體絡束，口含玉石，欲化不得，鬱爲枯臘，千載之後，棺椁朽腐，迺得歸土，就其眞宅。繇是言之，焉用久客？昔帝堯之葬也，窾木爲匵，葛藟爲緘，其穿下不亂泉，上不泄殠。故聖王生易尙，死易葬也。不加功於亡用，不損財於亡謂。今費財厚葬，留歸鬲至，死者不知，生者不得，是謂重惑。於戲！吾不爲也。」祁侯曰：「善。」遂贏葬。（同上）

楊王孫的主張贏葬有兩層意思。其一是反對世俗之靡財單幣，腐之地下，欲以厚之，轉至今日入而明日發，這是當時厚葬的風俗所激起的反響，各家皆同。其二說：『歸者得至，化者得變，是物各反其眞，反眞冥冥，亡形亡聲，迺合道情』這才顯出道家的本色。原來古人的見解，以爲人之一身係兩種原質所組成，其一種原質是輕淸的，是天一類，是之謂魂；其又一種原質是重濁的，是地一類，是之謂魄。禮記禮運篇說：

體魄則降，知氣在上。

『體魄』便是人的身體，『知』與晰通，係光明之意。人的精神就是魂，係天一類的物質所構成。這類物質本是能發出光明的，所以又稱爲『知氣』。禮記祭義篇又說：

骨肉斃於下陰爲野土其氣發揚於上爲昭明。

『骨肉斃於下陰爲野土』言人旣死之後，身體腐化復爲土壤。此卽所謂魄降於地，『其氣發揚於上爲昭明，』言構成人的精神的知氣與體魄分離而仍歸於太空。此卽所謂魂升於天，延陵季子說：

骨肉復歸於土，……魂氣則無不之。（禮記檀弓篇）

也就是魄降於地，魂升於天的意思。這些見解，也是各家所同。以自然之道論，則人死而魂升于天，魄降于地，原是自然之理，生無可喜，死不足悲，吾人委心任運，聽其自然可矣。死者不必阻止其腐化，正如生的人不必求死一樣。但是世俗之見，往往不忍於死者之尸體，而爲之衣衾棺槨以保護之。如此勢必將其腐化之時間延緩。此實與自然之作用相反。對于此點，儒家隨順人情，聽其用衣衾棺槨，但以『不以死傷生』（禮記喪服四制）爲限。道家則赤裸裸的主張聽自然之力毫無阻礙的進行，而不欲以人力延緩之。所以以『歸者不得至，化者不得變，』爲『物失其所。』依道家看來，尸體之要腐爛，正如活人之要維持其生活。活人能安其生，是爲得所。尸體能速腐化分解而與大化合。亦爲不失其所。這眞是徹底隨順自然的見解。楊王孫的學術宗旨雖然可考者無多，然窺豹一斑，其思想的全體也就可以推測了。至於他的『厚自奉養生無所不致，』也是道家的思想。試看莊子盜跖篇和列子楊朱篇可知。列子雖是僞書，然其中楊朱篇的思想與莊子盜跖篇若合符節。可知道家確有此一派思想。楊朱篇卽或有所增飾，決非憑空揑造的。

第六章　結論

看了上面道家學者的學說之後，平心靜氣的想一想，就覺得漢代道家學者的主張已與原來道家的言論略有不同了。漢代的道論是兼收陰陽、儒、墨、名、法等家學說之長而去其短；換言之，用原來道家學說的輪廓，而採取各家學說所構成的讀本編第三章已可概見。原來道家學說是單獨表示見解的，與各家不相攜手的。所以原來道家的學說是不妥協的單純的，而漢代的道論是妥協的複合的。這是不同點之一。又老子曰：

絕聖棄智，民利百倍；絕仁棄義，民復孝慈；絕巧棄利，盜賊無有。（道德經十九章）

爲學日益，爲道日損，損之又損，以至於無爲。無爲而無不爲。（同上四十八章）

小國寡民，使有什伯人之器而不用，使民重死而不遠徙；雖有舟輿，無所乘之；雖有甲兵，無所陳之；使民復結繩而用之；甘其食，美其服，安其居，樂其俗；鄰國相望，鷄犬之聲相聞，民至老死不相往來。（同上八十章）

這是老子明白主張打倒一切人爲的不自然的規範，而回復到原始的自然社會，以實行淸靜無爲之治道。但曹參則對惠帝曰：『法令既明，今陛下垂拱，參等守職，遵而勿失，不亦可乎？』（史記曹相國世家）汲黯則責張湯曰：『何乃取高皇帝約束紛更之爲？公以此無種矣。』（同上汲鄭列傳）由此可知原來道家的學說是革命的，提倡如盧騷所謂『返乎自然』的；而漢代的道論是守成的，贊成司馬談所說：『以因循爲用』（同上太史公自序）的。這是不同點之二。綜此兩大不同點，可知漢代的道論已非完全原來黃老之學，僅不過是清靜無爲的黃老之術罷了。

西漢自惠帝正式採用曹參的黃老術治天下以後，及高后女主稱制，仍繼續施行此術。故太史公曰：

> 孝惠皇帝高后之時，黎民得離戰國之苦，君臣俱欲休息乎無爲；故惠帝垂拱，高后女主稱制，政不出房戶，天下晏然。刑罰罕用，罪人是希，民務稼穡，衣食滋殖。（史記呂后本紀）

高后崩，文帝卽位。史家雖不明說文帝是黃老信徒，但他在位二十三年，所行政策，如廢肉刑，除田租；躬行節儉，優容隱蓄反謀的吳王，不擊屢次侵邊的匈奴，都是有意與民休息。他的皇后竇氏又是著名尊崇黃老之術的，史記外戚世家曰：

> 竇太后好黃帝老子言，帝（景帝）及太子（武帝）諸竇，不得不讀黃帝老子，尊其術。

她非特自己信奉黃老術，幷且還要她的兒子孫子都也尊其術。她做了二十三年的皇后，十六年的皇太后，六年的太皇太后，先後共四十五年。這四十五年中可以說是漢代黃老術的全盛時代。凡反對黃老術的，均遭擯斥。當時反對黃老術最力的爲儒生，所以儒者爲她生平所痛惡。在景帝時，

> 竇太后好老子書，召轅固生問老子書。固曰：「此是家人言耳。」太后怒曰：「安得司空城旦書乎？」乃使固入

圈刺豕。景帝知太后怒而固直言無罪，乃假固利兵，下圈刺豕，正中其心，一刺，豕應手而倒。太后默然無以復罪，罷之。（史記儒林傳）

又在武帝初年，

太后好黃老之言，而魏其武安趙綰王臧等務隆推儒術，貶道家言，是以竇太后滋不說魏其等。（以上見史記魏其武安侯列傳）二年，（武帝建元二年，西曆紀元前一三九年）御史大夫趙綰請毋奏事東宮。（漢書武帝本紀作「請毋奏事太皇太后」。）竇太后大怒曰：「此欲復為新垣平耶？」（以上見漢書竇田灌韓列傳）。使人微伺得趙綰等姦利事，召案綰臧，綰臧自殺，諸所興為皆廢。（以上見史記封禪書）免丞相嬰，太尉蚡。以許昌為丞相，莊青翟為御史大夫。（以上見漢書竇田灌韓列傳）

由此可見景帝和武帝初年黃老術是怎樣的顯赫了。不過竇太后死後，武帝就起用武安侯田蚡做丞相，「絀黃老刑名百家之言，延文學儒者數百人，而公孫弘以春秋布衣為天子三公，封以平津侯，天下之學士靡然嚮風矣。」（史記儒林傳）所以竇太后之死，就是道家交厄運的起頭，而儒家開張駿發的時候。

西漢六十餘年的黃老政治，完全『以虛無為本，以因循為用；』所以當時有意作為的人都不能得勢，凡主張改制論的，同樣的遭遇惡運。例如倡言『宜當改正朔，易服色，制度，定官名，興禮樂』的賈誼，則『絳灌東陽侯馮敬之屬盡害之。』又如把『法令多所更定』的鼂錯，初遭丞相申屠嘉的彈劾，終為竇嬰袁盎進讒被殺。這雖和黃老之術無直接關係，却未始不受黃老術盛行厭惡有爲的影響。不過漢初政治雖少革新，人民確得實惠。史記平準書載：

至今上（武帝）卽位數歲，漢興七十餘年（二〇二——一三〇）之間，國家無事，非遇水旱之災，民則人給家足，都鄙廩庾皆滿，而府庫餘貨財。京師之錢累巨萬，貫朽而不可校。太倉之粟陳陳相因，充溢露積於外，至腐敗不可食。衆庶街巷有馬，阡陌之間成羣，而乘字牝者擯而不得聚會。守閭閻者食粱肉，爲吏者長子孫，居官者以爲姓號，故人人自愛而重犯法，先行義而後絀恥辱焉。

武帝時候的富庶狀況，比之高祖年間的不景氣情形，眞是天淵之別了。所以能有如此成效者，不得不歸功于黃老政治。這就是黃老術在實際上所建樹的功績。

第三編　儒家

第一章　概說

儒學在中國，是最有權威的學術。這是誰都知道的。其所以能有權威，則由其能得君主的尊敬；此其事在公元前一三五年田蚡爲漢武帝丞相之時，距今二千多年了。這也是誰都知道的。

但是自此以前秦始皇曾說：『吾前收天下書不中用者盡去之；悉召文學方術士甚衆，欲以興太平。方士欲練丹以求奇藥。』（史記秦始皇本紀）這所謂『文學士』是什麼人呢？我們知道秦始皇的東行郡縣，上鄒嶧山，刻石頌德，議封禪望祭山川之事，是與魯諸生俱的。秦博士七十人，伏生，叔孫生，都是儒家。丞相李斯是儒家大師荀卿的弟子。他雖然阬儒，然而阬其中一部分的人，是與廢其學無涉的。他的焚書以非博士官所職爲限，若有欲學法令，以吏爲師；據徐廣說法令二字一本是沒有的，所以有人說所謂吏者卽是博士。至於他所行的政策，則尊君抑臣，一法度衡石丈尺，車同軌，書同文字，攘夷狄，尊貞女，沒有一件不合乎儒家的主張的。然則秦始皇不但不是廢儒的人；而且是崇儒的人了。

秦滅漢興，當漢初興之時，沛公溺儒冠，憎儒服，自然對於儒學是抱極端厭惡的態度的。然而天下平定之後，因羣臣的爭功而覺得叔孫生定朝儀是必要；感於『馬上得之能以馬上治之乎』的話，而陸賈的學問在高祖自度能了解的範圍以內也洗耳願聞，到後來，并且過魯以太牢祀孔子，『喟然歎興於學』。文景兩代，雖然因人民的需要休養生息，功臣諸侯的需用手段對付，而兼尚黃老與刑名。然而紆迴曲折，到漢武帝初年，到底有先用趙綰王臧，後用田蚡的事。王臧趙綰的主張，雖因太后的阻撓而未能實現；然而太后死後，田蚡的主張畢竟見用。從此以後，儒家的定於一尊，就屹然不可動搖了。

在當時還有可注意的，是董仲舒的對策。他說：

> 今師異道，人異論，百家殊方，指意不同，是以上亡以持一統，法制數變，下不知所守。臣愚以爲諸不在六藝之科，孔子之術者，皆絕其道，勿使並進。邪辟之說滅息，然後統紀可一，而法度可明，民知所從矣。（前漢書董仲舒傳）

此項主張，實在和秦始皇的『收天下書不中用者盡去之』是同一宗旨；不過秦始皇的手段較爲激烈，而董仲舒的手段，較爲平和罷了。激烈的手段，不二十年而被推翻；平和的手段，看似止於『絕弗使進』，然而從此以後，『一經說至百萬言，大師衆至千餘人。』至於後漢之世，大學諸生，數逾三萬，『經生所處，不遠萬里之路，精廬暫建，嬴糧動有千百，其耆名高義，開門授徒者，編牒不下萬人。』（後漢書儒林傳）他家之學，就都在若存若亡之間了。我們觀於秦漢的已事，然後知道柔輭手段之有效。

然而天下決沒有偶然之事。當時朝廷的尊用儒學，千迴百折，雖中經頓挫，而卒底於有成，而社會也就承流望風，更無反響，這又是什麼原故呢？從前的人都說儒家的學說，尊君抑臣，便於專制君主，所以秦皇漢武等雄主，都要加以提倡。這或許是其中的一因。然而天下既已承平，便有講究養民教民的必要。養民，則要井田；教民，則要庠序。這許多，他家雖非全不論及，然而至多有些理論，都不如儒家的具體的有辦法。他們則古昔，稱先王，把自己的主張，一一在歷史上找得根據，而所謂歷史，亦被他們理論化，理想化了。一切具體方案，覺得燦然可觀，秩然有序，幾乎可以舉而措之。此時的君主，苟非對於治國平天下之略，謙讓未遑，如何不要尊崇他；而社會上多數的學者，亦如何不要歸向他呢。所以儒教的興起，決不是偶然的事。

但是儒家的學術，又是如何的呢？我們知道先秦時，不論那一派學術，很少澈底見用於時的，偶有一二見用的人，其行事亦不甚可考。我們知道他的主張，還是靠他的學說。而當時各種學術，所以能有影響到後世，也還是靠其學說的流傳。儒家的學說在那裏呢？源異流同，儒家學術的中心，自然是孔子。孔子的學術所寄，史記孔子世家上，說得明明白白的。他說：

孔子之時，周室微而禮樂廢，追迹三代之禮，序書傳，上紀唐虞之際，下至秦繆，編次其事，曰：「夏禮吾能言之，杞不足徵也；殷禮吾能言之，宋不足徵也；足則吾能徵之矣。」觀殷夏所損益，曰：「後雖百世，可知也」，以一文一質，「周監二代，郁郁乎文哉！吾從周」。故書傳禮記自孔子。孔子語魯太師：「樂其可知也。始作，翕如；縱之，純如，皦如，繹如也以成。」「吾自衞反魯，然後樂正，雅頌各得其所。」古者詩三千餘篇，及至孔子，去其重，取可施於禮義，上采契后稷，中述殷周之盛，至幽厲之缺，始於衽席，故曰：「關雎之亂，以爲風始，鹿鳴爲小雅始，文王爲大雅始，清廟爲頌始。」三百五篇，孔子皆弦歌之，以求合韶武雅頌之音。禮樂自此可得而述，以備王道，成六藝。孔子晚而喜易，序彖，繫象，說卦，文言。讀易，韋編三絕，曰：「假我數年，若是，我於易則彬彬矣。」子曰：「弗乎！弗乎！君子病沒世而名不稱焉。吾道不行矣，吾何以自見於後世哉！」乃因史記作春秋，上至隱公，下訖哀公十四年，十二公，據魯親周故殷運之三代，約其文辭而指博。故吳楚之君自稱王，而春秋貶之曰子；踐土之會，實召周天子，而春秋諱之曰：天王狩於河陽。推此類以繩當世；貶損之義，後有王者舉而開之。春秋之義行，則天下亂臣賊子懼焉。孔子在位聽訟，文辭有可與人共者，弗獨有也。至於春秋，筆則筆，削則削，子夏之徒，不能贊一辭。弟子受春秋，孔子曰：「後世知丘者以春秋，而罪丘者亦以春秋。」

這明說六經都是孔子手訂的。孔子未獲見用於世，其畢生的抱負自然都在六經之中了。

六經雖經孔子手訂，究係固有的書，孔子的意見勢必不能全數表顯於其文句之內。要求孔子的意思，總還得求之於其口說的。要求孔子的口說，就不得不求之於後儒的傳述了。自孔子以後，儒學的流傳，略見史記儒林傳中。然其中的人有學說流傳於後世的很少。儒家諸子有傳書而最完全的，要推孟荀。而孟荀二人的見解，先不盡相同。至於漢代，五經都有傳授；然而其中又分爲今古文兩派。今文師之書傳於世者也很少，除何休的公羊解詁外，只有董子的春秋繁露，是較爲完全的；韓詩僅存外傳；伏生的尙書大傳，雖有後人的輯本，也很殘缺不全的了。古文家傳書較多，然而不免自相違異：說左氏的，賈不同於服；說尙書的，鄭或異於馬；就說周官的鄭興鄭衆也未必盡合於劉歆。我們將何所折衷呢。

且慢，我們若考究孔子學說的眞相，這許多自然成爲很大的問題。我們現在却並非如此。我們所要考求的，是漢代的儒家哲學。我們知道學術上有自行創闢的時代，也有遵守前人的時代。在兩漢之世，可說與後者相當；所以當時說經之家，都是謹守師法的，尤以西漢的今文學爲甚。雖然現在他們的著作所存留的，不過一鱗一爪，然而還可以見得其嚴守師法重規疊矩的精神。然而人總是有個性的，決沒有兩個人眞是一樣的；所以無論家法如何守得嚴，至其以己意推衍之時，總不免小有出入。這個在說經尙然，何况本其學而推論及於他事。我們現在所要考求的正是他們各個人的學說，要由此以觀兩漢時代最盛行的一種學派，其中重要的人物思想如何。如此，但就當時有權威的人物，其學說有傳於後的，爲之提要鉤玄，疏通證明，也就彀了。誰合於孔子？誰不合於孔子？以至各家之間，派別之關係如何？在我們正是不成問題。所以此編仍以重要的人物爲主，不再關涉到經學的流別。——因爲經學的流別，和哲學思想原是兩件事情。

不但儒家如此，卽各家相互之間，我們亦要知道這個道理。天下沒有眞正分離，不相關涉的學問，因爲所據以研究的對象，總是相同的；而研究的結果，有許多當然之理，也總是各家所莫能外的。所以卽使眞正孤立研究，也總有相關之處；况乎各種學術，同時流行，其間自必不能無相互的影響。所以所謂某家某家，也不過是一個大體上的分類。即如李斯是荀卿的弟子，史記也稱道他『知六藝之歸』（李斯傳）又如賈生，實在是很明於禮的。論他倆，實在都可以算得儒家，而且在儒家之中，都很有位置。然而他倆亦是兼通法學的；論起他倆在法學中的位置來，實在較其在儒家的位置，更形重要，所以就把他們歸入法家之中了。舉此一例，餘可類推。

第二章　董仲舒（生于前漢景帝武帝時代）

（一）一生的事略

董仲舒是廣川人，從小研究春秋。孝景帝時，他爲博士，下帷講誦，弟子次第轉相傳授，末弟子至有不得見他面的。他專心學業時，曾三年不窺家園，發憤有如此。他進退容止，非禮不行。當時一般學士都以師尊之。武帝即位，舉賢良文學之士前後共有數百人，他以對策被舉爲江都易王相。王素驕而好勇，他專以禮義匡正之。他治國以春秋災異之變推陰陽所以錯行，故求雨閉諸陽縱諸陰，其止雨反是。但有一次以言災異幾遭不測：『遼東高廟長陵高園殿災，仲舒居家推說其意，草藁未上。主父偃候仲舒，私見嫉之，竊其書而奏焉。上召視諸儒，仲舒弟子呂步舒不知其師書，以爲大愚。於是下仲舒吏，當死，詔赦之。』（漢書董仲舒列傳）他自此遂不敢復言災異。後武帝聽了公孫弘的話，又使他爲縱恣數害吏的膠西王相。雖然王聽聞他是大儒，待他很好；不過他恐怕長久下去要得罪，乃因病辭職。從此不復出仕，專修學著書，連家人生產的事體也無心過問。但他雖去位家居，朝廷有大議，還差使者和廷尉張湯到他家裏去問他，他的囘對都有明法。後以年老壽終於家。自武帝初立，魏其武安侯爲相，即獎勵儒學，而推明孔氏，抑黜百家，立學校之官，州郡舉茂材孝廉，則都是仲舒獻策的力量。至於他的著作，漢書董仲舒列傳云：『仲舒所著，皆明經術之意及上疏條教，凡百二十三篇，而說春秋事得失，聞舉玉杯蕃露清明竹林之屬，復數十篇，十餘萬言，皆傳於後世。掇其切當世施朝廷者著于篇』今存本傳所載賢良策三篇，對膠西王問，（此繁露中也載的）及春秋繁露一書。據顏師古註玉杯蕃露竹林等都是他所著的書名。今以繁露爲總名，玉杯竹林爲篇名，不知道是什麽緣故。大約是後人掇拾，已非爲原著的全豹了。

（二）從本體界說到現象界

董子以爲宇宙萬物發端于『元』。其言曰：

謂一元者，大始也。（春秋繁露玉英篇）

臣謹案春秋謂一元之意，一者萬物之所從始也。（漢書董仲舒列傳）

元是純一的而非雜多的；故稱元爲一，把一代元。元爲萬物之始，卽元爲宇宙萬物的本原。他接着說道：

是以春秋變一謂之元。元猶原也……故元者爲萬物之本。（春秋繁露重政篇）

以西洋哲學名詞來說，元就是本體。董子是主張本體一元論的。他所謂元就是春秋裏『元年春王正月』的元。何休依胡毋生的解釋說道：

變一，爲元。元者氣也。無形以起，有形以分，造起天地，天地之始也。

所以董子也以爲元就是造起天地的無形可見之氣。故曰：

天地之氣，合而爲一。（春秋繁露五行相生篇）

這種氣而且是本來純正的故又曰：

春秋何貴乎元而言之？元者始也，言本正也。（同上王道篇）

造起天地之氣，經細細研究，其內有陰陽之分。董子曰：

天地之氣，陰陽相半。（古文苑雨雹對）

陰陽之氣有什麼不同呢？他解釋道：

陽氣暖，而陰氣寒。陽氣予，而陰氣奪。陽氣仁，而陰氣戾。陽氣寬，而陰氣急。陽氣愛，而陰氣惡。陽氣生，而陰氣殺。是故陽常居實位而行於盛；陰常居空位而行於末。（春秋繁露王道通篇）

陰陽雖有分別，而所資一氣。其言曰：

陰陽雖異，而所資一氣也。陽用事，此則氣爲陽。陰用事，此則氣爲陰。陰陽之時雖異，而二體常存。猶如一鼎之水，而未加火，純陰也；加火極熱，純陽也。純陽則無陰，息火水寒，則更陰矣。純陰則無陽，加火水熱，則更陽矣。（古文苑雨雹對）

由此可知所謂『陰陽相半』，並不能固執的說陰陽剛剛各半；因爲它們是互爲消長的，率直的說，陰陽僅爲元氣中互爲消長的兩種相反力，其消長是每年週而復始的。陰陽每年週而復始的消長詳情如下：

天地之氣，陰陽相半。和氣周迴，朝夕不息。陽德用事，則和氣皆陽，建巳之月是也；故謂之正陽之月。陰德用事，則和氣皆陰，建亥之月是也；故謂之正陰之月。十月陰雖用事，而陰不孤立。此月純陰，疑于無陽，故謂之陽月，詩人所謂日月陽止者也。四月陽雖用事，而陽不獨存。此月純陽，疑于無陰，故亦謂之陰月。自十月以後，陽氣始生于地下，漸冉流散，故言息也。陰氣轉收，故言消也。日夜滋生，遂至四月純陽用事。自四月以後，陰氣始生于天上，漸冉流散，故云息也。陽氣轉收，故言消也。日夜滋生，遂至十月純陰用事。二月八月，陰陽正等，無多少也。以此推移，無有差慝。（同上）

因陰陽每年互爲消長推移不息，遂成轉展循環的春、夏、秋、冬如下：

初薄大冬，陰陽各從一方來，而移於後。陰由東方來西，陽由西方來東。至於中冬之月，相遇北方，合而爲一，謂之日至。別而相去，陰適右，陽適左。適左者，其道順；適右者，其道逆。逆氣左上，順氣右下，故下暖而上寒。以此見天之冬右陰而左陽也。……冬月盡，而陽陰俱南還。陽南還出於寅，陰南還入於戌。此陰陽所始出地入地之見處也。至於中春之月，陽在正東，陰在正西，謂之春分。春分者，陰陽相半也；故晝夜均而寒暑平。陰日損而隨陽，陽日益而鴻，故爲暖熱。初得大夏之月，相遇南方，合而爲一，謂之日至。別而相去，陽適右，陰適左。適左由下，適右由上。上暑而下寒。以此見天之夏右陽而左陰也。上其所右，下其所左。夏月盡，而陰陽俱北還。陽北還而入於申，陰北還而出於辰。此陰陽之所始出地入地之見處也。至於中秋之月，陽在正西，陰在正東，謂之秋分。

秋分者，陰陽相半也故晝夜均，而寒暑平。陽日損而隨陰，陰日益而鴻；故至於季秋而始霜，至於孟冬而始寒，小雪而物咸成，大寒而物畢藏，天地之功終矣。（春秋繁露陰陽出入篇）

因春夏秋冬之四時，而有五行如左：

水爲冬。金爲秋。土爲季夏。火爲夏。木爲春。春主生。夏主長。季夏主養。秋主收。冬主藏。藏冬之所成也。（同上五行對篇）

上面的『水，』『金，』『土，』『火，』『木，』就是五行。五行的意義究竟是怎樣的呢？董子解釋道：

行者行也。其行不同，故謂之五行。五行者五官也。比相生，而間相勝也。（同上五行相生篇）

據他所說：五行就是五種不同的官能。至於它們相生相勝的情形則如下：

木生火。火生土。土生金。金生水。水生木。（同上五行之義篇）

金勝木。……水勝火。……木勝土。……火勝金。……土勝水。（同上五行相勝篇）

他以爲五行之中土爲最貴，故曰：

五行莫貴於土。土之於四時無所命者，不與火分功名。木名春。火名夏。金名秋。水名冬。忠臣之義，孝子之行，取之土。土者五行最貴者也。其義不可以加矣。（同上五行對篇）

綜上所言，元氣爲本體，陰陽爲本體變現象的原動力，而四時五行爲陰陽激盪所成之各種作用；所以他總括的說道：

天地之氣合而爲一，分爲陰陽，判爲四時，列爲五行。（同上五行相生篇）

元氣之怎樣造成天地，已如上述。天地爲元氣最初造起的現象。天地生成後，復轉生萬物。元氣直接造起天地，而間接造起萬物。萬物爲天地直接所生，故曰：

天地者萬物之本，先祖之所出也。（同上觀德篇）

天地之生萬物，正同元氣之造起天地。元氣之造起天地乃由陰陽五行。天地之生萬物也由陰陽五行。故曰：

天者萬物之祖。萬物非天不生，獨陰不生，獨陽不生，陰陽與天地參然後生。（同上順命篇）

天有五行：一曰木，二曰火，三曰土，四曰金，五曰水。木五行之始也。水五行之終也。土五行之中也。此其天次之序也。（同上五行之義篇）

前面天地並稱，而此處獨僅言『天者萬物之祖』，『天有五行，』而不及地，這是什麼緣故呢？因爲『勤勞在地，名一歸於天。』（同上五行對篇）所以把地之名包括於天。天即爲天地的簡稱。

天地所生萬物之中，以人爲最貴。其言曰：

天地陰陽木火土金水九，與人而十者，天之數畢也。……畢之外謂之物。物者投所貴之端，而不在其中。以此見人之超然萬物之上，而最爲天下貴也。人下長萬物，上參天地。（同上天地陰陽篇）

人究竟爲什麽是超然于萬物？爲什麽是天下最可貴的？他解答道：

人受命于天，固超然異于羣生。入有父子兄弟之親，出有君臣上下之誼，會聚相遇，則有耆老長幼之施。粲然有文以相接；驩然有恩以相愛。此人之所以貴也。（漢書董仲舒列傳）

於此可見人之所以超然于萬物者，以受天的秉賦獨厚。人之所以爲天下最貴者，以人獨有倫常與禮義。物無倫常與禮義，所以貴不如人。這是無可疑的。不過物的受天之秉賦怎樣不如人之厚，尚須說明。換言之，卽人的秉賦較物獨厚之處何在？他復答道：

物疢疾莫能爲仁義；唯人獨能爲仁義。物疢疾莫能偶天地；唯人獨能偶天地。（春秋繁露四時之副篇）

這就是說天地所有的本質完全賦之於人；所以人生得和天地一樣。物所得之於天地者，總是殘缺不全；所以比較沒有人的秉賦那樣厚。但人又是怎樣的像天地呢？他繼續答道：

爲生不能爲人。爲人者天也。人之人本於天。天亦人之曾祖父也。此人之所以乃上類天也。人之形體，化天數而成。人之血氣，化天志而仁。人之德行，化天理而義。人之好惡，化天之暖清。人之喜怒，化天之寒暑。人之受命，化天之四時。人生有喜怒哀樂之答，春秋冬夏之類也。喜、春之答也。怒、秋之答也。樂、夏之答也。哀、冬之答也。天之副在乎人。人之情性，有由天者矣。（同上爲人者天篇）

人有三百六十節，偶天之數也。形體骨肉，偶地之厚也。上有耳目聰明，日月之象也。體有空竅理脈，川谷之象也。心有哀樂喜怒，神氣之類也。觀人之體，一何高物之甚而類於天也。物旁折取天之陰陽以生活耳，而人乃爛然有其文理。是故凡物之形莫不伏從旁折天地而行，人獨題直立端尙正正當之。是故所取天地少者旁折之；所取天地多者正當之。此見人之絕於物而參天地。是故人之身首妢而員象天容也。髮象星辰也。耳目戾戾象日月也。鼻口呼吸象風氣也。胷中達知象神明也。腹胞實虛象百物也。百物者最近地，故要以下地也。天地之象，以要爲帶。頸以上者，精神尊嚴，明天類之狀也。頸而下者，豐厚卑辱，土壤之比也。足布而方地形之象也。是故禮帶置紳，必直其頸，以別心也。帶而上者盡爲陽，帶而下者盡爲陰，各有其分。陽、天氣也。陰、地氣也。故陰陽之動，使人足病，喉痹起，則地氣上爲雲雨，而象亦應之也。天地之符，陰陽之副，常設於身，身猶天也，數與之相參，故命與之相連也。天以終歲之數，成人之身，故小節三百六十六，副日數也。大節十二分，副月數也。內有五藏，副五行數也。外有四肢，副四時數也。乍視乍瞑，副晝夜也。乍剛乍柔，副冬夏也。乍哀乍樂，副陰陽也。心有計慮，副度數也。行有倫理，副天地也。此皆暗膚（同附）著身，與人俱生，比而偶之弇合。於其可數也，副數。不可數者，副類。皆當同而副天，一也。（同上人副天數篇）

天地予人如此其厚；所以人應當對於天地特別尊敬。故曰：

郊重于宗廟，天尊于人也。（古文苑郊事對）；

人既貴于物，爲什麼天地不盡生高貴的人而于人之外復生下于人的物呢？其理由是：

天地之生萬物也以養人；故其可食者以養身體，其可威者以爲容服。（春秋繁露服制像篇）

設天地盡生人而無物，則人無以爲生。所以天地于人之外，復生萬物，正爲維持高貴之人計。人雖受命於天，但命生得好，遇政局不好，命就會變壞；反之命生得壞，遇政局好，命也會變好。政局是轉變人類命運的大關鍵；所以政治於人類的命運關係至大，不可不重視的。他對于這層意會剴切的說道：

人始生有大命，是其體也。有變命存其間者，其政也。政不齊，則人有怒忿之志。若將施危難之中而時有隨遭者，神明之所接絕屬之符也。亦有變其間，使之不齊。如此，不可不省之。省之，則重政之本矣。（同上重政篇）

人之生固操之於天；人之死也操之於天。他說道：

顏淵死，子曰：「天喪予。」子路死，子曰：「天祝予。」西狩獲麟，曰「吾道窮吾道窮」三年身隨而卒。階此而觀，天命成敗，聖人知之，有所不能救，命矣。（同上隨本消息篇）

人的生死雖操之於天，但壽夭尚在人自己的行爲。設某人的壽命本來鑄定是長的，奈他自己妄自斵喪，則壽命就會減短。設某人的壽命本來鑄定是短的，而他善自保養，則壽命就會加長。董子對此曾再三申說道：

天下之人雖衆，不得不各讎其所生，而壽夭於其所自行。自行可久之道者，其壽讎於久。自行不可久之道者，其壽亦讎於不久。久與不久之情，各讎其生平之所行。……故曰壽者讎也。然則人之所自行，乃與其壽夭相益損也。其自行佚而壽長者，命益之也。其自行端而壽短者，命損之也。以天命之所損益，疑人之所得失，此大惑也。是故天長之而人傷之者，其長損；天短之而人養之者，其短益。夫損益者皆人，人其天之繼歟？出其質而人弗繼，豈獨立哉！（同上循天之道篇）

人之中又以天子爲最高，而天子所以能爲天子者，則受命于天。董子曰：

傳曰：「唯天子受於天，天下受命於天子。」（同上爲人者天篇）

天子既由天命而爲天子；所以一切當遵天而行。其言曰：

何以謂之王正月？曰：王者必受命而後王。王者必改正朔，易服色，制禮樂，一統於天下，所以明易姓，非繼人，通以己受之於天也。王者受命而王，制此月以應變，故作科以奉天地，故謂之王正月也。（同上三代改制質文篇）

爲人君者，其法取象於天。（同上天地之行篇）

(三)董子所謂道

董子曰：

道，王道也。（春秋繁露王道篇）

于此可見他所謂道就是王道。他又曰：

道者，所繇適于治之路也。（漢書董仲舒列傳）

于此又可推見王道就是治天下的道路。董子所謂道的含義大概如此。

至於道的來源呢，他說道：

道之大原出于天。（同上）

所謂道的來源由于天者，就是說道乃法天而成。故曰：

孔子曰「唯天爲大唯堯則之。」則之者大也。巍巍乎！其有成功也。言其尊大以成功也。齊桓晉文不尊周室，不能霸；三代聖人不則天地，不能至王。階此而觀之，可以知天地之貴矣。（春秋繁露奉本篇）

道所取法於天者又是什麼呢？他說道：

臣謹案春秋之文，求王道之端，得之于正。（漢書董仲舒列傳）

是非之正取之逆順。逆順之正，取之名號。名號之正，取之天地。天地爲名號之大義也，古之聖人謞而效天地謂之號。（春秋繁露深察名號篇）

細細研究上面的條文，就可以知道道所取法於天者是正。而天之正又是什麼呢？他答道：

和者，天之正也。（同上循天之道篇）

由此可知天之正就是和，而與和不可分離者就是中。故曰：

中之所爲而必就於和；故曰和其要也。（同上）

所謂中和又是怎樣的呢？他復答道：

詩曰：「不剛不柔布政優優。」此非中和之謂歟？是故能以中和理天下者其德大盛；能以中和養其身者其壽極命。（同上）

但天之正非出於天自身，乃原出於元。其言曰：

是故春秋之道以元之深正天之端，以天之端正王之政，以王之政正諸侯之卽位，以諸侯之卽位，正竟內之治。五者俱正而化大行。（同上二端篇）

所以道之大原直接出于天，而間接出于元。

道之大原雖直接出于天而其所以能成立者則由于人。此立道之人是誰？他繼續說道：

故聖人法天而立道。（漢書董仲舒列傳）

爲什麼只有聖人能够立道而一般普通人不能成此大業呢？他又說道：

天不言使人發其意，弗爲，使人行其中。名則聖人所發天意。不可不深觀也。（春秋繁露深察名號篇）

因爲只有聖人能够發天意，而一般普通人不能如此；所以祇有聖人能法天立道。聖人所立之道既是法天而成，則聖人之道直與天地之道相等。故曰：

聖人之道，同諸天地，蕩諸四海，變易習俗。（同上基義篇）

道經聖人立成，則永久不易。故又曰：

或謂久而不易者道也。（漢書董仲舒列傳）

歷代帝王更迭，政制屢變；而對于道總是不易的。他對于爲什麽歷代建立之初必改制，而獨不可易道的理由，曾反覆辨論地說明道：

春秋之道，奉天而法古。是故雖有巧手，弗修規矩，不能正方圓；雖有察耳，不吹六律，不能定五音；雖有知心，不覺先王，不能平天下。然則先王之遺道，亦天下之規矩六律已。故聖者法天，賢者法聖，此其大數也。得大數而治，失大數而亂，此治亂之分也。所聞天下無二道，故聖人異治同理也。古今通達，故先賢傳其法於後世也。春秋之於世事也，善復古，譏易常，欲其法先王也。然而介以一言曰：「王者必改制」。自僻者得此以爲辭曰：「古苟可循，先王之道何莫相因？世迷是聞，以疑正道而信邪言，甚可患也」。答之曰：……今所謂新王必改制者，非改其道，非變其理，受命於天，易姓更王，非繼前王而王也。若一因前制，修故業，而無有所改，是與繼前王而王者無以別。受命之君，天之所大顯也。事父者承意，事君者儀志，事天亦然。今天大顯已，物襲所代而率與同，則不顯不明，非天志。故必徙居處，更稱號，改正朔，易服色者，無他焉，不敢不順天志而明自顯也。若其大綱，人倫，道理，政治，教化，習俗，文義，盡如故，亦何改哉？故王者有改制之名，無易道之實。（春秋繁露楚莊王篇）

假使變易聖人之道，則世道陵夷。他說道：

> 夫古之天下，亦今之天下。今之天下，亦古之天下。共是天下。古亦大治，上下和睦，習俗美盛，不令而行，不禁而止，吏亡姦邪，民亡盜賊，囹圄空虛，德潤草木，澤被四海，鳳凰來集，麒麟來游。以古準今，壹何不相逮之遠也。安所謬盭而陵夷若是？意者有所失于古之道與；有所詭于天之理與。……今師異道，人異論，百家殊方，指意不同；是以上亡以持一統，法制數變，下不知所守。臣愚以爲諸不在六藝之科，孔子之術者，皆絕其道，勿使並進。邪辟之說滅息，然後統紀可一，而法度可明，民知所從矣。（漢書董仲舒列傳）

從此可知不但聖道不可易；而且眞正唯一應當遵守的聖道就是儒家之道。其他所謂道都是異道，應予以排除。總之，董子所以以爲眞正的聖道，恆久而不易者，因爲他認道之大原出于天。天是亘古沒有變更的。天既不變，所以原出于天之道也不變。因此，他堅決的宣言道：

> 道之大原出于天。天不變，道亦不變。（同上）

（四）行道之方

道是怎樣，已如上述；而怎樣實行道的方法，則尙待說明。董子曰：

> 道者，所繇適于治之路也。仁義禮樂皆其具也。（漢書董仲舒列傳）

> 夫仁誼禮智信五常之道，王者所當修飾也。五者修飾，故受天之祐，而享鬼神之靈，德施于方外，延及羣生也。（同上）

從這兩段話裏他明白告訴我們行道的工具。『誼』與『義』同，所以總括起來講道具就是『仁』『義』『禮』『智』，『信』，『樂』。而所謂道具，就是行道的方法。他解釋『仁』曰：

何謂仁?仁者，憯怛愛人，謹翕不爭，好惡敦倫，無傷惡之心，無隱忌之志，無嫉妬之氣，無感愁之欲，無險詖之事，無辟違之行。故其心舒，其志平，其氣和，其欲節，其事易，其行道，故能平易和理而無爭也。如此者謂之仁。（春秋繁露必仁且智篇）

他解釋『義』曰：

何可謂義?義者，謂宜在我者。宜在我者，而後可以稱義。故言義者，合我與宜，以爲一言。以此操之，義之爲言我也。（同上仁義法篇）

『仁』與『義』的區別，人家往往辨別不清；所以他特別予以說明道：

春秋之所治，人與我也。所以治人與我者，仁與義也。以仁安人，以義正我；故仁之爲言人也，義之爲言我也，言名以別矣。仁之於人，義之於我者，不可不察也。衆人不察，乃反以仁自裕，而以義設人，詭其處而逆其理，鮮不亂矣。……仁之法在愛人，不在愛我。義之法在正我，不在正人。我不自正，雖能正人，弗予爲義。人不被其愛，雖厚自愛，不予爲仁。（同上）

他把『仁』『義』說明之後，又進而解釋『禮』曰：

禮者繼天地，體陰陽，而慎主客；序尊卑貴賤大小之位，而差外內遠近新故之級者也。（同上奉本篇）

他復進而解釋『智』曰：

何謂之智？先言而後當。凡人欲舍行為，皆以其知先規而後為之。其規是者，其所為得，其所事當，其行遂，其名榮，其身故利而無患，福及子孫，德加萬民，湯武是也。其規非者，其所為不得，其所事不當，其行不遂，其名辱，害及其身，絕世無復，殘類滅宗，亡國是也。故曰：莫急於智。智者見禍福遠，其知利害蚤，物動而知其化，事興而知其歸，見始而知其終，言之而無敢譁，立之而不可廢，取之而不可舍，前後不相悖，終始有類，思之而有復，及之而不可厭，其言寡而足，約而喻，簡而達，省而具，少而不可益，多而不可損，其動中倫，其言當務，如是者謂之智。（同上必仁且知篇）

『智』與『仁』是密切聯絡的；所以他特指出其相互關係曰：

仁而不智，則愛而不別也；智而不仁，則知而不為也。故仁者所以愛人類也；智者所以除其害也。（同上）

『信』就是不欺詐。他雖沒有專立一條來解釋；但也曾提及『信』的重要，及其與『禮』的關係道：

春秋尊禮而重信。信重於地；禮尊於身。何以知其然也？宋伯姬疑禮而死於火。齊桓公疑信而虧其地。春秋賢而舉之以為天下法曰：禮而信，禮無不答，施無不報，天之數也。（同上楚莊王篇）

『樂』就是音樂。『樂』與治道極有關係。他說『樂』之為用道：

故聖王已沒，而子孫長久安寧數百歲。此皆禮樂教化之功也。王者未作樂之時，迺用先王之樂宜于世者，而以深入教化于民。教化之情不得，雅頌之樂不成；故王者功成作樂，樂其德也。樂者所以變民風，化民俗也。其變民也易，其化人也著；故聲發于和而本于情，接于肌膚，臧于骨髓。故王道雖微缺，而管弦之聲未衰也。夫虞氏之不爲政久矣，然而樂頌遺風猶有存者。是以孔子在齊而聞韶也。（漢書董仲舒列傳）

『樂』固然是最易變民化人，不過好的樂方足以化民爲善，壞的樂適引人入邪。所以他此處所道及的樂是專指虞舜所作那一類的樂，不是把鄭衞之音相提並論的。

仁義禮智信樂六種道具之中，以仁義最爲重要。故曰：

聖人思慮不厭，晝日繼之以夜，然後萬物察者仁義矣。（春秋繁露重政篇）

夫堯舜三王之業，皆繇仁義爲本。（古文苑詣丞相公孫弘記室書）

由此可知六種道具之中以仁義爲本，禮智信樂僅爲輔佐仁義之用，而仁義二種道具之中，又以仁爲首要。故又曰：

古之造文者，三畫而連其中，謂之王。三畫者，天地與人也；而連其中者，通其道也。取天地與人之中以爲貫而參通之，非王者孰能當？是故王者唯天之施，施其時而成之，法其命而循之諸人，法其數而以起事，治其道而以出法，治其志而歸之於仁。仁之美者在於天。天，仁也。天覆育萬物，既化而生之，有養而成之，事功無已，終而復始，凡舉歸之以奉人。察天之意，無窮極之仁也。人之受命於天也，取仁於天而仁也。（春秋繁露王道通篇）

由此更可知仁爲其他五種道具之基本。行道之方，當以仁爲出發點。

所謂仁義禮智信樂，還不過是行道方法的大者，其餘許多方法都可從春秋中用比較研究以獲得。他告訴我們春秋之爲用道：

> 春秋之道，舉往以明來。是故天下有物，視春秋所舉與同比者，精微眇以存其意，通倫類以貫其理，天地之變，國家之事，粲然皆見，亡所疑矣。（漢書五行志上）

> 古之人有言曰「不知來，視諸往」。今春秋之爲學也，道往而明來者也。然而其辭體天之微，故難知也。弗能察，寂若無；能察之，無物不在。是故爲春秋者，得一端而多連之，見一空而博貫之，則天下盡矣。（春秋繁露精華篇）

爲什麼一部春秋是找尋行道之方的萬寶全書呢？因爲『仲尼之作春秋也，上探正天端王公之位，萬民之所欲，下明得失，起賢才，以待後聖，』（春秋繁露俞序篇）而『春秋紀纖芥之失，反之王道，』（同上王道篇）所以春秋中的紀事都可作行道之方的參考。董子善用春秋的解釋，以適應當時政治的趨勢與君主的需求。因此，春秋被他解釋成一部帝王治國的最高法則了。

行道之方已約略述過，茲再附帶的說一說：爲什麼要行道？對于這個問題有兩種解答。一種是說行道有種種好處，所以要行道。一種是說不行道有種種害處，所以逼迫得要行道。行道的好處是什麼呢？他說道：

> 故爲人君者，正心以正朝廷，正朝廷以正百官，正百官以正萬民，正萬民以正四方。四方正，遠近莫敢不壹於

正而亡有邪氣奸其間者。是以陰陽調而風雨時，羣生和而萬民殖，五穀熟而草木茂；天地之間，被潤澤而大豐美，四海之內，聞盛德而皆來臣；諸福之物，可致之祥，莫不畢至：而王道終矣。（漢書董仲舒列傳）

所謂『正』就是行眞正的聖王之道；故曰：『正者王之所爲也；其意曰：上承天之所爲，而下以正其所爲，正王道之端云爾。』（同上）由此可知行道的好處就是種種事情都得心應手，而且禎祥也因之出現了。他對于行道則見禎祥之點，曾舉事例來說明道：

臣聞天之所大奉使之王者，必有非人力所能致而自至者，此受命之符也。天下之人歸之若歸父母，故天瑞應誠而至。書曰：「白魚入于王舟，有火復于王屋，流爲烏」，此蓋受命之符也。周公曰：「復哉復哉？」孔子曰：「德不孤，必有鄰。」皆積善累德之效也。（同上）

行道的好處既是如此，不行道的害處又是什麼呢？他復說道：

國家將有失道之敗，而天迺先出災害以譴告之；不知自省，又出怪異以警懼之；尙不知變，而傷敗迺至。（同上）

不依照眞正的聖王之道行事者，則天初予之以災，繼予之以異，最後予之以傷敗。所謂『災』即是天予失道者的普通警告，所謂『異』就是天予失道者的特別警告。他對于災異的事情曾舉例說明道：

故書日蝕，星隕，有蜚，山崩，地震，夏大雨水，冬大雨雹，隕霜不殺草，自正月不雨至於秋七月，有鸜鵒來巢，春秋異之，以此見悖亂之徵。（春秋繁露二端篇）

為什麽行道則禎祥現而失道則災異出呢？因為行道卽為善，而失道卽作惡。據董子所言善為陽，而惡為陰；故曰：『惡之屬盡為陰善之屬盡為陽。』（同上王道通篇）又有德卽行道，而任刑卽失道。據董子所言德為陽，而刑為陰；故又曰：『陰刑氣也。陽德氣也。』（同上陽尊陰卑篇）由此觀之，行道則陽氣盛而陰氣消；失道則陰氣盛而陽氣衰。但『陽行於順，陰行於逆；』（同上王道通篇）所以陽氣盛則順心之禎祥現，陰氣盛則悖逆之災異出。人的陰陽氣與天的陰陽氣是互相貫通的。其法則如下：

天有陰陽，人亦有陰陽。天地之陰氣起，而人之陰氣應之而起。人之陰氣起，而天地之陰氣亦宜應之而起。其道一也。（同上同類相動篇）

所以人行道則陽氣盛，天為之感應而賜禎祥。人行不道則陰氣盛，天為之感應而降災異。

（五）人性與教化

董子釋性曰：

今世闇於性，言之者不同。胡不試反性之名。性之名，非生與。如其生之自然之資，謂之性。性者，質也。（春秋繁露深察名號篇）

由此可知性就是天生的資質，絲毫未有人為參與其間的；所以他在元光元年舉賢良對策裏更率直的說道：『性者，生之質也。』（漢書董仲舒列傳）如是，人性就是人之天生的資質。人有人性；而物有物性。人性是否與物性相同呢？他以爲人性較物性爲貴。其理由是：

人受命于天，固超然異于羣生：入有父子兄弟之親；出有君臣上下之誼；會聚相遇，則有耆老長幼之施，粲然有文以相接，驩然有恩以相愛。此人之所以貴也。生五穀以食之，桑麻以衣之，六畜以養之，服牛乘馬，圈豹檻虎，是其得天之靈，貴于物也。故孔子曰：「天地之性人爲貴。」明于天性，知自貴于物。（漢書董仲舒列傳）

因爲人得天獨厚，所以人性也比物性爲貴。這是他的思想的一貫之處，幷且可知他的人性貴于物性說，是與孔子同一見地。

他把人性的內容分析如下：

栣衆惡於內，弗使得發於外者，心也。故心之爲名栣也。人之受氣，苟無惡者，心何栣哉？吾以心之名得人之誠。人之誠有貪有仁。仁貪之氣，兩在於身。身之名取諸天。天兩有陰陽之施，身亦兩有貪仁之性。天有陰陽禁，身有情欲栣。與天道一也。（春秋繁露深察名號篇）

人直接出于天，而間接出于元氣。人之有貪仁之性，猶元氣與天之有陰陽之力。陰陽爲元氣與天之兩種相反力。而貪仁爲人性之兩種相反作用。貪爲求得無饜；仁爲施愛於人。一得一施之性的相反作用，正同一逆一順之陰陽的相反力。人性的貪仁之相反作用，在本體上講本無所謂善惡，不過兩種不同的作用罷了；所以他說道：

詰性之質於善之名，能中之與。既不能中矣，而尚謂之質善，何哉？性之名不得離質。離質如毛，則非性已。不可

不察也。（同上）

性的相反作用，在現象上衡之以道德律，方有善惡之說。性的仁之作用，在道德律上是認爲善的，性的貪之作用，在道德律上是認爲惡的。因此性遂有善惡之說；故曰：『人受命於天，有善善惡惡之性。』（同上玉杯篇）這是在現象上以道德的目光論性啊。再，性與情常相連用，其中究竟有無分別呢？他說道：

天地之所生，謂之性情。性情相與爲一瞑。情亦性也。（春秋繁露深察名號篇）

如此說來，性與情簡直沒有分別。不過他又繼續說道：

謂性已善，奈其情何？故聖人莫謂性善，累其名也。身之有性情也，若天之有陰陽也。言人之質而無其情，猶言天之陽而無其陰也。（同上）

細推其意，性與情又有區別的。蓋性一個字，單獨講，則爲天生的資質之全名。性與情並用，則性爲天生的資質之仁作用名，而情爲天生的資質之貪作用名。換言之，性與情並稱，則各爲性的偏名。情與欲又常連用，因『情者，人之欲也。』（漢書董仲舒列傳）

他對於孟子的性善說所表示最大不滿之點有二。第一是善的標準。他說道：

或曰：「性也善」。或曰：「性未善」。則所謂善者，各異意也。性有善端，動之愛父母，善於禽獸，則謂之善。此孟子之善。循三綱五紀，通八端之理，忠信而博愛，敦厚而好禮，乃可謂善。此聖人之善也。是故孔子曰：「善人吾不得而見之，得見有常者斯可矣。」由是觀之，聖人之所謂善，未易當也。非善於禽獸，則謂之善也。使動其端，善於禽獸，則可謂之善，善奚爲弗見也。夫善於禽獸之未得爲善也，猶知於草木而不得名知。萬民之性善於禽獸，而不得名善。善之名乃取之聖。聖人之所命，天下以爲正。正朝夕者視北辰，正嫌疑者視聖人。聖人以爲無王之世，不教之民，莫能當善。善之難當如此，而謂萬民之性皆能當之，過矣。質於禽獸之性，則萬民之性善矣；質於人道之善，則民性弗及也。（春秋繁露深察名號篇）

孟子以爲人生性能愛父母，高出于禽獸，所以人性是善的。董子以爲人性僅高於禽獸，不能稱爲善，須『循三綱五紀，通八端之理，忠信而博愛，敦厚而好禮』上同於聖人，方得稱爲善。他們所持之異意，在於善的標準之高下不同。

董子對於孟子性善說的第二不滿之點，是在於命名方面。其言曰：

或曰「性有善端，心有善質，尙安非善？」應之曰：「非也。繭有絲而繭非絲也，卵有雛而卵非雛也。此類率然，有何疑焉。」（同上）

絲出于繭，而繭不能以絲名。雛出于卵，而卵不能以雛名。這是名學上不可動搖的規律。今孟子以性有善端，遂以善名性，則顯然是犯名學上的錯誤。

他對于孟子性善說既表不滿，而于荀子性惡說亦示異意。他一則曰：『身亦兩有貪仁之性』；（同上）再則曰：『人受命于天，有善善惡惡之性。』（同上玉杯篇）如是，則顯然不以荀子性惡說爲是，而以爲性有惡端，亦有善端。荀子以性本惡，由人爲而成善。（見荀子性惡篇。）但董子則以性僅有善端，須經人爲而方成爲善。其言曰：

性比於禾，善比於米。米出禾中，而禾未可全爲米也。善出性中，而性未可全爲善也。善與米，人之所繼天而成於外，非在天所爲之內也。天之所爲，有所至而止。止之內謂之天性，止之外謂之人事。事在性外，而性不得不成德。（同上深察名號篇）

性中善端須經人爲而成善，正同禾中之米必由人爲而成米。這是董荀二子同以爲善須經人爲而成。不過如董子所說，性中善端經人爲而成善後，性中惡端是否就完全消除呢？他答道：

人受命於天，有善善惡惡之性，可養而不可改，可豫而不可去。若形體之可肥臞，而不可得革也。（同上玉杯篇）

人性的善端養得好，則善增；如同人體養得好，則體肥。人性的善端養得不好，則善減；如同人體養得不好，則體臞。至於人性的惡端，可以人爲禁於未發，却不能根本革除。因人性的善端惡端，同於天的陰陽。陽盛陰衰，則有之；陰盛陽衰，亦有之。孤陽或孤陰獨存，則是沒有的。且性的善惡二端，如同一物體的兩面，一物體有陽面，必同時有陰面。所以性的善端可用人爲使之發光廣大，性的惡端『可豫而不可去』。

究竟何種『人爲』是可以養人性的善端而豫人性的惡端的呢？他三翻四覆的解答道：

今萬民之性，待外教然後能善。善當與教，不當與性。（同上深察名號篇）

性如繭如卵。卵待覆而爲雛；繭待繅而爲絲。性待教而爲善。此之謂眞天。天生民，性有善質而未能善，於是爲之立王以教之。此天意也。民受未能善之性於天，而退受成性之教於王。王承天意以成民之性爲任者也。(同上)

性有似目。目臥幽而瞑。待覺而後見。當其未覺，可謂有見質，而不可謂之見。今萬民之性，有其質而未能覺，譬如瞑者待與覺。教之然後善。當其未覺，可謂有善質，而不可謂善，與目之瞑而覺一概之比也。(同上)

孔子曰：「名不正則言不順。」今謂性已善，不幾於無教而如其自然，又不順於爲政之道矣。且名者性之實。實者性之質。質無教之時，何遽能善？(同上實性篇)

這是他明白告訴我們養善豫惡的『人爲』就是『教化』。所以他極言教化的重要道：

教政之本也。(同上精華篇)

教化流行，德澤大洽，天下之人人有士君子之行，而少過矣。(同上俞序篇)

教化是使人性成善豫惡的，爲什麼又是『政之本也』？因爲使天下治平，邪意不生，乃是爲政目的，而要達此目的，非由教化不可；所以教化是爲政之本。他詳言政治與教化之密切關係道：

古者修教訓之官，務以德善化民。民已大化之後，天下常亡一人之獄矣。今世廢而不修，亡以化民。民以故棄行誼而死財利，是以犯法而罪多，一歲之獄以萬千數。(漢書董仲舒列傳)

今陛下貴爲天子，富有四海，居得致之位，操可致之勢，又有能致之資，行高而恩厚，知明而意美，愛民而好士，可謂誼主矣。然而天地未應而美祥莫至者何也？凡以教化不立而萬民不正也。夫萬民之從利也，如水之走下，不以教化隄防之，不能止也。是故教化立而奸邪皆止者，其隄防完也。教化廢而奸邪並出，刑罰不能勝者，其隄防壞也。（同上）

教化既是如此其重大，則怎樣立教化呢？他繼續說道：

古之王者明于此，（指教化與政治之關係）是故南面而治天下，莫不以教化爲大務：立大學以教于國，設庠序以化于邑，漸民以仁，摩民以誼，節民以禮，故其刑罰甚輕而禁不犯者，教化行而習俗美也。（同上）

這是他明白的說立教化唯有從提倡教育入手。他的勸武帝『興太學，置明師』，也就是要實行這個主張。

（六）意志與行爲

在道德哲學上，對于行爲價值之判斷，有兩種不同的學說：一、動機論；二、結果論。動機論者，以爲行爲之有價值與否，當依據最初之動機而決定。動機是善的，其結果雖不善，仍不失爲善。結果論者則不然，以爲行爲之有價值與否，當以最後之結果爲判斷。動機雖惡，苟其最後結果是善，亦不失爲善的。所以動機論者，注重意志；而結果論者，重視行爲。董子對于這兩種議論，是採取動機論的；所以于意志與行爲之間，是注重意志的。不過他的採取動機論和注重意志，並非是創于他自己；而得之於春秋。因爲：

春秋之於所賢也固順其志而一其辭，章其義而褒其美。（春秋繁露玉英篇）

所以他也看重意志。但春秋之所以看重意志，則因爲它的論事是徹始徹終的，故重正平而貴謹小。其言曰：

春秋之聽獄也，必本其事而原其志。志邪者不待成，首惡者罪特重，本直者其論輕。是故逢丑父當斮，而轅濤塗不宜執。魯季子追慶父，而吳季子釋闔廬。（同上精華篇）

『本』就是最初的動機，或意志。尋事之本，就是找當事者最初的意志。所以重正本，即重初志。謹小之義，又與正本相通。董子曰：

刺惡譏微，不遺大小，善無細而不舉，惡無細而不去，進善誅惡，絕諸本而已矣。（同上王道通篇）

蓋亂之所由生，常在細微之處；不過常人不去考察罷了。爲正本清源之計，非絕微細的惡，禍根終不能絕。禍根不絕，則惡終不免潛滋暗長，至於將尋斧柯。所以又曰：

覺求微細於無端之處。（同上二端篇）

觀物之動而先覺其萌，絕亂塞害於將然而未行之時，春秋之志也。（同上仁義篇）

聖人莫不以晻致明，以微致顯；是以堯發於諸侯，舜興乎深山，非一日而顯也，蓋有漸以致之矣。……積善在身，猶長日加益而人不知也。積惡在身，猶火之銷膏而人不見也。（漢書董仲舒列傳）

這都是說明謹小的重要，並暗示謹小即正本。重正本既即重爲初志，而貴謹小，又與重正本相通；則正本，謹小，和貴志實三而爲一。故又曰：

春秋之好微與其貴志也。春秋修本末之義，達變故之應，通生死之志，遂人道之極者也。（春秋繁露玉杯篇）

由此可知董子之貴志的思想得自春秋，而春秋之所以貴志，則以謀徹底須重正本貴謹小之故。他的貴志思想的淵源既是如此，而所謂志究竟又是什麽呢？他說道：

春秋之論事莫重於志。……禮之所重者在其志。志敬而節具，則君子予之知禮。志和而音雅，則君子予之知樂。志哀而居約，則君子予之知喪。……志爲質，物爲文。……質文兩備，然後其禮成。……不能備而偏行之，寧有質而無文。（同上）

由此又可知志就是實質。實質與虛名適相反，因爲他貴實質，所以竭力反對『誅名而不察實』之政策，曰：

秦……師申商之法，行韓非之說。……誅名而不察實，爲善者不必免，而犯惡者未必刑也。是以百官皆飾空言虛辭，而不顧實。外有事君之禮，內有背上之心。……（漢書董仲舒列傳）

於此不但可見董子的貴實質而不尙虛名，且可知儒法之異點。儒法同重正名，然儒之正名，要以察其實；法家遇名實不能合符的地方，不免棄實而徇名。所以司馬談譏法家道『專決於名而失人情』（史記太史公自序）。我國風俗，論事則重『誅心』，斷獄則貴『略跡原心』，這都是受儒家之學的影響。

第三章　司馬遷（公元前一四五——八五年）

（一）一生的事略

司馬遷，字子長，是司馬談的兒子；漢景帝中元五年，（公元前一四五）生于左馮翊夏陽縣。他耕牧于黃河之北，龍門山之南；年十歲則誦古文。（自序）古文，索隱引劉伯莊說：就是左傳國語世本等書。據近人王國維等所考，（見所著漢代古文考）則古文二字範圍並不如是其狹。古文即古書之謂。大抵漢時文字之用尚少，但就閭里書師受學的人不都會讀古書的。司馬遷本是官宦家的子弟，史官又特以記事為職，所以他所受的教育就和尋常人不同了。這也是他異日所以能紬金匱石室之書的原因。他二十而出遊，所經歷的地方，可依其行程的次序擇要排列如下：

適長沙，觀屈原所自沈淵；（史記屈原賈生列傳）

浮於沅湘；（同上太史公自序）

闚九疑；（同上）

南登廬山，觀禹疏九江，遂至於會稽大湟；（同上河渠書）

上會稽，探禹穴；（同上太史公自序）

上姑蘇，望五湖；（同上河渠書）

適楚，觀春申君故城宮室；（同上春申君列傳）

適淮陰；（同上淮陰侯列傳）

行淮、泗、濟、漯；（同上河渠書）

北涉汶泗，講業齊魯之都，觀孔子之遺風，鄉射鄒嶧；（同上太史公自序）

適魯，觀仲尼廟堂車服禮器，諸生以時習禮其家；（同上孔子世家）

戹困鄱薛彭城；（同上太史公自序）

過薛；（同上孟嘗君列傳）

適豐沛；（同上樊酈滕灌列傳）

過梁楚以歸；（同上太史公自序）

適大梁之墟。（同上魏世家及信陵君列傳）

他的遊蹤，幾遍國中；所以蘇轍稱他道：『行天下，周覽四海名山大川，與燕趙間豪俊交遊，』（上樞密韓太尉書）遊罷歸來，仕爲郎中，曾奉使西征巴蜀以南，南略邛笮昆明。出使回朝，適當他的父親病重垂危。父子相見於河洛之間，他的父親握他的手哭着道：

余先周室之太史也。自上世常顯功名於虞夏，典天官事。後世中衰，絕於予乎？汝復爲太史，則續吾祖矣。今天子接千歲之統，封泰山，而余不得從行，是命也夫！命也夫！余死，汝必爲太史。爲太史，無忘吾所欲論著矣。且夫孝始於事親，中於事君，終於立身。揚名於後世，以顯父母，此孝之大者！夫天下稱誦周公，言其能論歌文武之德，宣周召之風，達太王王季之思慮，爰及公劉，以尊后稷也。幽厲之後，王道缺，禮樂衰。孔子修舊起廢，論詩書，作春秋，則學者至今則之。自獲麟以來，四百餘歲，而諸侯相兼，史記放絕。今漢興，海內一統，明主賢君，忠臣死義之士，余爲太史而弗論載，廢天下之史文，余甚懼焉。汝其念哉。（史記太史公自序）

他俯首流涕道：

小子不敏，請悉論先人所次舊聞，弗敢闕。（同上）

他的母親大概死得比父親還早。他自己敍述家庭狀況道：

今僕不幸，蚤失二親，無兄弟之親，獨身孤立。（漢書司馬遷列傳）

他的父親死後三年，他就升做太史令。他所以能夠見用，大概因爲他父親的緣故；是以自言曰：

僕少負不羈之才，長無鄉曲之譽。主上幸以先人之故，使得奉薄技，出入周衞之中。（同上）

升任太史令後十年，遭李陵之禍，幽縲紲；明年而受腐刑。這件事他視爲奇恥大辱。其事之始末，具見他報任安的書中，載於漢書的本傳，今不再述他處於這種狀況之下而不卽死者，是全是爲着史記這部書。所以報任安的書中說：

所以隱忍苟活，函糞土之中而不辭者，恨私心有所不盡，鄙沒世而文采不表於後也。古者富貴而名摩滅，不可勝記，唯俶儻非常之人稱焉。蓋西伯拘而演周易；仲尼戹而作春秋；屈原放逐，乃賦離騷；左丘失明，厥有國語；孫子臏脚，兵法修列；不韋遷蜀，世傳呂覽；韓非囚秦，說難孤憤；詩三百篇，大氐賢聖發憤之所爲作也。此人皆意有所鬱結，不得通其道，故述往事，思來者。及如左丘明無目，孫子斷足，終不可用，退論書策，以舒其憤，思垂空文以自見。僕竊不遜，近自託於無能之辭，網羅天下放失舊聞，考之行事，稽其成敗興壞之理，凡百三十篇，亦欲以究天人之際，通古今之變，成一家之言。草創未就，適會此禍，惜其不成，是以就極刑而無慍色。僕誠以著此書，藏之名山，傳之其人通邑大都；則僕償前辱之責，雖萬被戮，豈有悔哉？（同上）

他旣被刑之後，爲中書令，尊寵任職。這與他的志事無關，他後來的事實我們不甚詳知，死于那一年，亦無從確悉。據王國維所考，大約在公元前八六年。（見王忠慤公遺書初集卷十一太史公行年考）所著史記直至死後才『稍出。』

史記雖是敘事之書，然司馬遷之學術表見於其中的亦不少。此書除景武二紀，禮書，樂書，兵書，（今所補者稱律書）漢興以來將相年表，三王世家，傳靳日者，龜策三傳，原書已亡，（張晏說見漢書司馬遷傳）系後人所補外；此外後人所續之處尙不少。（自序說：『至於麟止。』大抵元狩以後之事，皆後人所續。）又有被後人竄亂的地方所以此書的廬山眞面目，已不能十分完全。但大體上此書總可說是他之所著；以下所引尤可信爲非後人所攙雜的。

(二)以儒學爲中心

作史的人有一要件，即於各方面的事情，以及各種人物，都要有相當的了解。談遷父子可說是同具此長的。觀司馬談論六家要指一篇，可見其於當時重要學派均能了解，且其了解頗深切。司馬遷亦是如此，但其學術流別又與其父親不同。他的父親是博觀諸家，而歸宿於道家的。他則是博觀諸家，而所信在儒家的。何以知其所信在儒家呢？則他的自序便是確鑿的證據。自序道：

先人有言，自周公卒五百歲而有孔子。孔子卒後，至於今五百歲，有能紹明世，正易傳，繼春秋，本詩書禮樂之際，意在斯乎！意在斯乎！小子何敢讓焉。

這便明明以繼孔子之業自居。下文答壺遂，雖說是『余所謂述故事，整齊其世傳，非所謂作也，』不過謙辭耳。

漢代春秋大家，自然當推董仲舒。司馬遷在自序裏答壺遂之問，開口便說：『余聞之董生曰』。可見他的學術淵源所自。以下一段話，尤幾於與董生如出一口：

夫春秋上明三王之道，下辨人事之紀，別嫌疑，明是非，定猶豫，善善惡惡，賢賢賤不肖，存亡國，繼絕世，補敝起廢，王道之大者也。易著天地陰陽四時五行，故長於變。禮經紀人倫，故長於行。書記先王之事，故長於政。詩記山川谿谷禽獸草木牝牡雌雄，故長於風。樂樂所以立，故長於和。春秋辯是非，故長於治人。是故禮以節人，樂以發和，書以道事，詩以達意，易以道化，春秋以道義。撥亂世反之正，莫近於春秋。春秋文成數萬，其指數千。萬物之散聚皆在春秋。春秋之中，弑君三十六，亡國五十二，諸侯奔走不得保其社稷者，不可勝數。察其所以，皆失其本已。故易曰：「失之毫釐，差以千里。」故曰：「臣弑君，子弑父，非一旦一夕之故也，其漸久矣。」故有國者不可以不知春秋，前有讒而弗見，後有賊而不知。為人臣者不可以不知春秋；守經事而不知其宜，遭變事而不知其權。為人君父而不通於春秋之義者，必蒙首惡之名。為人臣子而不通於春秋之義者，必陷篡弑之誅，死罪之名。其實皆以為善，為之不知其義；被之空言而不敢辭。夫不通禮義之旨，至於君不君，臣不臣，父不父，子不子。夫君不君則犯，臣不臣則誅，父不父則無道，子不子則不孝。此四行者，天下之大過也。以天下之大過予之，則受而弗敢辭。故春秋者，禮義之大宗也。夫禮禁未然之前；法施已然之後。法之所為用者易見，而禮之所為禁者難知。（自序）

至其引儒家之說以批評當世之事，最可見其為春秋學之信徒的，莫如高祖本紀贊：

夏之政忠。忠之敝，小人以野。故殷人承之以敬。敬之敝，小人以鬼。故周人承之以文。文之敝，小人以僿，故救僿莫若以忠。三王之道若循環，終而復始。周秦之間，可謂文敝矣。秦政不改，反酷刑法，豈不繆乎？故漢興，承敝易變，使人不倦，得天統矣。

此即春秋通三統之說。通三統之義亦見於董仲舒的春秋繁露所謂：

> 王者之法，必正號絀王謂之帝，封其後以小國，使奉祀之。下存二王之後以大國，使服其服，行其禮樂，稱客而朝。故同時稱帝者五，稱王者三，所以昭五端，通三統也。（三代改制質文篇）

所以然者，儒家謂治天下之法有三種，當周而復始。苟能易姓革命而王天下的，於此三種治法必有一當。而典章制度即爲治法所存，假使繼起之朝將前兩朝的治法破壞盡了；那麽，到本朝治法之敝，該采用別一種治法時，便要無所取資。所以一代興，必須保存前兩代的治法。『使服其服，行其禮樂』，即是保存其一切典章制度，即是保存一種治法，並非徒尊敬其人。儒家所說三種治法，究竟合與不合，這是別一問題；而說治天下不宜固執一法，要不失窮變通久之義，這也當認爲儒家大義之一。照此說推算，漢朝所當行之政自然是夏政。司馬遷引此以作漢朝開國君主本紀的贊，可見其於儒家之說十分贊成了。

至其景仰孔子之言，則見於孔子世家的贊：

> 詩有之，高山仰止，景行行止；雖不能至，然心鄉往之。余讀孔氏書，想見其爲人。適魯，觀仲尼廟堂車服禮器，諸生以時習禮其家，余低回留之，不能去云。天下君王至于賢人衆矣，當時則榮，沒則已焉。孔子布衣，傳十餘世，學者宗之。自天子王侯，中國言六藝者，折中於夫子，可謂至聖矣！

史記的體例：掌握一國最高主權者作本紀；凡有土之君繼世者作世家；此外之人則編入列傳。孔子布衣無位，本當編入列傳，而特列之世家，似乎自亂其例。關於此點，後人議論甚多，我們現在非講史學，不必再去論他。可是我以為尊崇孔子之意，總不免有之罷。

(三)旁通諸家之說

說到此，則司馬遷學術宗旨所在，已可明白了。但他雖信仰儒術，而於其他學術亦確是都能了解的。這又何以見得呢？

原來當時學術足稱顯學的，大約當以司馬談所論六家為最。此外漢書藝文志諸子略，益以縱橫，農，雜，小說四家，是為諸子十家；其中去小說家，謂之九流。諸子略而外，六藝略所列，其實都是儒家之書；詩賦略不過文學作品，不能別成一學。而兵書，數術，方技三略，則當認為當時一種學派。此三派所以與諸子分立（各自為略）大約因校書者異其人，其為一種專家之學，與諸子實無分軒輊。書籍固然不就是學術；但凡是學術，及其推行既廣，總不免筆之於書的。苟能廣搜天下之書，則一時學術，雖不能無所亡佚，大約成為一派的，總不至有所遺漏了。漢書藝文志本於七略，乃是當時皇家圖書館的書目。此圖書館的書籍，我們認為搜羅頗廣；其所編之書目，我們即可認為於當時學派，無所遺漏。且本此，以觀司馬遷對於諸家的了解，究竟如何。

術數之與陰陽，我以為是一而二，二而一的。不過明其義的是陰陽家；陳其數的則是術數家罷了。數術一略，漢志分為天文，歷譜，五行，蓍龜，雜占，形法六家。漢時太史本以司天為職。司馬遷又嘗參與改曆之事。（詳見漢書律歷志）其於天文歷譜之學，能深切了解，無待於言。所著日者，龜策列傳已亡，對於其餘四者之了解，不能知其如何。然而我們讀史記的孟荀列傳，却可知其於陰陽家必有相當的認識。孟荀列傳裏論鄒衍的一段道：

：深觀陰陽消息而作怪迂之變，終始大聖之篇十餘萬言。其語閎大不經，必先驗小物，推而大之，至於無垠；先序今以上至黃帝，學者所共術，大並世盛衰，因載其禨祥度制，推而遠之，至天地未生，窈冥不可考而原也。先列中國名山大川，通谷禽獸，水土所殖，物類所珍，因而推之，及海外人之所不能睹；稱引天地剖判以來，五德轉移，治各有宜，而符應若茲。以爲儒者所謂中國者，於天下乃八十一分居其一分耳。中國名曰「赤縣神州」。赤縣神州內自有九州，禹之序九州是也，不得爲州數。中國外如赤縣神州者九，乃所謂九州也。於是有裨海環之，人民禽獸莫能相通者，如一區中者，乃爲一州。如此者九，乃有大瀛海環其外，天地之際焉。其術皆此類也。

五德之說，到後來幾於變成迷信。然而此處說『五德轉移，治各有宜，』疑鄒衍當日亦或定有五種治天下的法子，以爲當相時而用，一如儒家通三統之說。下文說『要其歸必止乎仁義節儉，』則是五種治法所共，此事書闕有間，業已無從證明。然其『先驗小物，推而大之，』自不失爲一種治學方法。其所推得的結果如何，又當別論。此段文字，不知是否司馬遷所作，抑系鈔錄成文。要之，對於鄒衍的學說可謂頗能得其要領。即使是他人成說，而司馬遷采錄之，亦可見其於陰陽家學說有相當的了解了。

墨子事迹，僅於孟荀列傳之末附見數語。此數語是否史記原文，尚有疑義。似乎司馬遷之於墨家，認識較淺。然而漢以前人每以儒墨並稱；又以儒俠對舉。可見俠卽是墨。此事若要詳細說明，非別爲專篇不可。要而言之，則封建政治的破壞，士的性質，近乎文的則爲儒，其近乎武的則爲墨。社會上本有此兩種人。儒者是孔子所因而施教的。俠者則是墨子所加以感化的。俠者之受墨子之教者謂之墨。其未受教於墨子者自不免有『不軌於正義』之行。此正如『小人儒』之不爲孔子所取；所以『儒墨皆排擯不載』。然而其『足多』者，『其言必信，其行必果，已諾必誠，不愛其軀，赴士之阨困，既已存亡死生矣，而不矜其能，羞伐其德』；而其『私義』又能『廉潔退讓』，則正與墨家之宗旨相符。所以司馬遷極其慨慕，爲作列傳。而如『朋黨宗彊比周，設財役貧，豪暴侵凌孤弱，恣欲自快』所謂『盜跖居民間者，』則實爲墨家之所羞。司馬遷於此，必詞嚴義正，加以分別。可見其深能了解墨家的精神。其於墨子行事未曾詳敘，或因材料缺乏；或則原書本有敘述而後來闕佚。雖難斷言，要不能以此而疑司馬遷於墨家之學，不能認識了。

法家之學，司馬遷於商君列傳說：『余讀商君開塞耕戰書，與其人行事相類。』可見於其學說及其事跡，均曾加以研究。名家，漢志所列者，鄧析尹文公孫龍成公生惠子黃公毛公。史記於其人均無所敘述，於其學說亦無所論列。大約司馬遷於此一家認識最淺。然而名家之學亦有二派：（一）爲純理派，如惠施公孫龍等是；（二）爲應用派，卽法家所言形名之術。司馬遷於前一派雖似無甚關係，於後一派則了解甚深。老莊申韓列傳說：『申子卑卑，施之於名實。韓子引繩墨，切事情，明是非，其極慘礉少恩，皆原於道德之意。』道德名法，同原異流，爲治諸子之學者所共認；而其說實發自司馬遷。其於名法二家之學之了解，亦可謂深切了。

道家爲漢初顯學，司馬遷的父親，又是深所宗仰的。遷於此學當然認識更深。我們但看他的高后本紀贊：

孝惠皇帝高后之時，黎民得離戰國之苦，君臣俱欲休息乎無爲；故惠帝垂拱，高后女主稱制，政不出房戶，天下晏然，刑罰罕用，罪人是希，民務稼穡，衣食滋殖。

『君臣俱欲休息』，是漢初道家之學所以盛行的眞原因。史記此贊，可謂洞見本原。此無爲之治之成效，至文景之世而大著。司馬遷亦在平準書裏深加讚揚道：

至今上（武帝）卽位數歲，漢興七十餘年之間，國家無事，非遇水旱之災，民則人給家足，都鄙廩庾皆滿，而府庫餘貨財。京師之錢累巨萬，貫朽而不可校。太倉之粟陳陳相因，充溢露積於外，至腐敗不可食。衆庶街巷有馬，阡陌之間成羣，而乘字牝者擯而不得聚會。守閭閻者食粱肉，爲吏者長子孫，居官者以爲姓號。故人人自愛而重犯法，先行義而後絀恥辱焉。

漢武帝在表面上是行儒家之學的；然而司馬遷於其『內多欲而外施仁義』之處，皆深文刺譏，絕不因自己崇信儒家，略與寬恕。至於道家之學本非遷所宗尚，而其行之有效，則亦從實敘述，絲毫不掩其美，可謂絕無門戶之見了。

縱橫家自蘇秦張儀，下逮漢初之酈食其陸賈，有傳者頗多，固由此輩在當時社會上甚爲活躍，故其行事多傳於後。然而史記蘇秦傳贊說：

蘇秦兄弟三人，皆游說諸侯以顯名。其術長於權變，而蘇秦被反間以死。天下共笑之，諱學其術。然世言蘇秦多異，異時事有類之者，皆附之蘇秦。夫蘇秦起閭閻，連六國從親，此其智有過人者。吾故列其行事，次其時序，毋令獨蒙惡聲焉。

張儀傳贊亦說：

夫張儀之行事甚於蘇秦，然世惡蘇秦者，以其先死，而儀振暴其短，以扶其說，成其衡道。

則於縱橫家傳說之信否，殊有揀別，並非聞而卽錄的。而韓非傳中詳錄說難之文，尤可見其於縱橫家言了解之深切。韓非雖是法家，此篇則爲縱橫家言之精者，亦是治諸子之學者可以共信的。

雜家不過能了解諸家之學，其本身並無所發明。能了解諸家之學的，於雜家自無不了解。此無待於言。

先秦農家之書，無一傳於後世者。農家所言，如眞是種樹之術，司馬遷自然不能了解；雖然他亦嘗耕牧河山之陽。然竊疑講種樹之術的，不過農家之一派，而農家之學說，亦未必不關涉政治，所以漢志論農家，引洪範八政『一曰食，二曰貨』之語。使此推想而確，則管子中輕重諸篇，或者是農家之說。而管晏列傳贊言：

吾讀管氏牧民山高乘馬輕重九府及晏子春秋。詳哉，其言之也。既見其著書，欲觀其行事，故次其傳。

則司馬遷研究此等學說，尙在搜輯管子事跡之前。其必有相當了解，可以無疑了。輕重等篇，實系一種經濟學說。史記貨殖列傳，於經濟現象了解很深。雖然此系前人成說，而司馬遷錄之。然司馬遷於此，亦必有相當認識，乃能爲貨殖家特列一傳。果如吾之所疑，貨殖包括於食之中，經濟學說全屬農家領域，則司馬遷於農家學說可謂有深切了解的。

小說家之書，亦無一傳於世。漢志著錄有百家，百三十九卷。而史記五帝本紀贊言：『百家言黃帝，其文不雅馴，薦紳先生難言之』；正與漢志稱小說家爲『街談巷語，道聽塗說者之所造』合。竊疑司馬遷所言，與漢志所著錄者，正是一物。果然，則司馬遷於百家之言，亦曾加以網羅，但不信他，所以無所甄錄罷了。

兵家之有傳者甚多，而司馬穰苴傳贊說：

> 余讀司馬兵法，閎廓深遠，雖三代征伐，未能竟其義，如其文也，亦少褒矣。若夫穰苴區區爲小國行師，何暇及司馬兵法之揖讓乎？

則於『司馬』『穰苴』兩種兵法研究頗深。

方技另係專門之學，自非司馬遷所能解；然而扁鵲倉公有傳，則於其行事，亦曾加以網羅。

總而言之，司馬遷所信仰，雖在儒家，而於各家學術，均能深切了解，不徒『網羅放失舊聞，考其行事』而已。眞不愧爲良史之才了。

(四)哲學思想的特點

學問亦和事功一樣，有創業的時代，和守成的時代。創業的時代，風起雲湧，異說爭鳴，可以多所發明。守成的時代，則不過稱誦前人成說而已。中國學術界，在先秦之世，可稱爲創業時代；而兩漢之世，則系守成時代。漢代諸家，大抵不過誦習前人成說，至多能加以推衍。不過有許多他所根據之說已亡，我們今日無從知其非自己出能了。所以自己無所發明，並不足爲兩漢人之病，因爲時代如此。而司馬遷有一點，似乎是特可推崇的，就是他對於當時社會情形觀察的深切。從晚周到秦漢，正是封建制度崩壞，商業資本抬頭之時。社會的組織既起劇烈的變遷，生於其間的人，自不免撫今思昔之感。而其最足令人慨歎的，則爲階級對立之日益尖銳，富貴者之驕淫，窮困者之無告，社會之正義日益沒落，輿論之裁制日益無權。司馬遷在貨殖游俠伯夷三傳裏表示此等感慨，最爲深切，今試引其一二。貨殖列傳說：

用貧求富，農不如工，工不如商。

又說：

無財，作力；少有，鬭智；既饒，爭時。

此於商業資本社會之情形，可謂片言居要。而當時貧富之懸隔，則

凡編戶之民，富相什則卑下之，伯則畏憚之，千則役，萬則僕，物之理也！（貨殖列傳）

所以無人而不欲求富。他說當時汲汲皇皇的情形道：

由此觀之，賢人深謀於廊廟，論議朝廷，守信死節，隱居巖穴之士，設爲名高者，安歸乎？歸於富厚也。是以廉吏

久，久更富，廉賈歸富。富者人之情性，所不學而俱欲者也。故壯士在軍，攻城先登，陷陣却敵，斬將搴旗，前蒙矢石，不避湯火之難者，爲重賞使也。其在閭巷少年，攻剽椎埋，刼人作姦，掘冢鑄幣，任俠幷兼，借交報仇，篡逐幽隱，不避法禁，走死地如騖者，其實皆爲財用耳。今夫趙女鄭姬，設形容，揳鳴琴，揄長袂，躡利屣，目挑心招，出不遠千里，不擇老少者，奔富厚也。游閑公子，飾冠劍，連車騎，亦爲富貴容也。弋、射、漁、獵，犯晨夜，冒霜雪，馳阬谷，不避猛獸之害，爲得味也。博戲馳逐，鬬雞走狗，作色相矜，必爭勝者，重失負也。醫方諸食技術之人，焦神極能，爲重糈也。吏士舞文弄法，刻章僞書，不避刀鋸之誅者，沒於賂遺也。農、工、商賈畜長，固求富益貨也。此有知盡能索耳，終不餘力而讓財矣。（貨殖列傳）

可謂刻畫得窮形盡相了。此種情勢之下，社會之正義，漸漸不能維持。所以說：

鄙人有言曰「何知仁義，以嚮其利者爲有德」。故伯夷醜周，餓死首陽山，而文武不以其故貶王。跖蹻暴戾，其徒誦義無窮。由此觀之，竊鉤者誅，竊國者侯。侯之門，仁義存，非虛言也。（游俠列傳）

此等社會之中，禍福與善惡，自然不能一致。愈強暴陰詐的人，愈覺得志；而篤信好學守死善道之人，愈覺窮無所歸。所以他在伯夷列傳中深致其槩：

或曰「天道無親，常與善人」。若伯夷叔齊，可謂善人者非耶？積仁絜行如此而餓死！且七十子之徒，仲尼獨薦顏淵爲好學。然回也屢空，糟糠不厭，而卒蚤夭。天之報施善人，其何如哉？盜跖日殺不辜，肝人之肉，暴戾恣睢，聚黨數千人，橫行天下，竟以壽終。是遵何德哉？此其尤大彰明較著者也。若至近世，操行不軌，專犯忌諱，而終身逸樂富厚，累世不絕。或擇地而蹈之，時然後出言，行不由徑，非公正不發憤，而遇禍災者，不可勝數也。余甚惑焉，倘所謂天道，是邪非邪？子曰：「道不同，不相爲謀，亦各從其志也。」故曰：富貴如可求，雖執鞭之士，吾亦爲之。如不可求，從吾所好。歲寒，然後知松柏之後凋。舉世混濁，清士乃見。豈以其重若彼，其輕若此哉？君子疾沒世而名不稱焉。賈子曰：「貪夫徇財，烈士徇名，夸者死權。」衆庶馮生，同明相照，同類相求。雲從龍，風從虎，聖人作而萬物覩。伯夷叔齊雖賢，得夫子而名益彰。顏淵雖篤學，附驥尾而行益顯。巖穴之士，趨舍有時若此，類名湮滅而不稱，悲夫！閭巷之人，欲砥行立名者，非附青雲之士，惡能施於後世哉！

此篇從顏淵盜跖推論到近世，又引賈子之言，大約係司馬遷所自作，非錄前人成說。篇中辭意，雖反側蕩漾，已不啻明言福善禍淫之說並不足憑。不肯爲惡之人，不過是『各從其志』，或者是『烈士殉名』罷了。然而雖名譽，亦要依附勢力而行。『非附青雲之士』，即不能『施於後世』，而不免於『湮滅不稱』。不但賞罰失當，即毀譽亦且無權。如此社會，眞可謂毫無公道，而生居其間的人，亦可謂苦到極點了。如此深切的議論，非觀察力極強之人，決不能發。所以司馬遷之長，在於能了解各家的學說，而了解前人之說，正不足以盡其所長，正惟有此能力，所以於前人之說，能深切了解。了解前人之說，原不是徒誦習其辭之人所能。可見守成之士之能力，並不弱於開創之時。不過時世不同，因而所走的方向有異罷了。

第四章　韓嬰與匡衡

韓嬰（生于前漢文帝至武帝時）

（一）一生的事略

韓嬰是燕人。漢文帝時，爲博士。景帝時，爲常山王太傅。武帝時，曾和董仲舒在皇帝面前辯論過。董仲舒竟不能難倒他。『其人精悍處事分明。』（漢書本傳）他一生行事，見于漢書儒林傳者，僅此而已。他的著作頗多，據漢志所載，關于詩者有韓故三十六卷，韓內傳四卷，韓外傳六卷，韓說四十一卷；關于易者，有韓氏二篇。今所傳者只有韓詩外傳十卷，其他已亡。韓詩外傳，漢志有六卷，唐志則有十卷。六卷本與十卷本內容是否相同，既無從知之；何以由六卷改爲十卷，自亦無從知道了。今所傳十卷本當與唐志所著錄者相同。

漢書本傳說韓嬰『推詩人之意而作外傳數萬言，其語頗與齊魯間殊，然歸一也。』今文詩有齊、魯、韓三家。齊魯兩家已亡于魏晉，今所存者只有韓詩的外傳。漢書說：『韓詩不如韓氏易深。』而韓氏易又不傳，無從見其精深的哲理。今祇可從韓詩外傳中求其次而已。

此書並不是詩經的注解，大抵引詩以證事，非引事以明詩。其中大多記述或申論儒家的思想。雖無明顯的創見，却可由此推知當時一般儒家所主張的學說。

(二)天人之際

韓嬰以爲宇宙的本體是『氣』。此『氣』卽董仲舒所謂『元』。由氣凝合而成天地，所以天地是元氣的結晶。他用簡括的話說明這層意思道：

天地有合，則生氣有精矣。（韓詩外傳卷一第二十條）

由天地復生萬物。人爲萬物之一，當然也是由天地所生。故曰

人之命在天。（同上第五條）

人怎樣由天地而生的呢？由於陰陽之力。他詳述孔子與子夏論關雎之辭道：

大哉！關雎之道也。萬物之所繫，羣生之所懸命也。……天地之間生命之屬王道之原，不外此矣。子夏喟然嘆曰「大哉！關雎乃天地之基也。」（同上卷五第一條）

此卽明言天地之生萬物，正同關雎詩中所示男女好合以生育子女。男女卽陰陽二力之象徵。『關雎乃天地之基』一語，就是說天地之生成亦出于陰陽二力。氣以陰陽之力生天地。天地轉以陰陽之力生萬物。陰陽二力之偉大旣如此，所以極口稱贊道『大哉！關雎之道也。』

『天之所生，皆有仁義禮智順善之心；』（同上卷六第十五條）所以人生來就有善性的。不過：

繭之性爲絲，弗得女工燔以沸湯，抽其統理，不成爲絲。卵之性爲雛，不得良雞覆伏孚育，積日累久則不成爲雛。夫人性善，非得明王聖主扶攜內之以道，則不成爲君子。（同上卷五第十六條）

因此，君王造就人之功僅次于天地。故又曰：

夫大者天地，其次君臣。（同上卷一第二十二條）

臣是輔佐君使能造就人的；所以其功又次於君。

君臣的分職，君是無所不統的，所以看似無所事事，然其實是總管一切的；至於人臣，則分司各事，此其分職正猶上帝之於羣神。而政治及於人民的效力，亦可以天文現象及於人生的影響爲喻。故韓嬰曰：

夫霜雪雨露，殺生萬物者也。天無事焉，猶之貴天也。執法厭文，治官治民者，有司也。君無事焉，猶之尊君也。

（同上卷二第九條）

可知天之於霜雪雨露之貴於順時，正如政治之貴於得宜。所以說：

陰陽調，寒暑平，羣生遂，萬物寧。（同上第二十一條）

飄風厲疾，暴雨折木，陰陽錯氛，夏寒冬溫，春熱秋榮，日月無光，星辰錯行，民多疾病，國多不祥，羣生不壽，而五穀不登。（同上）

天地的一切作爲，仍由陰陽二力。所以說：

天地之變，陰陽之化。（同上第五條）

陰陽之所以有變化，以其自身爲兩種相反的動力，當時互爲消長的。所謂

陰陽消息，則變化有時矣。……陰陽相反，陰以陽變，陽以陰變。（同上卷一第二十條）

消長得宜，就調和。消長不得宜，就不調和。其所以有消長者，一方固出乎自然，一方却受人爲的影響。他說道：

國無道，則飄風厲疾，暴雨折木，陰陽錯氛。（同上卷二第二十一條）

百禮洽，則百意遂。百意遂，則陰陽調。陰陽調，則寒暑均。寒暑均，則三光清。三光清，則風雨時。風雨時，則羣生寧。如是而天道得矣。（同上卷五第二十二條）

然則人之禍福非盡操之於天，仍在人類自己的爲善爲惡。這是漢儒普通天人感應的思想。

（三）治國之道

古代不論天子諸侯大夫，凡有土有民的均稱之曰君；而有天下的則謂之王。君王二字之意義究竟如何呢？韓嬰說道：

君者，何也？曰羣也。爲天下萬物而除其害者，謂之君。王者，何也？曰往也。天下往之，謂之王。曰：善養生者，故人尊之；善辯治人者，故人安之；善設顯人者，故人親之；善粉飾人者，故人樂之。四統者具，天下往之。四統無一，而天下去之。往之謂之王，去之謂之亡。（同上卷五第二十九條）

他又引管仲之說以證明之曰：

齊桓公問於管仲曰：「王者何貴？」曰：「貴天。」桓公仰而視天。管仲曰：「所謂天，非蒼莽之天也。王者以百姓爲天。百姓與之，則安；輔之，則強；非之，則危；倍之，則亡。」（同上卷四第十六條）

君王既以人民之向背而定興亡，則欲爲君王須得人民之親附。怎樣能得民之親附呢？他說：

能制天下，必能養其民也。（同上卷三第十六條）

又引顏淵之言曰：

獸窮則齧，鳥窮則啄，人窮則詐，自古及今，窮其不能不危者，未之有也。（同上卷二第十二條）

他痛駡聚斂道：

聚斂以招穀，積財以肥敵，危身亡國之道也。（同上卷三第七條）

又引晏子之言曰：

王者藏於天下，諸侯藏於百姓。（同上卷十第二十二條）

所以富民是養民的首務。養民是使民親附的要道。

養民之外，其次就是德治。他說：

水濁則魚喁，令苛則民亂，城峭則崩，岸峭則陂。故吳起削刑而車裂，商鞅峻法而支解。（同上卷一第二十三條）

刑法既非治國之正道，所以力主德治。他的德治論道：

就仁去不仁，則民之心悅矣。（同上）

禮者，治辯之極也，強國之本也，威行之道也，功名之統也。王公由之，所以一天下也；不由之，所以隕社稷也。（同上卷四第九條）

仁是目的。禮是達到目的的手段。禮正所以代法。禮禁未然之先，故最重教化，他引舜的故事道：

當舜之時，有苗不服。其不服者，衡山在南，岐山在北，左洞庭之波，右彭澤之水，由此險也。以其不服，禹請伐之，而舜不許，曰：「吾喻教猶未竭也。」久喻教而有苗民請服，天下聞之，皆薄禹之義，而美舜之德。（同上卷三第二十條）

教既如是其重要，則怎樣施教呢？他說道：

聖王之教其民也，必因其情而節之以禮；必從其欲而制之以義。義簡而備，禮易而法；去情不遠，故民之從命也速。（同上卷五第十五條）

但施教之前應當特別注意的是：

夫處飢渴，苦血氣，困寒暑，動肌膚，此四者，民之大害也。害不除，未可教御也。四體不掩，則鮮仁人。五藏空虛，則無立士。故先王之法，天子親耕，后妃親蠶，先天下憂衣與食也。（同上卷三第三十三條）

所以養民實爲施行德教之先決問題。

人君不能獨治天下，所以施行德治外，貴能用賢。他曾鄭重的說道：

無常安之國，無宜治之民；得賢者昌，失賢者亡。自古及今，未有不然者也。（同上卷七第十六條）

又說：

人主之疾，十有二發；非有賢醫，莫能治也。何謂十二發？痿、蹶、逆、脹、滿、支、膈、盲、煩、喘、痹、風，此之曰十二發。賢醫治之何？曰：省事輕刑，則痿不作；無使小民饑寒，則蹶不作；無令財貨上流，則逆不作；無令倉廩積腐，則脹不作；無使府庫充實，則滿不作；無使羣臣縱恣，則支不作；無使下情不上通，則膈不作；上材恤下，則盲不作；法令奉行，則煩不作；無使下怨，則喘不作；無使賢伏匿，則痹不作；無使百姓歌吟誹謗，則風不作。夫重臣羣下者，人主之心腹支體也。心腹支體無疾，則人主無疾矣；故非有賢醫莫能治也。人皆有此十二疾，而不用賢醫，則國非其國也。詩曰：「多將熇熇，不可救藥，終亦必亡而已矣。」故賢醫用，則衆庶無疾，況人主乎！（同上卷三第九條）

賢人既是醫治君民背離病的醫師；宜乎謂『得賢者昌，失賢者亡』了。不過要用賢亦不是一件容易的事。他說道：

淵廣者其魚大；主明者其臣慧，相觀而志合，必由其中。故同明相見，同音相聞，同志相從，非賢者莫能用賢。故輔弼左右所任使者，有存亡之機，得失之要也，可無慎乎！（同上卷五第十七條）

然則要用賢，又不可不致力於自己的修省了。

苟能依照上面所說的道行去，則可稱爲『善爲政者。』善爲政者，自能得天之輔助。所謂：

> 善爲政者循情性之宜，順陰陽之序，通本末之理，合天人之際。如是則天氣奉養而生物豐美矣。（同上卷七第十九條）

這亦因人道與天道同，所以能盡人道者就能得天之助，仍是天人感應的見解。

（四）爲人之道

韓嬰譬人性於蠒絲卵雛，說人性善，非得明王聖主扶攜內之以道，則不成爲君子。這不但說人們的性須加以人爲的工夫方能成其善，幷且隱示人們要做善人應從內性上下工夫。所謂從內性上下工夫，就是由治氣養心。他說：

> 夫治氣養心之術：血氣剛強，則務之以調和；智慮潛深，則一之以易諒；勇毅強果，則輔之以道術；齊給便捷，則安之以靜退；卑攝貪利，則抗之以高志；容衆好散，則刼之以師友；怠慢標棄，則慰之以禍災；愿婉端慤，則合之以禮樂。凡治氣養心之術：莫徑由禮，莫優得師，莫愼一好。好一則博，博則精，精則神，神則化；是以君子務結心乎一也。（同上卷二第三十條）

養心須由禮，卽用心亦須由禮。其言曰：

> 凡用心之術，由禮則理達；不由禮，則悖亂。飲食，衣服，動靜，居處，由禮則知節；不由禮，則墊陷生疾。容貌，態度，進

所以：

退，移步，由禮則夷。（同上卷一第六條）

爲上無禮，則不免乎患；爲下無禮，則不免乎刑。（同上卷三第十九條）

禮何以如此重要呢？因爲：

禮者則天地之體，因人之情而爲之節文者也。（同上卷五第九條）

禮是行爲的軌範，其他德目還可以有許多，他曾總說道：

子曰「不知命，無以爲君子。」言天之所生，皆有仁義禮智順善之心。不知天之所以命生，則無仁義禮智順善之心。無仁義禮智順善之心，謂之小人。（同上卷六第十五條）

宗法社會最重要的倫理便是忠孝，韓嬰自然也是看重他的。這也無待於言。所可注意者，忠孝不能兩全時，應當如何處置。關於這個問題，韓詩外傳中頗有幾段足資研究。他書中有這麼一段：

齊宣王謂田過曰：「吾聞儒者親喪三年，君與父孰重？」過對曰：「殆不如父重。」王忿然曰：「曷爲士去親而事君？」對曰：「非君之土地，無以處吾親。非君之祿，無以養吾親。非君之爵，無以尊顯吾親。受之於君，致之於親。凡事君以爲親也。」宣王悒然無以應之。詩曰：「王事靡盬，不遑將父。」（同上卷七第一條）

父雖重於君，但不仕則已；既仕之後，如爲着父母而置國事於不顧，那就未免以私廢公了。所以他書中又載着三段故事：

楚昭王有士曰石奢。其爲人也，公而好直。王使爲理，於是道有殺人者，石奢追之，則父也。還返於廷曰：「殺人者，臣之父也，以父成政，非孝也。不行君法，非忠也。弛罪廢法，而伏其辜，臣之所守也。」遂伏斧鑕曰：「命在君。」君曰：「追而不及，庸有罪乎？子其治事矣！」石奢曰：「不然，不私其父，非孝也。不行君法，非忠也。以死罪生，不廉也。君欲赦之，上之惠也。臣不能失法，下之義也。」遂不去鈇鑕，刎頸而死乎廷。（同上卷二第十三條）

田常弒簡公，乃盟于國人曰：「不盟者死及家。」石他曰：「古之事君者，死其君之事；舍君以全親，非忠也；捨親以死君之事，非孝也。他則不能。然不盟，是殺吾親也。從人而盟，是背吾君也。嗚呼！生亂世，不得正行；刼乎暴人，不得全義。悲夫！」乃進盟以免父母，退伏劍以死其君。（同上卷六第十一條）

楚有士曰申鳴，治園以養父母，孝聞於楚王。召之，申鳴辭不往。其父曰：「王欲用汝，何謂辭之？」申鳴曰：「何舍爲子，乃爲臣乎？」其父曰：「使汝有祿於國，有位於廷，汝樂而我不憂矣。我欲汝之仕也。」申鳴曰：「諾。」遂之朝，受命。楚王以爲左司馬。其年，遇白公之亂，殺令尹子西司馬子期。申鳴因以兵衞之。白公謂石乞曰：「申鳴，天下勇士也。今將兵，爲之奈何？」石乞曰：「吾聞申鳴孝也。刼其父以兵。」使人謂申鳴曰：「子與我，則與子楚國。不與我，則殺乃父。」申鳴流涕而應之曰：「始則父之子，今則君之臣。已不得爲孝子矣，安得不爲忠臣乎！」援桴鼓之，遂殺白公。其父亦死焉。王歸賞之。申鳴曰：「受君之祿，避君之難，非忠臣也。正君之法，以殺其父，又非孝子

也。行不兩全，名不兩立。悲夫若此而生，亦何以示天下之士哉！」遂自刎而死。（同上卷十第二十四條）

事雖不能兩全，然而論此三人者之心則可謂忠孝兼盡了。後漢書獨行傳趙苞遷遼西太守，『遣使迎母及妻子，垂當到郡，道經柳城，値鮮卑萬餘人入塞寇鈔。苞母及妻子爲所劫質，載以擊郡。苞率騎二萬與賊對陣。賊出母以示苞。苞悲號謂母曰：「爲子無狀，欲以微祿奉養朝夕，不圖爲母作禍。昔爲母子，今爲王臣，義不得顧私恩，毀忠節，唯當萬死，無以塞罪。」母遙謂曰：「威豪，人各有命，何得相顧以虧忠義？昔王陵母漢對使伏劍以固其志。爾其勉之！」苞卽時進戰。賊悉摧破。其母妻皆爲所害。苞殯殮母畢，自上歸葬。靈帝遣策弔慰，封鄃侯。苞葬訖，謂鄉人曰：「食祿則避難，非忠也。殺母以全義，非孝也。如是，有何面目立於天下。」遂歐血而死。這事與申鳴，如出一轍。可見漢代的經義，確是有人實行的。

個人自己應從心上做起，對人亦須使人心上信服。服人心之術又是如何呢？他說道：

吾語子夫服人之心。高上尊貴不以驕人，聰明聖知不以幽人，勇猛強武不以侵人，齊給便捷不以欺誣人。不能則學，不知則問，雖知必讓，然後爲知。遇君則修臣下之義，出鄉則修長幼之義，遇長老則修弟子之義，遇等夷則修朋友之義，遇少而賤者則修告道寬裕之義。故無不愛也，無不敬也，無與人爭也，曠然而天地苞萬物也。如是則老者安之，少者懷之，朋友信之。（同上卷六第六條）

總之，他主張爲己與對人均須從內心着手。苟治心有術，則爲人能得其道矣。

（五）從爲士到爲聖人

我們從一部論語裏就可斤斷的推知孔子把士，君子，聖人看做學道的三個階段。這層意思在荀子裏更是顯明。荀子回答『學惡乎始惡乎終』的問題道：

其數則始乎誦經終乎讀禮，其義則始乎爲士終乎爲聖人。……（荀子勸學篇）

王先謙解釋這幾句話道：

案荀書以士，君子，聖人爲三等，修身非相儒效哀公篇可證；故云始士終聖人。（荀子集解）

韓嬰也是抱這個主張的。他說士道：

所謂士者，雖不能盡備乎道術，必有由也；雖不能盡乎美著，必有處也。言不務多，務審所行而已。行既已尊之，言既已由之，若肌膚性命之不可易也。（韓詩外傳卷一第十條）

這就是說士爲已得道之門徑者，不過尙未登堂入室。士不在多言而在力行，擇善言善行而毅然從之。士所認爲最重要之善言善行是立義與顯名。他說道：

夫義之不立，名之不顯，則士恥之，故殺身以遂其行。由是觀之，卑賤貧窮非士之恥也。（同上卷一第八條）

此處所謂『名』，非是名利之名，士不以『卑賤貧窮』爲恥，當然是不慕榮利的。他所謂名，是士以立義而成名傳于後世也。

士與君子相比，則士不及君子。故曰：

行法而志堅，不以私欲害其所聞，是勁士也，未及於君子也。（同上卷三第五條）

君子之所以高於士者是：

君子溫儉以求於仁，恭讓以求於禮，得之自是，不得自是；故君子之於道也，猶農夫之耕，雖不獲年之優。無以易也。（同上卷十第五條）

這是說君子之於道乃升堂入室了，較之初有門徑之士自然高出一等。

君子之於學所最當注意者，是取法乎天。他說：

大雅曰「天生蒸民，有物有則；民之秉彝，好是懿德。」言民之秉德，以則天也。不知所以則天，又焉得爲君子乎？（同上卷六第十五條）

君子當尙中庸，不貴矯激。所以：

行不貴苟難，說不貴苟察，名不貴苟傳，惟其當之爲貴。（同上卷三第二十八條）

其態度則：

易和而難狎也；易懼而不可刼也；畏患而不避義死；好利而不爲所非；交親而不比；言辯而不亂。盪盪乎！其易不可失也。磏乎！其廉而不劌也。溫乎！其仁厚之光大也。超乎！其有以殊於世也。（同上卷二第十七條）

其踐履之標準所重者仍在禮。所以說：

夫君子恭而不難，敬而不鞏；貧窮而不約；富貴而不驕；應變而不窮：審之禮也。（同上卷四第十條）

學行並茂，自能得同道者之親附。故曰：

君子潔其身而同者合焉；善其音而類者應焉。（同上卷一第十一條）

君子之脩己既如上述。其對人則：

君子有主善之心，而無勝人之色；德足以君天下，而無驕肆之容；行足以及後世，而不以一言非人之不善。（同上卷二第十六條）

君子崇人之德揚人之美，非道諛也；正言直行，指人之過，非毀疵也；詘柔順從，剛強猛毅，與物周流，道德不外。詩曰：「柔亦不茹，剛亦不吐；不侮矜寡，不畏強禦。」（同上卷六第十八條）

這可謂剛柔得宜了。至其對于人民，則：

詩曰：「愷悌君子，民之父母。」君子爲民父母何如？曰：君子者貌恭而行肆，身儉而施博，故不肖者不能逮也。殖盡於己，而區略於人，故可盡身而事也。篤愛而不奪；厚施而不伐；見人有善，欣然樂之；見人不善，惕然掩之；有其過而兼包之；授衣以最；授食以多；法下易由；事寡易爲；是以中立而爲人父母也。（同上第二十一條）

君子之脩己，待人，治民如此。總括之，則曰：『君子之道，忠恕而已矣。』（同上卷三第三十三條）

比較君子高一等的是聖人。君子之所以不及聖人者是：

行法而志堅，好脩其所聞以矯其情言行多當未安諭也；知慮多當未周密也；上則能大其所隆也，下則開道不若己者：是篤厚君子未及聖人也。若夫百王之法若別白黑；應當世之變，若數三綱；行禮要節，若運四支；因化之功，若推四時；天下得序，羣物安居：是聖人也。（同上第五條）

聖人之爲學也，則『聞其末而達其本』。（同上卷五第八條）聖人之行事也，則『養一性而御夫氣，持一命而節滋味，奄治天下不遺其小存其精神，以補其中』。（同上第三十條）這都是聖人所以勝於君子之故。

總觀以上所述，韓嬰對於士與聖人所言較略，而於君子則言之特詳。蓋入道不難，而成道實難，所以略於爲士，而詳於爲君子。至於聖人則須神而化之，不能有呆板的方法，所以也言之較略了。

匡衡（生于前漢宣帝至成帝時）

（一）一生的事略

匡衡字稚圭，是東海承人。他的先世業農，家境淸寒；所以早年曾爲人作役。然而好學不倦，尤長于詩。他的說詩，能『解人頤』，與衆不同，因此當時諸儒爲之語曰：『無說詩，匡鼎來。』（漢書匡衡傳）宣帝時，他射策甲科，以所對文指不應令條，僅中丙科，爲太常掌故，調補平原文學。雖然當時的學者多上書說他『經明當世少雙』（同上）

請求留京任用還有太子太傅蕭望之覆奏稱他『經學絕精說有師道可觀覽』（同上）但因宣帝不甚用儒，終未能重用他到元帝時，樂陵侯史高因長安令楊興的勸說，遂辟衡爲議曹，不久又薦衡於上。元帝用他做郎中，遷博士給事中。旋以上疏言政治得失，上說其言，遷爲光祿大夫太子少傅。爲少傅數年，屢上疏陳便宜，及朝廷有政議傅經以對，言多法義；上因以爲堪任公卿，升他做光祿勳御史大夫。元帝建昭三年，他代韋玄成做丞相，更被封爲樂安侯，食邑六百戶。他在元帝時代步步高升，一路順風，眞可謂官運亨通了。不過到了成帝時，他的厄運就紛至沓來。初以奏石顯及其黨羽的罪惡，而遭司隸校尉王尊的彈劾。繼又以其『子昌爲越騎校尉，醉殺人，繫詔獄，越騎官屬與昌弟且謀篡昌，事發覺』（同上）而免冠徒跣待罪；雖屢蒙成帝的祖護，未嘗獲罪；但終以『專地盜土』的控案屬實，而免爲庶人，終老于家。

匡衡所治之詩，爲齊詩，是今文三家詩中的一家。雖無專書傳于後世，但從其殘缺不全的遺著中，尙可推見其思想的一斑。

（一）天人

大抵漢儒莫不言天人之際，匡衡亦然。他說：

受命之君，躬接于天。（漢書韋玄成傳）

所以帝王應奉天行事。所謂：

天子奉天，故承其意而會其制。（同上）

帝王對于上須『奉天』，而對下須『子民』。其言曰：

孔子論詩，以關雎爲始，言太上者民之父母。（漢書匡衡傳）

因此，帝王是上天與下民的中間人，也就是代天而施惠於民的。如其：

勞所保之民，行危險之地，難以奉神靈而祈福祐，殆未合於承天子民之意。（漢書郊祀志下）

所以天人之際是互相關聯的。天人之相關見於災祥。主災祥者爲天，致災祥者仍在於人，因災祥由於陰陽之氣之動盪，而使之動盪者則爲行政之善惡。他對元帝曾說道：

臣聞天人之際，精祲有以相盪，善惡有以相推。事作乎下者，象動乎上。陰陽之理，各應其感。（漢書匡衡傳）

上有善政，則陰陽和而嘉祥見。故曰：

百姓安，陰陽和，神靈應，而嘉祥見。詩曰：「商邑翼翼，四方之極；壽考且寧，以保我後生。」此成湯所以建至治，保子孫，化異俗而懷鬼方也。（同上）

上行不善之政，則陰陽失和而災異出。故又曰：

陰變則靜者動，陽蔽則明者晻，水旱之災，隨類而至。今關東連年饑饉，百姓乏困，或至相食，此皆生於賦斂多，民所共者大，而吏安集之不稱之效也。（同上）

漢儒多言天人之際，而齊詩翼氏一派流入術數，頗近迷信。匡衡所言，却絕無此弊。

(三)爲政

匡衡亦和其他儒家一樣是不主張法治的。他以爲無論怎樣用嚴刑峻法，不能強民爲善。他說道：

今俗吏之治，皆不本禮讓而尙克暴，或忮害好陷人於罪，貪財而慕勢；故犯法者衆，姦邪不止。雖嚴刑峻法，猶不爲變。（漢書匡衡傳）

所以又曰：

保民者，陳之以德義，示之以好惡，觀其失而制其宜；故動之而和，綏之而安。（同上）

至於推行道德之政的步驟，則爲：

道德之行，由內及外，自近者始。然後民知所法，遷善日進而不自知。（同上）

所謂『由內及外』者，就是從帝王的家庭方面做起。他說：

詩云：「于以四方，克定厥家。」傳曰：「正家而天下定矣。」（同上）

爲什麽要從『正家』做起呢？因爲：

福之興，莫不本乎室家。道之衰，莫不始乎梱內。（同上）

所以帝王不特應『奉天』，且須『承親』。其上成帝疏曰：

臣又聞聖王之自爲動靜周旋，奉天承親。（同上）

所謂『承親』就是：

詳覽統業之事，留神與遵制揚功，以定羣下之心。大雅曰：「無念爾祖，聿修厥德。」孔子著之孝經首章，蓋至德之本也。（同上）

因爲雖時變世異，不宜拘守陳法；但先王有成效之『休典』，却須保存，不宜妄行更改。故對元帝曰：

臣竊恨國家釋樂成之業，而虛爲此紛紛也。（同上）

又所謂『自近者始』者，就是從帝王的左右公卿做起。他說道：

孔子曰「能以禮讓爲國乎何有？」朝廷者，天下之楨幹也。公卿大夫相與循禮恭讓，則民不爭；好仁樂施，則民不暴；上義高節，則民興行；寬柔和惠，則衆相愛。四者，明王之所以不嚴而成化也。何者？朝有變色之言，則下有爭鬥之患。上有自專之士，則下有不讓之人。上有克勝之佐，則下有傷害之心。上有好利之臣，則下有盜竊之民。此其本也。（同上）

所以大臣之任命不可不出之愼重。他說道：

大臣者，國家之股肱，萬姓所瞻仰，明王所愼擇也。傳曰：「下輕其上爵，賤人圖柄臣，則國家搖動，而民不靜矣。」（漢書朱雲傳）

他又極言帝王用賢之效果道：

賢者在位，能者布職，朝廷崇禮，百僚敬讓。（漢書匡衡傳）

他所主張帝王應行施之『王道』，就是『天道』。其言曰：

往者大臣以爲在昔帝王承祖宗之休典，取象於天。天序五行，人親五屬，天子奉天，故率其意而尊其制。是以禘嘗之序，靡有過五。受命之君，躬接于天，萬世不墮。繼烈以下，五廟而遷，上陳太祖，間歲而祫，其道應天，故福祿永終。（漢書韋玄成傳）

他對于王道不僅因襲儒家傳統的『通三統』說，且主張以孔子世爲殷後。他說道：

王者存二王後，所以尊其先王而通三統也。其犯誅絕之罪者，絕而更封他親爲始封君，上承其王者之始祖。春秋之義，諸侯不能守其社稷者絕。今宋國已不守其統而失國矣；則宜更立殷後爲始封君，而上承湯統，非當繼宋之絕侯也，宜明得殷後而已。今之故宋，推求其嫡，久遠不可得。雖得其嫡，嫡之先已絕，不當得立。禮記：孔子曰：「丘，殷人也。」先師所共傳，宜以孔子世爲湯後。（漢書梅福傳）

尊崇孔子而封其後，在後世雖習爲故常，在漢時則實爲創舉。所以後來梅福上書請封孔子子孫爲殷後，說：『今陛下誠能據仲尼之素功，以封其子孫，則國家必獲其福，又陛下之名與天亡極。何者？追聖人素功，封其子孫，未有法也。後聖必以爲則。不滅之名，可不勉哉！』（漢書梅福傳）然此議實發自匡衡。匡衡在歷代尊聖之典中，亦可謂頗有關係的人了。

（四）心性

欲爲聖爲賢，不能在心性上下工夫。詩是陶冶性情的，所以詩家於此尤爲注意。匡衡上成帝之疏曰：

陛下秉至孝，哀傷思慕，不絕於心，未有游虞弋射之宴，誠隆於愼終追遠，無竊已也。竊願陛下雖聖性得之，猶復加聖心焉。詩云「煢煢在疚」，言成王喪畢思慕，意氣未能平也，蓋所以就文武之業，崇大化之本也。（漢書匡衡傳）

『雖聖性得之，猶復加聖心焉』這十一字是匡衡說修養工夫的主眼。性是天生之質。心則人所以爲善惡之主的。發達天然之美質而去其偏蔽之處，全是在隨處加之以心。孟子所謂：『盡其心者，知其性也；知其性，則知天矣。』這是以人合天的極致，所以他對元帝說道：

臣聞治亂安危之機，在乎審所用心。（同上）

又說：

臣聞郊柴饗帝之義，掃地而祭，上質也。歌大呂，舞雲門，以俟天神，歌大簇，舞咸池，以俟地祇，其牲用犢，其席藁稭，其器陶匏，皆因天地之性，貴誠上質，不敢修其文也。以爲神祇功德至大，雖修精微而備庶物，猶不足以報功，惟至誠爲可。（漢書郊祀志下）

人受命於天，故人之心本與天合。流於僞，則相去日遠。若能盡去拘欲之蔽，而返諸至誠，則自與天合矣。但是天地之心何由而見之呢？他以爲其說具於『六經』。其言曰：

臣聞六經者，聖人所以統天地之心，著善惡之歸，明吉凶之分，通人道之正，使不悖於其本性者也。故審六藝之指，則天人之理可得而和，草木昆蟲可得而育。此永永不易之道也。（漢書匡衡傳）

這可見匡衡之說詩，確有其極深研幾之處。惜乎其詳不可得而聞了。至於在政治上，則他說：

臣聞廣謀從衆，則合於天心。故洪範曰：「三人占，則從二人之言。」言少從多之義也。論當往古，宜於萬民，則依而從之。違道寡與，則廢而不行。（漢書郊祀志下）

此卽天視自我民視，天聽自我民聽之義，大約是爲君主說法的。

第五章　翼奉（生于前漢元帝時）

（一）一生的事略

翼奉字少君，是東海下邳人。他與匡衡同師，惇學不仕。元帝初即位，因諸儒的推薦，徵他做待詔。數言事宴見，頗得天子的尊敬。旋爲中郎。繼又以中郎爲博士諫大夫。他具有肝膽，能言人所不敢言：常遇災陳戒，竭盡直言極諫之道；并請上徙都成周，以應厄會。匡衡的奏請徙南北郊，也是受他徙都之議的影響。徙都之議雖未能爲元帝所採納，而後光武卒應其言。他雖極諫，却並未因極諫遭禍，以年老壽終。

他不僅與衡同師學齊詩，且是衡的前輩。不過衡是專治齊詩的，而他則兼好律歷陰陽之占。所以奉是治齊詩而兼學術數的。因此他的思想與衡所言者不盡相同，但與衡同樣的沒有專著傳世。

（二）道與經

翼奉曰：

天地設位，懸日月，布星辰，分陰陽，定四時，列五行，以視聖人，名之曰道。聖人見道，然後知王治之象，故畫州土，建君臣，立律歷，陳成敗，以視賢者，名之曰經。賢者見經，然後知人道之務，則詩書易春秋禮樂是也。（漢書翼奉傳）

他所謂『道』就是『天道』而『經』卽爲『人道』或『王道』。經書所言不僅是『人道之務』且及王道之治。所以經書不但是爲人的經典，并且是王道的專書。因爲：

易有陰陽，詩有五際，春秋有災異，皆列終始，推得失，考天心，以言王道之安危。（同上）

經書既能『言王道之安危』，當然可看做王道的專書了。其所以能『言王道之安危』則在于『推得失，考天心。』而其所以能如此者，則以其參透陰陽的變化，藉明災祥的由來。易經專言陰陽，春秋詳論災異，詩經則兼明陰陽與災異。所謂『五際』，卽言一年之中陰陽轉變的五個交際。齊詩翼氏學中有五際圖如下：

五際者，卯酉午戌亥之際也。

亥爲一際　子　丑　寅
卯爲二際　辰　巳
午爲三際　未　申
酉爲四際

戌爲五際

又附說明道：

亥爲革命，一際也。卯爲陰陽交際，二際也。午爲陽謝陰興，三際也。酉爲陰盛陽微，四際也。戌爲極陰生陽，五際也。若子丑寅辰巳未申不在陰陽際會之交，故不爲際。（皇清經解續編，第一百二十八卷。）

據漢書律歷志，十二支爲一年之十二月。其關係如下：

子	十一月
丑	十二月
寅	正月
卯	二月
辰	三月
巳	四月
午	五月
未	六月
申	七月

酉　八月

戌　九月

亥　十月

一年是陰陽消長轉變的一週。其消長轉變的情形，董仲舒已詳細說道：『自十月以後，陽氣始生于地下，漸冉流散，故云息也陰氣轉收故言消也日夜滋生，逐至四月純陽用事。自四月以後陰氣始生于天上，漸冉流散故云息也，陽氣轉收，故言消也日夜滋生，逐至十月，純陰用事。二月八月，陰陽正等，無多少也。以此推移無有差慝。』（古文苑雨雹對。）所以卯（二月）午（五月）酉（八月）戌（九月）爲一年中陰陽盛衰的四個際會；而亥（十月）爲『天道終而復始，窮則反本』（漢書翼奉傳）的一大轉機，故于五際之中獨稱『亥爲革命。』懂得『五際，』就能够了解一切陰陽之變因此也就很容易的推知災異的由來。故翼奉曰：

竊學齊詩，聞五際之要十月之交篇，知日蝕地震之效昭然可明，猶巢居知風，穴居知雨，亦不足多，適所習耳。（漢書翼奉傳）

陰陽之變化雖見于天地，而其致變之由則有關人爲。他說道：

人氣內逆，則感動天地。天變見於星氣日蝕。地變見於奇物震動。所以然者，陽用其精，陰用其形，猶人之有五藏六體，五藏象天，六體象地。故藏病，則氣色發於面；體病，則欠申動於貌。（同上）

『人氣內逆』就是人的陰陽之氣不和。人的陰陽之氣不和，就足感動天地的陰陽之氣失調，而發生災異。所以參透了陰陽，就能夠推見人爲的得失，考知天心的好惡，以斷定王道的安危。因爲他是治齊詩的，故詩之有關於王道者言之特詳。

王道雖由聖人見天道而造成；但二者却有不同之點。他以爲：

天道有常；王道亡常。（同上）

所謂『天道有常』者，並非說天道是常常不變易的。其實：

天道終而復始，窮則反本，故能延長而亡窮也。（同上）

天道雖時在變易中，但其自身有『終而復始，窮則反本』的常則；所以說『天道有常。』王道而所以亡常者，因：

亡常者，所以應有常也。（同上）

王道須應天道，當隨天道而變，自身沒有常則，故曰：『王道亡常。』天道既因時變易，則王道經歷相當時期也應有一番改革，正如五際之中亥的一際。由此可知奉在政治上主張革命者，也是同聖人那樣見天道而倡言。他雖極言政治上革命的必要，但對于革命的人物則甚爲重視。其言曰：

必有非常之主，然後能立非常之功。（同上）

非有聖明，不能一變天下之道。（同上）

這就是明言革命雖爲求政治上進步所不可少的；但革命的功業却不可期望於一般尋常人的。

(三)治道要務

翼奉曰：

治道要務，在知下之邪正。（漢書翼奉傳）

怎樣可以知下之邪正呢？他說道：

知下之術，在於六情十二律而已。（同上）

『六情』是喜、怒、哀、樂、好、惡。十二律爲黃鐘、太簇、姑洗、蕤賓、夷則、亡射、林鐘、南呂、應鐘、大呂、夾鐘、中呂。前六者爲陽律；後六者爲陰律。陽律稱律，陰律稱呂。因此十二律又稱律呂，或六律。漢書律歷志曰：『夫推歷生律』，張晏解曰：『推歷十二辰，以生律呂也。』故十二律由十二支推演出來的，其相互的關係如下：

十二支	十二律
子	黃鐘
丑	大呂
寅	太簇
卯	夾鐘

辰	姑洗
巳	中呂
午	蕤賓
未	林鐘
申	夷則
酉	南呂
戌	亡射
亥	應鐘

十二律與十二支的關係既經說明，則可因此進而言其與六情的關係如左：

北方之情好也，好行貪狠，申子主之。東方之情怒也，怒行陰賊，亥卯主之。貪狠必待陰賊而後動，陰賊必待貪狠而後用。二陰並行，是以王者忌子卯也，禮經避之，春秋諱焉。南方之情惡也，惡行廉貞，寅午主之。西方之情喜也，喜行寬大，巳酉主之。二陽並行，是以王者吉午酉也。詩曰：「吉日庚午。」上方之情樂也，樂行姦邪，辰未主之。下方之情哀也，哀行公正，戌丑主之。辰未屬陰，戌丑屬陽。（漢書翼奉傳）

孟康解曰：

北方水。水生於申，盛於子。水性觸地而行，觸物而潤，多所好則貪而無厭，故爲貪狼。東方木。木生於亥，盛於卯。木性受水氣而生，貫地而出，故爲怒；以陰氣賊害土，故爲陰賊。南方火。火生於寅，盛於午。火性炎猛，無所加受，故爲惡；其氣精專嚴整，故爲廉貞。西方金。金生於巳，盛於酉。金之爲性喜以利刃加於萬物，故爲喜；利刃所加，無不寬大，故曰寬大也。上方謂北與東也。陽氣所萌生，故爲上。辰，窮水也。未，窮木也。翼氏風角曰：「木落歸本，水流歸末。」故木刑在未，水刑在辰，盛衰各得其所，故樂也。水窮則無隙不入，木上出，窮則旁行，故爲姦邪。下方謂南與西也。陰氣所萌生，故爲下。戌，窮火也。丑，窮金也。翼氏風角曰：「金剛火彊，各歸其鄉。」故火刑於午，金刑於酉。午酉，金火之盛也。盛時而被刑，至窮無所歸，故曰哀也。火性無所私，金性方剛，故曰公正。（皇清經解續編第一百六十二卷齊詩翼氏學疏證）

爲更求便於閱覽起見，依據上文列圖表如下。（參看一九三頁）

將此表與前一表比觀，則對于十二律與六情的關係可以瞭如指掌。六情中貪狼，陰賊，姦邪是邪情；而廉貞，寬大，公正是正情。因此子、申、亥、卯、辰、未是邪的；而寅、午、巳、酉、戌、丑是正的。六情與十二律的關係既已闡明，怎樣用以行『知下之術』呢？他說道：

執十二律而御六情。（漢書翼奉傳）

因十二律與六情相通，故明主可用十二律之子、申、亥、卯、辰、未、寅、午、巳、酉、戌、丑，以推知臣下之情的邪正。其推知之法：

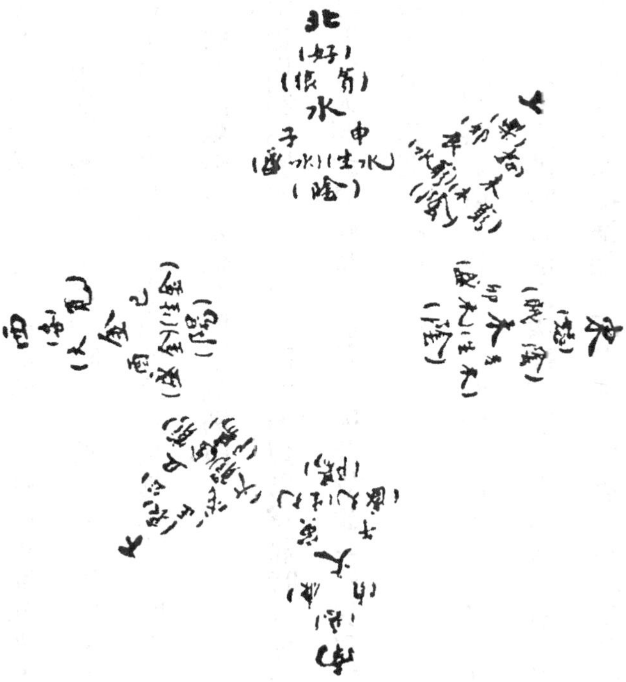

辰爲客，時爲主人。見於明主，侍者爲主人。辰正時邪：見者正，侍者邪。辰邪時正：見者邪，侍者正，忠正之見，侍者雖邪，辰時俱正。大邪之見，侍者雖正，辰時俱邪。即以自知侍者之邪，而時邪辰正，見者反邪。即以自知侍者之正，而時正辰邪，見者反正。辰爲常事，時爲一行。辰疏而時精，其效同功。必參五觀之，然後可知。（同上）

君主燕見來臣時，照古禮自己不做主人，由侍者爲代。設君主於燕見時要推知來臣與侍者的情之邪正，可把來臣的時日之支做依據。『辰』在時間上爲日支，而在賓主方面爲客。『時』在時間上爲時支，而在賓主方面爲主。日支與時支爲子、申、亥、卯、辰、未；那就是辰邪時邪。日支與時支爲寅、午、巳、酉、戌、丑；那就是辰正時邪。設日支屬前者，而時支屬後者，那就是辰邪時正。反之，卽爲辰正時邪。倘若來臣的時日爲『辰正時邪，』那就是：來臣正，侍者邪。倘若來臣的時日爲『辰邪時正，』那就是：來臣邪，侍者正。倘若來臣的時日爲『辰正時正，』那就可推知來臣是忠正，侍者雖小邪，也將爲大正所厭。倘若來臣的時日爲『辰邪時邪，』那就可推知來臣是大邪，侍者雖小正，也將爲大邪所厭。假使君主自知侍者爲邪，而來臣的時日又爲『時邪辰正，』則當推定來臣是邪。因自知侍者邪，而時復邪，則邪無所施，故屬見者。假使君主自知侍者爲正，而來臣的時日又爲『時正辰邪，』則當推定來臣是正。因自知侍者正，而時復正則正無所施，辰雖邪而見者更正。他又舉事爲例曰：

> 平昌侯比三來見臣皆以邪（原爲正字，晉灼曰：「奉以未爲邪時，占知平昌侯爲邪人。此當言皆以邪辰加邪時。邪字誤作正耳。下言大邪之見辰時俱邪是也。因此，故改。）辰加邪時，辰爲客，時爲主人。以律知人情，王者之秘道也。愚臣誠不敢以語邪人。（同上）

因平昌侯王臨三次燕見，都是辰邪時邪，依『執十二律而御六情』之術，推知其爲邪人。故王臨『欲從奉學其術，奉不肯與言。』（同上）這是因來人的時日而直接推知臣下之情法，猶不過爲『執十二律而御六情』之術的一種。除此，尚有因事物發生之時日，而間接推知臣下之情法。他舉例以說明其法道：

迺正月癸未日加申，有暴風從西南來。未主姦邪，申主貪狼。風以太陰，下抵建前，是人主左右邪臣之氣也。（同上）

孟康解曰：

時太陰在未，月建在寅，風從未下至寅南也。建爲主氣，太陰臣氣也，加主氣，是人主左右邪臣，驗也。（皇清經解續編一百六十二卷齊詩翼氏學疏證）

這是以暴風發生之時日之邪正，而間接推知臣下之情之邪正，與前法相比，乃另一蹊徑。『知下之術，』僅『治道要務』中洞鑒下情邪正的手段，其最後目的在知下情後怎樣定取舍定取舍之方針，當如下：

人誠鄉正，雖愚爲用。若迺懷邪，知益爲害。（漢書翼奉傳）

於此不但可知治道要務之根本所在，并且可見翼奉是主張德重於智的。

（四）性與情

翼奉謂：

詩之爲學，情性而已。（漢書翼奉傳）

這層意思，就是匡衡所說：『詩始國風，……始乎國風，原情性而明人倫也。』（漢書匡衡傳）兩人同師學齊詩，所以同視詩學之重心在『情性』。翼奉又予以分析曰：

　　五性不相害，六情更興廢。（同上）

因『性者，仁義禮智信也』；（五行大義）故曰：『五性』。『五性』都是善的，不互相侵害；故曰：『不相害』。『情者，喜怒哀樂好惡也』；（同上）故曰：『六情』。『六情』不是同興廢的，而更迭爲之；故曰：『更興廢』。爲什麼『五性』都是善的，而『六情』則有善有不善呢？蕭吉曾引人言以代翼氏說明其原因道：

　　說文云「情人之陰氣有欲者，性人之陽氣善者也。」孝經援神契云：「性者，生之質，人所稟受。情者，陰之數，內傳著流通於五藏。」故性爲本，情爲末。性主安靜，恬然守常，情則主動，觸境而變。動靜相交，故間微密也。（皇清經解續編第一百六十二卷齊詩翼氏學疏證）

由此可知性屬陽，天生之善質，且是安靜的；而情屬陰，本質之末流，且是變動的。性既爲天生的安靜之善質，故五性俱善。情既爲本質所隨外緣而變動之末流，故有善有不善。因性與情有別，所以其觀察之法也當有不同。他說道：

　　觀性以曆，觀情以律。（漢書翼奉傳）

爲什麼一則以曆，而一則以律觀呢？齊詩翼氏學疏證曰：

　　人爲陰陽之精。情性者，人所稟天地陰陽之氣也。觀性以曆：曆居陽而治陰。觀情以律：律居陰而治陽。律曆迭相治也，其間不容髮。此聖人所以統天地之心，著善惡之歸，明吉凶之分，通人道之正也。（皇清經解續編第

一百六十二卷）

他又說觀察性情之法道：

察其所繇，省其進退，參之六合五行，則可以見人性，知人情，難用外察，從中甚明。（漢書翼奉傳）

『六合』即上下四方，參之六合以和人情，即以十二律或六律御六情（參看前表）。『五行』即水火木金土。五行六律與人的性情的關係如下：

五行在人為性，六律在人為情。性者，仁義禮智信也。情者，喜怒哀樂好惡也。五性處內御陽，喻收五藏。六情處外御陰，喻收六體。故情勝性則亂，性勝情則治。性自內出，情自外來。情性之交，間不容系。（五行大義）

參之六合以知人情，也就是『觀情以律』。而參之五行以見人性，即為『觀性以歷』。因歷與五行是互通的：

歷，四時之象也。而歲功成就，五權謹矣。權與物鈞而生衡。衡運生規。規圓生矩。矩方生繩。繩直生準。準正則平衡而鈞權矣。是為五則。規者，所以規圓器械，令得其類也。矩者，所以矩方器械，令不失其形也。規矩相須，陰陽位序，圓方乃成。準者，所以揆平取正也。繩者，上下端直，經緯四通也。準繩連體，衡權合德，百工繇焉，以定法式。輔弼執玉，以翼天子。詩云：「尹氏大師，秉國之鈞。四方是維，天子是毗，俾民不迷。」咸有五象。其義一也。以陰陽言之，太陰者，北方。北，伏也。陽氣伏於下，於時為冬。冬，終也。物終藏，乃可稱。水潤下。知者謀，謀者重，故為權也。太陽者，南方。南，任也。陽氣任養物，於時為夏。夏，假也。物假大，乃宣平。火炎上。禮者齊，齊者平，故為衡也。少陰者，西方。西、遷也。陰氣遷落物，於時爲秋。秋、𪏆也。物𪏆斂，乃成孰。金從革，改更也，義者成，成者方，故爲矩也。少陽者，東方。東、動也。陽氣動物，於時爲春。春、蠢也。物蠢生，迺動運。木曲直。仁者生，生者圜，故爲規也。中央者，陰陽之內，四方之中，經緯通達，乃能端直，於時爲四季。土稼嗇蕃息。信者誠，誠者直，故爲繩也。五則揆物，有輕重圜方平直陰陽之義，四方四時之體，五常五行之象，厥法有品，各順其方而應其行。（漢書律歷志）

爲便於閱覽起見，更列圖表以明之如下：

	北（冬）（水）（知）（權）（重）（太陰）	
西（秋）（金）（義）（矩）（方）（少陰）	中央（土）（信）（繩）（直）	東（春）（木）（仁）（規）（圓）（少陽）
	南（夏）（火）（禮）（衡）（平）（太陽）	

五行既在人爲性，而歷與五行又復如此相通；故參之五行以見人性，即爲『觀性以歷。』『觀情以律』法已詳見上節；而『觀性以歷』之法今已不傳。觀察人之情性，有關於治道至大，故匡衡曰：『傳曰：「審好惡理情性，而王道畢矣。」』（漢書衡匡衡傳）

第六章　眭弘（死於紀元前七八年）

眭弘字孟，是魯國蕃人。他少時歡喜游俠鬬雞走馬；長年乃變節，從嬴公受春秋。旋以明經爲議郎，升至符節令。卒以坐祅言服誅。

他和董仲舒同一學派，因爲在他說話裏稱董子爲先師。好推陰陽說災異。因孝昭元鳳三年（紀元前七八年）見有三種災異：

（一）正月泰山萊蕪山南匈匈有數千人聲。民視之，有大石自立：高丈五尺，大四十八圍，入地深八尺，三石爲足。石立後，有白烏數千下集其旁。（漢書眭弘傳）

（二）是時昌邑有枯社木臥復生。（同上）

（三）又上林苑中大柳樹斷枯臥地，亦自立生。有蟲食樹葉，成文字曰：「公孫病已立。」（同上）

他推春秋之意道：

石柳皆陰類，下民之象。而泰山者，岱宗之嶽，王者易姓告代之處。今大石自立，僵柳復起，非人力所爲。此當有從匹夫爲天子者。枯社木復生，故廢之家公孫氏當復興者也。（同上）

這個推論出後五年居然『孝宣帝興於民間，』不特使一般據經以預測未將的儒者增添不少信心；并且給漢代春秋先師董子所謂『天子受命於天』（春秋繁露順命篇）的話加一重保證。不過據經以說災異，不僅是預測『將來』；應考天心，而實行改革『現在』。所以他因災異而不顧一切的上奏曰：

> 先師董仲舒有言，雖有繼體守文之君，不害聖人之受命。漢家堯後，有傳國之運。漢帝宜誰差天下，求索賢人，禮以帝位，而退自封百里，如殷周二王後，以承順天命。（同上）

他不僅富於革命思想；而且具有大無畏的精神。當家天下之世，敢于明目張膽勸當時的皇帝退位，可謂很少有的了。其革命哲學的基礎是建築於『承順天命』與翼奉所謂：『天道終而復始，窮則反本。天常有常，王道亡常；亡常者，所以應有常也。必有非常之主，然後能立非常之功，』（漢書翼奉傳）如出一轍。因爲繼體守文之主，必不能立非常之功；所以要他退位。這正是儒家通三統之說。

第七章　京房（生于前漢元帝時）

京房字君明，本姓李，推律自定爲京氏，是東郡頓丘人。他是治易的，曾師事焦延壽。延壽長於災變之說，分六十四卦，更直日用事，以風雨寒溫爲候，各有占驗。房用其師術尤精，好鍾律，知音聲。他論音律道：

至治之世，天地之氣合以生風。天地之風氣，定十二律。（御覽十六引京房傳）

夫五音生於本性，分爲十二律，轉生六十律。（同上）

夫十二律之變至於六十，猶八卦之變至於六十四也。……以六十律分朞之日，黃鍾自冬至始，及冬至而復，陰陽寒燠風雨之占生焉。於以檢攝羣音，攷其高下，苟非革木之聲，則無不有所合。（續漢書律歷志上）

由此可知他的精通音律，乃所以助其以易行占驗災變之術。初元四年，（紀元前四五年）他以孝廉爲郎。建昭二年，（紀元前三七年）因遭石顯等的嫉妬，出爲魏郡太守，雖屢請還京，終以石顯進讒言而棄市，死時年四十一。

房認爲治國之要務在于用人行政。其言曰：

任賢必治，任不肖必亂，必然之道也。（漢書京房傳）

所以任賢，則瑞應至；任不肖，則災異見。他說道：

古帝王以功舉賢，則萬化成瑞應著。末世以毀譽取人，故功業廢而致災異。（同上）

然則怎樣任賢去不肖呢？他以爲舍『考功課吏法』無他。設能用考功法，則賢者自出而不肖自去。故曰：

宜令百官各試其功，災異可息。（同上）

苟有不善之行，雖可欺人，必不能欺天。故曰：

邪說雖安於人，天氣必變；故人可欺，天不可欺也。（同上）

天氣之變，就是災異。所以由災異可推見人事之不當。災異見於日、月、星辰、山川、水、火、風、雲、雷、雨、虹霓、荒旱、地變等。關於日月的災異，他說道：

日蝕盡無光露者，亡其邑。（開元占經九）

日門，或赤或白或蒼或黃虎入邦：此爲守邑破亡，國君以此亡。（開元占經六）

數日俱出若門，天下兵大戰。（同上）

國有讒佞，朝有殘臣，則日無光，暗冥不明。易曰：「日中見斗，日中星見，明其冥也，故貶之爲暮也。」其救也，遠佞諂，近忠直，修經典，閉私道，則日光明。（同上）

人君驕溢專明，爲陰所侵，則有日蝕之災。不救之，必有篡臣之萌。其救也，君懷謙虛，下賢受諫，位有德，祿有智，日蝕災消也。（開元占經十）

月蝕者，人君行適過時，專受所作致（一作制）也。不救，則致水災壞城。（開元占經十七）

人君好用佞邪，朝無忠臣，則月失其行。（開元占經十一）

月晝明，奸邪並作，專明擅君之朝。（同上）

月若晝明者，月爲臣，日爲君，臣以明續君，當其在時，不可與君用力，含穢以舒刑。今晝明者，奸邪並作，專明擅君之朝。不救則失其行而毀矣。其救也，出退強臣，斷讒佞，近直臣，親賢良，則月得其行，不可專行矣。（同上）

日月薄赤，見日中烏將軍出旌，舉此不祥，必亡。（開元占經六）

關於星辰的災異，他說道：

人民不行仁恩，破胎傷孕，春殺無辜，則歲星失度。（御覽五）

關於山川的災異，他說道：

山者，三公之位，台輔之德也，乃興雲出雨，漫溉萬物，助天成功，今崩去者，此謂大臣懷叛不忠也。（開元占經九十九）

江河沸者，有聲無實，此謂執政者懷姦不公，衆邪並聚，則致此災。不救，必有叛君謀。其救也，令百官，舉公直，選有德，置於政。（開元占經一百）

關於水火風雲雷雨虹霓的災異，他說道：

井水沸者，謂人君好用讒邪所致也。（同上）

水中火出何？所謂陰氣溢亡陽施也。女妃無陽，則敵氣溢至，水中火出。不救，有天殃，陰害陽。其救也，正妃妾牽後宮施命，令詰四方，嫁貞女，賜鰥寡，此災即消。（同上）

火起災何？人君貪財賦斂，盡民貨，即火爲起。不救，必有日蝕之災矣。其救之也，舉廉直之士爲首也。（御覽六百二十七）

迴風起何？風者，天之號令也，當直而正，普而不偏。佞人衆，君迷惑，則迴風起。不救，則致逆風起。其救也，用公直，黜邪枉，此災消矣。（御覽八百七十六）

狂風發何？人君政教無法，爲所逆，則致狂風發泄。其救也，修正教，聘賢士，狂風消矣。（同上）

人君賊罰良善，政教無常，使命數變，則致暴風，折木發屋，鳴瓦，或害殺人。其救也，修舊典，任忠臣，思過自改，則風災消。（同上）

無雲暴雨何？人君封拜無功，進無德，則致不雲而雨暴過惡，暴揚誅及無罪，密雲而不雨。其救也，誅彊䘏弱，信及兆民，雲雨時也。（御覽八百七十七）

人君擅私恩，恣意重情，不與臣下同謀，即致偏雨夜墮也。不救，致苦雨降，萬民愁潦，水絕道。其救也，與公道，無私黨，此災消矣。（同上）

雷鳴連而不絕者何?夫雷鳴萬里,今鳴不絕。此謂人君行政事無常,民不恐懼也。故致遊雷之災。雷當先電而鳴。雷今與電俱出,或鳴而後電者何?此爲執法者貪苛。(開元占經一百二引兩條御覽八百七十九)

虹霓近日,則姦臣謀;貫日,則客代(一作殺)主;專君政,大臣乘樞。不救之,則兵至宮殿戰。其救也,擇安樂,誡非常,正股肱,入賢良。(開元占經九十八引兩條御覽八百七十八)

關於荒旱的災異,他說道:

五穀無實何?君無仁德,臣懷叛戾,華飾虛舉,薦賢名實不相副,內爲蘇秦之行,外侶夷齊之語;故致五穀多無實。朝廷無賢,害氣傷穡,不收,國大饑。其救也,選明經,舉茂才,改往修來,退去貪狠,施恩行惠,賞賜勞臣,此災消矣。(御覽八百七十四)

久旱何?曰:人君無施澤惠利於下人,則致旱也。不救,卽蝗蟲害穀。其救也,宥讁罰,行寬大,惠兆民,勞功吏,賜鰥寡,廩不足。人君亢陽暴虐,興師動衆,下人悲怨,陽氣盛,陰氣沉;故旱,萬物枯死,數有人災。此金失其性。若夏大旱,則雩祠之,以素車白馬布衣,以身爲牲。或云:誅讒佞之臣於市,則三日之內雨降於天矣。(藝文類聚一百御覽八百七十九)

關於地變的災異,他又說道:

地者,大臣之位,當載安萬民,懷藏物類;而動搖者,此不欲爲君載安萬民,動搖思欲不安,思欲簒逆也。(開元

占經四）

陰倍陽，則地坼臣叛君，則義廢。此人君不親，上下不厚，致此災也。不救，則骨肉相殘，父子分離，氐羌叛去。（同上）

他所以列舉災異的因果，意在使治國者『能以往知來；』故對元帝曰：

春秋紀二百四十二年災異，以視萬世之君。（漢書京房傳）

第八章　李尋（生於前漢成帝哀帝時）

漢代治尚書者，在武帝時有魯人夏侯始昌。始昌除尚書外，兼治齊詩，明陰陽，先言柏梁臺災日至期日果災；曾見重於朝，後爲昌邑王太傅，年老以壽終。在昭宣時有東平人夏侯勝，字長公。勝少孤，好學，初從其族父始昌受尚書，及洪範五行傳說災異；後事蕳卿，又從歐陽氏問學。昭帝時，被徵爲博士光祿大夫。昌邑王嗣昭帝立後，每出遊，勝必從；曾於出遊時進諫曰：『天久陰而不雨，臣下有謀上者，陛下出欲何之？』（漢書夏侯勝傳。）王怒，謂勝爲祆言，縛以屬吏。吏白大將軍霍光，光不擧法。因當時光正與車騎將軍張安世謀廢昌邑王，乃責安世以爲泄漏秘密。安世實未爲人言，迺召問勝。勝對曰：『洪範傳曰：「皇之不極，厥罰常陰，時則下人有伐上者，惡察察言」故云臣下有謀。』（同上）光與安世聞言大驚，以此益重經術士。後十餘日，光卒與安世共白太后廢昌邑王，尊立宣帝。光又以爲羣臣奏事東宮，太后省政，宜知經術，白令勝用尚書授太后。勝遷長信少府，賜爵關內侯。旋以非議詔書，下獄。本始四年，（紀元前七〇年）因關東大災，上行大赦，勝出爲諫大夫給事中；後復爲長信少府，遷太子太傅，受詔撰尚書論語說，賜黃金百斤，年九十卒。在成哀時，有平陵人李尋，字子長。尋好洪範災異，又學天文月令陰陽。成帝時，丞相翟方進以爲議曹。哀帝初，待詔黃門，遷黃門侍郎，拜騎都尉，使護河隄。後以其同志賀良等進改元易號以息災異之說，不驗而伏誅；尋減死一等，徙敦煌郡。此三人之中始昌與勝之學說在今文尚書遺說中已狠難分別；惟李尋的思想，尚可於其片斷的遺著中約略見之如下。

李尋曰：

> 得人之效，成敗之機，不可不勉也。昔秦穆公說諓諓之言，任仡仡之勇，身受大辱，社稷既亡；悔過自責，思維黃髮，任用百里奚，卒伯西域，德列王道。二者禍福如此，可不慎哉！夫士者國家之大寶，功名之本也。（漢書李尋傳）

士於國家之興亡，既如是其重要；所以治國者應重士。重士之道首在『養士。』他說道：

> 君子之明者善養士。（同上）

> 士不素養，不可以重國。（同上）

養士之外，還須用士。故又曰：

> 宜急博求幽隱，拔擢天士，任以大職。（同上）

由此可知他所謂應養應重用之士，非尋常之士；而為『天士。』所謂『天士』者，即能參天心之士。士怎樣能參天心呢？他說道：

> 考之文理，稽之五經，揆之聖意，以參天心。（同上）

所以當參天心的原因是：

書曰「厤象日月晨辰。」此言仰視天文俯察地理，觀日月消息，侯星辰行伍，揆山川變動，參民人繇俗，以制法度考禍福。（同上）

士參天心之目的，旣在助明主『制法度考禍福』；而制法度之最要法意者，又在於順天時。他極言順天時之重要道：

設上農夫而欲冬田，肉袒深耕，汗出種之，然猶不生者，非人心不至，天時不得也。易曰：「時止則止，時行則行，動靜不失其時，其道光明。」書曰：「敬授民時。」故古之王者，尊天地，重陰陽，敬四時，嚴月令，順之以善政，則和氣可立致，猶枹鼓之相應也。（同上）

他以爲哀帝時『漢厤中衰，當更受命；』（同上）所以與其同志賀良等陳說上改元易號，改革一番。他的政治革命哲學是和翼奉京房的同一立場。至於『考禍福，』則在觀察變異。而『變異之來，各應象而至。』（同上）所以觀察變異當注意天象。天象最顯著者爲日月。其言曰：

易曰「縣象著明，莫大乎日月。」夫日者衆陽之長，輝光所燭，萬里同晷，人君之表也。故日將旦，清風發，羣陰伏，君以臨朝，不牽于色。日初出，炎以陽，君登朝，佞不行，忠直進，不蔽障。日中輝光，君德盛明，大臣奉公。日將入，專以壹君，就房有常節。君不修道，則日失其度，晻昧亡光。各有云爲：其于東方作，日初出時，陰雲邪氣起者，法爲牽于女謁，有所畏難；日出後，爲近臣亂政；日中，爲大臣欺誣；日且入，爲妻妾役使所營。間者日尤不精，光明侵奪失色，邪氣珥蜺數作。本起於晨，相連至昏。其日出後至日中間差瘉。……日失其光，則星辰放流。陽不能制陰，陰桀得作。間者太白正晝經天，宜隆德克躬，以執不軌。……月者，衆陰之長，消息見伏，百里爲品，千里立表，萬世連紀，妃后大臣諸侯之象也。朔晦正終始，弦爲繩墨，望成君德，春夏南，秋東北，間者月數以春夏與日同道，過軒轅上后受氣，入太微帝廷揚光輝，犯上將近臣，列星皆失色，厭厭如滅，此爲母后與政亂朝，陰陽俱傷，兩不相便。外臣不知朝事。（同上）

禍福雖見於天象，但實由人主自致之，因爲：

政治感陰陽，猶鐵炭之低卬見效，可信者也。（同上）

政治善，則陰陽和，陰陽和則瑞應出。政治不善，則陰陽失和。陰陽失和則災異見。其感應之準確，如測時令的鐵炭之低卬，絲毫不爽。然政治之善與不善，全由人主自爲之。故天所降之禍福，實由人主自造之。由此可知尋所以以士爲『國家之大寶功名之本』者，其意在『天士』輔佐治國者達到『聖人承天』（同上）的主張。爲什麼要『承天』呢？因爲他認爲：

順天心而圖之，必有成功。（漢書溝洫志）

第九章　劉向與劉歆

劉向（生於紀元前八〇——九年）

（一）一生的事略

劉向字子政，初名更生，是楚元王交的玄孫。他十二歲時，以父任爲輦郎；二十歲時，以行修飭，升任諫大夫。因獻他父親德治淮南獄時所得製金術奇書，——鴻寶苑祕書——經試驗不成，下獄當死，幸有他的哥哥陽城侯安民上書入國戶半爲他贖罪，得免於死。會初立穀梁春秋，上徵他受穀梁，講五經於石渠；復拜爲郎中給事黃門，遷散騎諫大夫給事中。宣帝崩，元帝立，以太傅蕭望之和少傅周堪的推重，他升做散騎宗正給事中。以與望之和堪謀能退外戚許史和宦官弘恭石顯，事泄，反爲敵黨進讒，第二次下獄。旋上見災異感悟，徵他做中郎。繼又以外親上變事書，遭恭顯的怨恨，因而第三次下獄，坐免爲庶人。成帝卽位，顯等伏辜，他廢十餘年後，復進用爲中郎，使領護三輔都水。因數奏封事，升爲光祿大夫，繼又爲中壘校尉。上屢次要用他做九卿，因王氏居位者和丞相御史不幫忙，所以不果。他爲人簡易，無威儀，廉靖樂道，不交接世俗，專積思於經術，晝誦書傳，夜觀星宿，或不寐達旦。卒時，年七十二。

他一生著述宏富。有尙書洪範五行傳論十一卷，五經通義九卷，五經要義五卷，世說二卷，七略別錄二十卷，列女傳十五卷，列仙傳三卷，新序三十卷，說苑二十卷，集六卷。其在於文獻方面的功績，實遠勝於在哲學昤的貢獻。

(二)刑法與禮樂

他把刑法與教化比較以評價道：

夫教化之比於刑法，刑法輕。（漢書禮樂志）

爲什麼教化比較刑法的價值重呢？因爲：

教化所恃以爲治也；刑法所以助治也。（同上）

假使：

廢所恃，而獨立其所助，非所以致太平也。（同上）

他舉出不明白教化與刑法的重輕，而妄自舍重就輕所遭不幸的史事曰：

始皇因四塞之固，據崤函之阻，跨隴蜀之饒，聽衆人之策，乘六世之烈，以蠶食六國，兼諸侯，幷有天下；杖於謀詐之弊，終於信篤之誠，無道德之教，仁義之化，以綴天下之心，任刑罰以爲治，信小術以爲道，遂燔燒詩書，坑殺儒士，上小堯舜，下邈三王，二世愈甚，惠不下施，情不上達，君臣相疑，骨肉相疏，化道淺薄，綱紀壞敗，民不見義，而懸於不寧，撫天下十四歲，天下大潰。（戰國策書錄）

他又舉以教化爲恃，刑法爲助，而致天下太平的史事以爲反證曰：

周室自文武始興崇道德隆禮義，設辟雍泮宮庠序之教陳禮樂弦歌移風之化，叙人倫正夫婦，天下莫不曉然，論孝弟之義，惇篤之行，故仁義之道，滿乎天下，卒致之刑錯四十餘年遠方慕義，莫不賓服，雅頌歌詠，以思其德。（同上）

教化之於治國平天下既如是其重；而教化之中尤以禮樂爲重。其言曰：

宜興辟雍，設庠序，陳禮樂，隆雅頌之聲，盛揖讓之容，以風化天下。如此而不治者，未之有也。（漢書禮樂志）

不過禮樂沒有治國者尊尙推行，而祇見少數士民竭力提倡，還不足使教化事業大告成功。他以孔子爲例道：

孔子雖論詩書定禮樂，王道粲然分明，以匹夫無勢，化之者七十二人而已，皆天下之俊也。時君莫尙之，是以王道遂用不興。故曰：非威不立，非勢不行。（戰國策書錄）

於此不但知士民提倡禮樂難以大奏成效的事實；幷且知其所以如此的原因，是在于缺乏威勢。所謂威勢，就是用刑法以誅伐不肖之徒，使教化推行。他認爲推行教化，誅伐是不可少的。其言又曰：

自古明聖，未有無誅而治者也。故舜有四放之罰，而孔子有兩觀之誅，然後聖化可得而行也。（漢書本傳）

誅罰既爲輔助教化事業所必需；而刑法又爲施行誅伐所必不可少。故曰：『刑法所以助治也。』

（三）任賢

他說道：

歷危乘險，匪杖不行。年耆力竭，匪杖不彊。有杖不任，顛跌誰怨。有士不用，害何足言。……士必任賢，何必取貴。

（藝文類聚六十九杖銘）

這是他用比喻來說明治國者應用賢士以爲輔佐，而所用賢士不當以地位之貴賤定取舍，應以有無才能決任免。設有賢士而不任用，則其害有史事可爲前車之鑑如下：

幽厲之際，朝廷不和，轉相非怨。詩人疾而憂之曰：「民之無良，相怨一方。衆小在位，而從邪議，歙歙相是，而背君子。」故其詩曰：「歙歙訿訿，亦孔之哀。謀之其臧，則具是違。謀之不臧，則具是依。君子獨處。守正不撓。」衆枉勉彊以從王事，則反見憎毒讒愬。故其詩曰：「密勿從事，不敢告勞。無罪無辜，讒口嗸嗸。」當是之時，日月薄蝕而無光。其詩曰：「朔月辛卯，日有蝕之，亦孔之醜。」又曰：「彼月而微，此日而微，今此下民，亦孔之哀。」又曰：「日月鞠凶，不用其行。四國無政，不用其良。」天變見於上，地變動於下，水泉沸騰，山谷易處。其詩曰：「百川沸騰，山冢卒崩，高岸爲谷，深谷爲陵。哀今之人，胡憯莫懲。」霜降失節，不以其時。其詩曰：「正月繁霜，我心憂傷。民之訛言，亦孔之將。」言民以是爲非，甚衆大也。此皆不和，賢不肖易位之所致也。（漢書本傳）

不任賢既有如是種種害，任賢又有什麼利呢？他復舉史事以勸治國者如下：

舜命九官，濟濟相讓，和之至也。衆賢和於朝，則萬物和於野。故簫韶九成，而鳳皇來儀；擊石拊石，百獸率舞。四海之內，靡不和寧。及至周文，開基西郊，雜遝衆賢，罔不肅和，崇推讓之風，以銷分爭之訟。文王既沒，周公思慕，歌詠文王之德。其詩曰：「於穆清廟，肅雍顯相，濟濟多士，秉文之德。」當此之時，武王周公繼政，朝臣和於內，萬國驩於外，故盡得其驩心以事其先祖。其詩曰：「有來雍雍，至止肅肅，相維辟公，天子穆穆。」言四方皆以和來也。諸侯和於下，天應報於上。故周頌曰：「降福穰穰。」又曰：「飴我釐麰。」釐麰，麥也。始自天降。此皆以和致和，獲天助也。（同上）

爲什麽治國者任賢，則天降禎祥，國家治安；而不如是，則天降災異，國家危亡？因爲任賢，則人事和。人事和，則陰陽和。陰陽和，故天降禎祥。不任賢，則人事不和。人事不和，則陰陽不和。陰陽不和，故天降災異。所以他縱觀往事而歸納一定則曰：

和氣致祥，乖氣致異。祥多者其國安，異衆者其國危。天地之常經，古今之通義也。（同上）

治國者誠能見賢士之重要而任用之，則賢士必相率以至。其原因及事證如左：

賢人在上位，則引其類而聚之於朝。易曰：「飛龍在天，大人聚也。」在下位，則思與其類俱進。易曰：「拔茅茹，以其彙征吉。」在上則引其類，在下則推其類。故湯用伊尹，不仁者遠而衆賢至，類相致也。（同上）

一方要任賢，一方還要去不肖。如是，方能見任賢的功效。其史事爲：

帝堯成王能賢舜禹周公而消共工管蔡，故以大治榮華至今。（同上）

假使一方任賢，而一方仍進讒邪，則雖有賢人在位，亦必相率而去。故曰：

讒邪進，則衆賢退；羣枉盛，則正士消。故易有否泰。小人道長，君子道消。君子道消，則政日亂，故爲否。否者，閉而亂也。君子道長，小人道消。小人道消，則政日治，故爲泰。泰者，通而治也。（同上）

其史事又爲：

孔子與季孟，皆仕於魯。李斯與叔孫，俱宦於秦。定公始皇賢季孟李斯，而消孔子叔孫，故以大亂，汙辱至今。（同上）

治國者所以使讒邪與賢士竝進，而致大亂汙辱的原因是：

讒邪之所以竝進者，由上多疑心。既已用賢人而行善政，如或譖之，則賢人退而善政還。夫執狐疑之心者，來讒之口；持不斷之意者，開羣枉之門。（同上）

所以治國者如欲使『君子道長，小人道消，』應：

廣開衆正之路，決斷狐疑，分別猶豫，使是非炳然可知，則百異消滅，而衆祥竝至，太平之基，萬世之利也。（同上）

國家之禍福，既在治國者之『進邪』與『任賢』；而賢士自身之禍福，則又在於『驕奢』與『敬事。』他引董生之言而爲之說明曰：

董生有云「弔者在門，賀者在閭，」言有憂則恐懼敬事；敬事則必有善功而福至也。又曰：「賀者在門，弔者在閭，」言受福則驕奢；驕奢則禍至，故弔隨而來。（劉向集誡子歆書）

(四)薄葬

他是主張薄葬的，以爲愈有道德與知識者，愈是能實行薄葬。其言曰：

德彌厚者葬彌薄，知愈深者葬愈微。（漢書本傳）

這並非是他從直覺所發的言論，却是由史事所得的斷語。他列舉其事曰：

易曰「古之葬者厚衣之以薪，臧之中野，不封不樹，後世聖人易之以棺槨。」棺槨之作，自黃帝始。黃帝葬於橋山，堯葬濟陰，丘壠皆小，葬具甚微。舜葬蒼梧，二妃不從；禹葬會稽，不改其列；殷湯無葬處；文武周公葬於畢；秦穆公葬於雍橐泉宮祈年館下；樗里子葬於武庫，皆無丘隴之處。此聖帝明王，賢君智士，遠覽獨慮，無窮之計也。……夫周公武王弟也，葬兄甚微。孔子葬母於防，稱古墓而不墳，曰「丘東西南北之人也，不可不識也」爲四尺墳，遇雨而崩。弟子修之，以告孔子。孔子流涕曰：「吾聞之，古者不修墓，蓋非之也。」延陵季子，適齊而反，其子死，葬於嬴博之間，穿不及泉，斂以時服，封墳掩坎，其高可隱，而號曰：「骨肉歸復於土，命也，魂氣則無不之也」夫嬴博去吳千有餘里，季子不歸葬。孔子往觀之曰：「延陵季子於禮合矣。」故仲尼孝子，而延陵慈父，舜禹忠臣，周公弟弟，其葬君親骨肉，皆微薄矣，非苟爲儉，誠便於禮也。宋桓司馬爲石槨，仲尼曰：「不如速朽」秦相呂不韋集知略之士而造春秋，亦言薄葬之義，皆明於事情者也。（同上）

他以爲厚葬是無知無德者所爲，故曰：

無德寡知，其葬愈厚，丘隴彌高，宮廟甚麗，發掘必速。(同上)

有史事可證如下：

吳王闔閭，違禮厚葬，十有餘年，越人發之。及秦惠文武昭嚴襄五王，皆大作丘隴，多其瘞藏，咸盡發掘暴露，甚足悲也。秦始皇帝葬於驪山之阿，下錮三泉，上崇山墳，其高五十餘丈，周回五里有餘，石槨爲游館，人膏爲燈燭，水銀爲江海，黃金爲鳧雁，珍寶之藏，機械之變，棺槨之麗，宮館之盛，不可勝厚，又多殺宮人，生薶工匠，計以萬數。天下苦其役而反之，驪山之作未成，而周章百萬之師至其下矣。項籍燔其宮室營宇，往者咸見發掘。其後牧兒亡羊，羊入其鑿，牧者持火照求羊，失火燒其藏槨。自古至今，葬未有盛如始皇者也，數年之間，外被項籍之災，內離牧豎之禍，豈不哀哉！(同上)

由此可知他主張薄葬的理由是：

(一)薄葬合於禮，厚葬違禮；

(二)薄葬能使骨肉速朽，歸復於土，以合天命，厚葬則將阻礙自然的物化；

(三)薄葬無可欲，死者得以久安，厚葬則引起發掘暴露。

除上面三個理由外，他又目覩成帝的起昌陵而引起其第四個理由道：

陛下(成帝)……徙昌陵，增埤爲高，積土爲山，發民墳墓，積以萬數，營起邑居，期日迫卒，功費大萬百餘，死者

恨於下，生者愁於上，怨氣感動陰陽，因之以饑饉，物故流離以十萬數。（同上）

這就是無異說厚葬則人事失和，感動陰陽失和，致天降禍害。反過來說就是薄葬則人事和，陰陽和，天降福利。除此，他又爲積極勸勉薄葬而極言厚葬者的癡愚無爲道：

以死者爲有知，發人之墓，其害多矣。若其無知，又安用？大謀之賢知，則不說。以示衆庶，則苦之。若苟以說愚夫淫侈之人，又何爲哉？（同上）

劉向雖和墨子同樣的主張薄葬，但立場各有不同。墨子之薄葬論完全從經濟上出發的，着眼在『儉』。劉向則曰：『非苟爲儉，誠便於禮也。』墨子以爲『桐棺三寸，衣衾三領，……下毋及泉，上毋通臭，壟參耕之畝，』（墨子節葬下）方得爲薄葬；劉向則以爲背違儒者之禮，方爲厚葬。至於『骨肉復歸於土，命也；魂氣則無不之也，』『不如速朽』等說，則爲古人重視精神輕視體魄的傳統思想，雖出於儒家而與道家楊王孫輩的思想亦不相背。

（五）性情

他說性與情的區別道：

性生而然者也，在於身而不發。情接於物而然者也，形出於外。形外則謂之陽，不發者則謂之陰。（論衡本性篇）

這就是說性爲天生之本質，蘊於內而未發者，以陰陽言之則謂之陰；情爲人之本質與外緣接觸而起之反感，以陰陽言之則謂之陽。以陰陽言性情，本爲漢儒之通論。惟漢儒多以性爲陽，情爲陰，獨劉向之論反是。因漢儒多以性爲善情爲惡，單以陽言性，陰言情。而劉向則不承認性善而情惡，僅有內外之分；性蘊於內，故以陰言性，情形於外，故以陽言情。爲什麽性非善而情非惡呢？因性與情同爲人生之本質，僅有動靜之別。其動靜之別，乃由同一本質與外緣相應而來，所生善惡亦應由同一本質共同負責。故曰：

> 性情相應，性不獨善，情不獨惡。（申鑒雜言下篇）

他所論性情之說，今可見者，僅止於此，餘多散佚了。

劉歆（生於紀元前六〇——紀元後二三年）

（一）一生的事略

劉歆，字子駿，後改名秀，字穎叔，是劉向的季子。他少時就以通詩書能屬文，被上召見。成帝初，待詔宦者署爲黃門郎；河平中，受詔與父親領校秘書，講六經傳記，對于諸子詩賦，數術方技，都研究過。他的父親死後，他升爲中壘校尉。哀帝立，以大司馬王莽的推薦，做侍中太中大夫，遷騎都尉奉車光祿大夫，很是貴幸；又領五經，集六藝羣書，種別爲七略，以完成他父親未竟的校書事業。旋因他竭力奏請把『古文經傳』——左傳，毛詩，逸禮，古文尚書——立於學官，忤執政大臣，爲衆儒所訕；於是爲懼誅起見，求出補吏，做河內太守，徙守五原，轉涿郡，做了三任郡守。後因病免官，繼又起爲安定屬國都尉。哀帝崩，王莽持政。莽少與歆同做黃門郎時，就很器重他，所以莽持政後，即以歆之材行奏聞太后。太后留歆做右曹太中大夫，遷中壘校尉，羲和，京兆尹，使治明堂辟雍，封紅休侯，典儒林史卜之官，考定律歷，著三統歷譜。及王莽篡位，以歆為國師，封嘉新公。後見敵兵四起，昆陽陷落，危及國都；歆畏大禍至，又以怨莽殺其三子，遂與王涉董忠謀共劫持帝東降南陽天子，事泄，自殺。

歆和他的父親始皆治易。他的父親後以受詔明習今文春秋穀梁傳。而他則以校秘書見古文春秋左氏傳，乃大好之。他以為左邱明和孔子同好惡，又同時代，公羊穀梁則在七十子之後，所以左氏傳最近於古，最能傳夫子之道。他雖在西漢未能將古文經傳立于學官，但在新莽時終究實行其主張。因此他們父子兩人在經學上一則好今文，一則好古文，主張各別的。

歆的著作有列女傳頌，附其父書七略；三統歷法，見於漢書藝文志五行志中。此外，他所立的古文經傳中，難保有竄入之處，但已無從嚴別了。他的著作雖多，而可以稱述的哲學思想殊為寥寥。

(二)本體與萬物

歆以為萬物最初的本體就是春秋所謂『元』，易經所稱『太極』。其言曰：

經元一以統始，易太極之首也。（漢書五行志上三統歷）

故『元』與『太極』名異實同，實為生物之本。故

傳曰：「元，體之長也。」（漢書五行志上三統歷）

他又說道：

傳曰「元，善之長也。」（同上）

這『善』就是易繫辭傳『一陰一陽之爲道，繼之者善也，成之者性也』之善。其孳生萬物的順序，則爲：

元氣轉三統五行於下。（同上）

『三統』就是天地人。五行，則：

天以一生水，地以二生火，天以三生木，地以四生金，天以五生土。（同上）

五行是相生相克的，所以說：

周環五行之道也。（同上）

五行相生相克以生萬物。其孳生之法是：

五勝相乘，以生小周，以乘乾坤之策而成大周，陰陽比類交錯相成。（同上）

因爲『陰陽比類，交錯相成。』所以萬物的根木爲陰陽。五行不過是陰陽的分化作用罷了。

(三)道

歆以爲道有三種，一曰天地之道，二曰治國之道，三曰爲人之道。他講天地之道曰：

傳曰「天六地五，數之常也。」天有六氣，張晏曰：「六氣，陰陽風雨晦明也。」降生五味。孟康曰：「月令五方之味酸鹹是也。」

夫五六者，天地之中合，孟康曰：「天陽數奇，一三五七九，五在其中。陰數耦，二四六八十，六在其中，故曰天地之中合。」而民所受以生也。故曰有六甲，辰有五子，孟康曰：「六甲之中唯甲寅無子，故有五子。」十一而天地之道畢，言終而復始。（漢書律歷志上三統歷）

這就是說：天地之中有陰陽兩種基本動力，迭爲消長，以發生變易。其變易也終而復始，循環無窮。這種大自然界川流不息，終而復始的變易之道，就是所謂『天地之道』。

他又進論治國之道曰：

王者師天地，體天而行。（文選西都賦注）

這就是說：治國之道，應則天以行。我國最初眞能則天以成立的治國之道，是在唐虞三代。其言曰：

昔唐虞既衰，而三代迭興，聖帝明王，累起相襲，其道甚著。（漢書楚元王交附傳）

眞正則天以行治國之道，既與唐虞三代之王道無所區別；則能行唐虞之王道，就是『師天地，體天而行』的了。這是他在政治上的復古思想之出發點。他所以竭力贊美王莽的復古運動。不過他雖主張復古，却不贊成泥古。因天道常在變易之中，古之王道雖合於天道，而其具體的辦法未必盡合於現在流行之天道。所以治國者應以古爲參考，觀在現在流行的天道以增減而應用之。故曰：『發得周禮，以因因監，則天稽古，而損益焉。』這就是他主張『托古改制』的張本；『顚倒五經，毀師法』的動機。

他以爲稽古是爲着『則天；』改制也是爲着『則天。』他更以爲政治上的一切革命都是因『則天』而起的，所以說：

易金火相革之卦曰「湯武革命，順乎天而應乎人。」（漢書律歷志上三統歷）

他又詳言古之王道的興廢道：

昔唐虞既衰，而三代迭興，聖帝明王，累起相襲，其道甚著。周室既微，而禮樂不正，道之難全也如此。是故孔子憂道之不行，歷國應聘，自衞反魯，然後樂正，雅頌乃得其所，修易序書，制作春秋，以記帝王之道。及夫子沒而微言絕，七十子終而大義乖。重遭戰國，棄籩豆之禮，理軍旅之陳，孔氏之道抑，而孫吳之術興。陵夷至于暴秦，焚經書，殺儒士，設挾書之法，行是古之罪，道術由是遂滅。（漢書楚元王交附傳）

於此不僅知古之王道的興廢，且可知王道俱記載於經傳中。不過他所謂經傳，非今文經傳，而爲古文經傳。因他認爲古文經傳確是古物，而今文經傳已非眞傳。其理由是：

時漢興已七八十年，離於全經，固已遠矣。及魯恭王壞孔子宅，欲以爲宮，而得古文於壞壁之中，逸禮有三十九篇，書十六篇。天漢之後，孔安國獻之，遭巫蠱倉卒之難，未及施行。及春秋左氏丘明所修，皆古文舊書，多者二十餘通，藏於祕府，伏而未發。孝成皇帝愍學殘文缺，稍離其眞，乃陳發祕藏，校理舊文，得此三事，以考學宮所傳經，或脫簡，傳（文選無傳字，疑此衍。）或間編。博問民間，則有魯國桓公趙國貫公膠東庸生之遺學與此同，抑而未施。此乃有識者之所惜閔，士君子之所嗟痛也！往者綴學之士，不思廢絕之闕，苟因漏就寡，分文折字，煩言碎辭，學者罷老，且不能究其一藝，信口說而背傳記，是末師而非往古。至於國家將有大事，若立辟雍封禪巡狩之儀，則幽冥而莫知其原，猶欲保殘守缺，挾恐見破之私意，而無從善服義之公心，或懷妬嫉，不考情實，雷同相從，隨聲是非，抑此三學，以尚書爲備，謂左氏爲不傳春秋，豈不哀哉！（同上）

他言王道與廢，注重於禮樂之正與不正。所以極稱：

攝皇帝遂開秘府，會羣儒，制禮作樂，卒定庶官，茂成天功。（漢書王莽傳上）

而禮樂之淵源，乃由則天地之道而出；所以又說：

太極中央元氣故爲黃鐘，其實一龠以其長自乘，故八十一爲日法，所以生權衡度量，禮樂之所繇出也。（漢書律歷志上三統歷）

至於爲人之道，則他曰：

治歷明時，所以和人道也。（同上）

此處所謂『時』，就是天時。故又曰：

夫歷春秋者，天時也。列人事而因以天時。傳曰：「民受天地之中以生，所謂命也。」是故有禮誼動作威儀之則以定命也。能者，養以之福。不能者，敗以取禍。（同上）

由此可知人不僅要明時，且須因時以行人事。能使人因時以行事者，唯有禮誼動作威儀之則。而禮誼動作威儀之則的簡稱，就是禮。因不失時，就是禮。故復曰：

閏月不告朔，非禮也。閏以正時，時以作事，事以厚生，生民之道，於是乎在矣。（同上）

於此不但可知禮與時的關係，幷且懂得人因時而行事的重要了。

總上所言，天地之道是終而復始；治國之道在體天而行；爲人之道在因天時而行。名雖有三道，其實都是由天地之道而出。

第十章　揚雄（紀元前五三——紀元一八年）

（一）一生的事略

揚雄字子雲，是蜀郡成都人。他先世業農，家素貧。幼好學，不以訓詁章句爲事，博覽多識。『爲人簡易佚蕩，口吃不能劇談，默而好深湛之思，清靜亡爲，少耆欲，不汲汲於富貴，不戚戚於貧賤，不修廉隅以徼名當世；家產不過十金，乏無儋石之儲，晏如也。自有大度，非聖哲之書不好也；非其意，雖富貴不事也。』（漢書揚雄傳。）嘗好辭賦，倣司馬相如屈原等作。四十多歲，離故鄉而出遊京師。時大司馬車騎將軍王音奇其文雅，召以爲門下史，薦他做待詔。一年多，因奏羽獵賦，除爲郎，給事黃門，與王莽劉歆同事。當成哀平間，莽爲三公，權傾人主，所薦莫不拔擢，而他三世不升官。到莽自稱帝，談說之士用符命稱功德，獲封爵的很多；而他復不侯，以耆老久次轉爲大夫，以病免。後復召爲大夫，年七十一卒。

他的著作很多，有方言十三卷，訓纂一卷，蜀王本紀一卷，太玄十卷，法言十三卷。琴清英一卷，集五卷。太玄與法言兩書頗多哲理。太玄一書完全模倣易經。易畫有二：陽與陰；玄畫有三：一、二、三。易有六位，玄有四重。易八卦相重，成六十四卦；玄以一二三雜於方州部家四重內，成八十一首。易每卦合六爻，成三百八十四爻；玄每首合九贊，成七百二十九贊，長外又附二贊。這二贊附加的理由，是認二贊爲一日，所以合於三百六十五日半之數的。易有元亨利貞，玄有罔直蒙酋冥。易大衍的數五十，其用四十九；玄天地的策各十八，合爲三十六，地策虛三，故用三十三。易揲之以四，玄揲之以三。易有七九八六，謂之四象；玄有一二三，謂之三摹。易有彖，玄有首。易有爻，玄有贊，易有象，玄有測。易有文言，玄有文。易有繫辭；玄有攡，瑩、挩、圖、告。易有說卦。玄有數。易有序卦；玄有衝。易有雜卦，玄有錯，兩兩相對，模倣之迹顯然可見。法言係倣論語之作。此書所記，爲他常用「法」以答時人所問之言，故名法言。

（二）所謂玄

揚雄曰：

天以不見爲玄，地以不形爲玄。（太玄玄告）

由此可見玄就是天地的本體，不僅與董仲舒劉歆等所謂元相同，且同屬氣體。所以他說：

自今推古至于元氣始化。（御覽一）

這就是明白的說天地的本體——玄——爲元氣，天地的本體既是『不見』『不形』，所以玄是：

幽攡萬類而不見形者也。（太玄玄攡）

玄既是無形可見，故無可捉摸。其言曰：

太易之始，太初之先，馮馮沈沈，奪搏無端。（御覽一）

這無形可見無可捉摸的氣體，充斥乎上下四方。故曰：

仰而視之在乎上，俯而窺之在乎下，企而望之在乎前，棄而忘之在乎後，欲違則不能，默而得其所者，玄也。（太玄玄攡）

所謂『視』，『窺』，『望』，並非說玄有形可見，又所謂『棄』，『違』，也非言玄爲具體物可捉摸，乃極言以形容玄之無所不在。如此說來，揚子之所謂玄，與老子所謂『視之不見』『聽之不聞』，『搏之不得』，『仰之不見其首，隨之不見其後』『汜兮其可左右』的玄之又玄的大道相同了。

玄之生天地是：

攡措陰陽而發氣，一判一合，天地備矣。（同上）

玄中具有陰陽二動力，陰陽發動元氣，經一判一合的作用，以造成天地。天地生成後，再轉生萬物。他說道：

夫天宙然示人神矣，夫地佗然示人明矣，天地奠位，神明通氣，有一有二有三。（同上）

『有一有二有三』，即老子所謂『道生一，一生二，二生三，三生萬物』的意思。所謂『神明通氣』云云，即言元氣生天地，天地復生萬物。故曰：

天地交，萬物生。（法言修身篇）

『天地交』，即天地中陰陽一判一合作用。

陰陽怎樣會有一判一合作用的呢？因爲：

陽不極，則陰不萌；陰不極，則陽不牙。（太玄玄攡）

這就是陽極生陰，陰極生陽。陰陽極則各生相反者，所以有判的作用。獨陽獨陰無所謂合。有陽有陰方能有合。故曰：

陽不陰，無以合其施。（同上）

以一陽乘一統，萬物資形。（太玄玄首）

又曰：

陽與陰輾轉相生。一爲積極作用；一爲消極作用。故又曰：

陽動吐，陰靜翕，陽道常饒，陰道常乏，陰陽之道也。（太玄玄告）

陰陽輾轉相生，永無窮期；所以玄與天地都終而復始，運行無窮。其言曰：

馴乎玄，渾行無窮，正象天。（太玄玄首）

天地運行之動力，根本得之於玄。通常謂天地運行而生四時。其實四時之生，根本由於玄之渾行。玄有『罔』『直』『蒙』『酋』『冥』以寫其由渾行而生四時之情形如下：

罔，北方也，冬也，未有形也。直，東方也，春也，質而未有文也。蒙，南方也，夏也，物之修長也，皆可得而戴也。酋，西方也，秋也，物皆成象而就也。有形則復於無形，故曰冥。故萬物罔乎北，直乎東，蒙乎南，酋乎西，冥乎北。故罔者有之舍也，直者文之素也，蒙者亡之主也，酋者生之府也，冥者明之藏也。罔舍其氣，直觸其類，蒙極其修，酋考其就，冥反其奥。罔蒙相極，直酋相敕，出冥入冥，新故更代，陰陽迭循，清濁相廢，將來者進，成功則退。（太玄玄文）

因有四時而五行以生。四時與五行的關係爲：

陰陽沈交，四時潛處，五行伏行。（太玄玄圖）

五行迭王，四時不俱壯，日以昱乎晝，月以昱乎夜，昴則登乎冬，火則登乎夏，南北定位，東西通氣，萬物錯離乎其中，玄一德而作五生，一刑而作五克。五生不相殄，五克不相逆。不相殄乃能相繼也，不相逆乃能相治也。（太玄玄告）

這段話與董仲舒所謂『天地之氣，合而一，分爲陰陽，判爲四時，列爲五行，』（春秋繁露五行相生篇）眞是先後輝映。四時五行實在都是玄中陰陽一判一合作用所生。五行僅爲陰陽之分化作用，因五行之相生相克，實卽陰陽之一判一合。

玄有五生五克，故能生萬物，又能殺萬物。通常謂天地有生殺之權，其實天地之生殺，僅不過代玄行事。萬物生生滅滅之循環圈爲：

極一爲二，極二爲三，極三爲推，推三爲贏贊，贊贏入表，表贏入家，家贏入部，部贏入州，州贏入方，方贏則玄。（太玄玄數）

這就是說玄生衍極，而復歸於玄；也就是言萬物生於玄，而復歸於玄。

因本體界具有一判一合的原動力；所以現象界也常見相反相成的現象如：

> 闔天謂之宇，闢宇爲之宙。日月往來，一寒一暑。……晝以好之，夜以醜之。一晝一夜，陰陽分索。夜道極陰，晝道極陽。牝牡羣貞，以攡吉凶，則君臣父子夫婦之道辨矣。是故日動而東，天動而西，天日錯行，陰陽更巡。死生相樛，萬物乃纏。故玄聘取天下之合而連之者也。（太玄玄攡）

玄不但是本體，而且就是所謂道。所以他說：

> 夫玄也者，天道也，地道也，人道也，兼三道而天。（太玄玄圖）

玄之總名爲天道，而人道卽包含在內。因此可知不特人體是資玄以生，而且人道也是由玄而出的。

（三）人的生與死

人爲萬物之一。萬物的生死旣根本操之於玄，則人的生死也當然是如此。所以人之生也當執玄以生。執玄以生的生活是：

> 豈若師由聃兮，執玄靜于中谷。納偓祿于江淮兮，揖松喬于華岳。升崑崙以散髮兮，踞弱水而濯足。朝發軔于流沙兮，夕翱翔于碣石。忽萬里而一頓兮，過列仙以託宿。役青要以承戈兮，舞馮夷以作樂。聽素女之淸聲兮，觀宓妃之妙曲。茹芝英以禦飢兮，飲玉醴以解渴。排閶闔以窺天庭兮，騎騂騩以踟躕。載羨門與儷游兮，永覽

周乎八極。……執太玄兮，蕩然肆志，不拘攣兮。（古文苑太玄賦）

這種生活他自認是學老聃的，其實已非老子的清靜無爲，很像莊子逍遙自適，超然物外的生活了。生既應順乎玄，死亦當順乎玄，所以妄想成仙以求長生不老的那些事，是大可不必的。其言曰：

或問人言仙者有諸乎？曰：吁！吾聞伏羲神農歿，黃帝堯舜殂落而死，文王畢，孔子魯城之北。獨子愛其死乎？非人之所及也。仙亦無益子之彙矣。（法言君子篇）

君子不妄，有生者必有死，有始者必有終，自然之道也。（同上）

不過他以爲人的生死不當以其形之生滅爲言，而當以其名之存歿爲定。故其言曰：

或曰：聖人不師仙，厥術異也。聖人之於天下，恥一物之不知。仙人之於天下，恥一日之不生。曰：生乎！生乎！名生而實死也。（同上）

指尊選以誘世兮，疾身歿而名滅。（古文苑太玄賦）

這又是儒家傳統的『君子疾歿世而名不稱焉』的觀念，與老子的無名主義却是不相爲謀的了。

（四）人的性與心

他說道：

人之性，以善惡混，脩其善則爲善人，脩其惡則爲惡人。氣也者，所適善惡之馬也歟！（法言脩身篇）

此處所謂『氣』卽元氣，亦卽玄。人之性，卽得之於玄的氣質。這氣質在本體界原無所謂善惡，故曰：『人之性也善惡混。』所謂善與惡者，是現象界的事。凡人之行動合於人爲的道德律，就稱之曰善。反乎人爲的道德律，就稱之曰惡。人怎樣能夠使其行動趨善避惡呢？那全在乎『脩』。『脩』脩得好，就能夠趨善避惡。脩得不好，就反而舍善就惡。但人所秉賦的氣質僅予人以向前進的動力，正像一匹奔放的野馬；其自身不知所謂善惡，更不辨所謂善惡的方向；其趨善或就惡，悉聽諸由『脩』所成的駕御者之指揮，故曰：『氣也者，所適善惡之馬也歟！』

由『脩』所成的駕御者，卽爲習於人事的人心。人心確是向人之行動發號司令的指揮官。所以他極言人心的駕御力之偉大道：

神心惚恍，經緯萬方。……人心其神矣乎！操則存，捨則亡。（法言問神篇）

人心所發號令的對與否，全在其思維作用。思維錯誤，則所發的號令錯誤。人心所發的號令錯誤，人之行動就因之而錯誤。人心的思維作用之進展有九個階段如：

思心乎一，反復乎二，成意乎三，條暢乎四，著明乎五，極大乎六，敗損乎七，剝落乎八，殄絕乎九。（太玄玄圖）

思維對，則行善獲福。思維錯，則行惡得禍。所以人之禍福與其思維有密切關係如：

夫一也者，思之微者也；四也者，福之資者也；七也者，禍之階者也；三也者，思之崇者也；六也者，福之隆者也；九也者，禍之窮者也；二、五、八，三者之中也。……自一至三者，貧賤而心勞；四至六者，富貴而尊高；七至九者，離咎而犯菑。五以下作息，五以上作消。數多者，見貴而實索。數少者，見賤而實饒。息與消紀，貴與賤交。福至，而既逝。既至，而福逃。（同上）

禍福與思維既如是其關連，所以他作推算禍福的卦也照思維進展的階段而分九段。試舉中卦以爲例：

中，陽氣潛萌於黃宮，信無不在乎中。初一，昆侖旁薄，幽。測曰：昆侖旁薄，思之貞也。次二，神戰于玄，其陳陰陽。測曰：神戰于玄，善惡并也。次三，龍出于中，首尾信，可以爲庸。測曰：龍出于中，見其造也。次四，庳虛无因，大受性命，否。測曰：庳虛之否，不能大受也。次五，日正于天，利用其辰作主。測曰：日正于天，貴當位也。次六，月闕其摶，不如開明于西。測曰：月闕其摶，賤始退也。次七，酋酋，火魁頤，水包貞。測曰：酋酋之包，任臣則也。次八，黃不黃，覆秋常。測曰：黃不黃，失中德也。上九，顛靈，氣形反。測曰：顛靈之反，時不克也。（太玄玄測）

太玄每一卦的九段變化過程，都是如上例的，且卦中都並言天地與人事。這就是實行他所謂『善言天地者以人事，善言人事以天地』（太玄玄告）的主張了。

（五）學與思

他說道：

學者，所以修性也。視聽言貌思，性所有也。學則正，否則邪。（法言學行篇）

『學』，就是『修』性而使之爲善者。『視』『聽』『言』『貌』『思』均屬於性；而『思』又爲心所特具之功能。因此不僅可知心爲性之一部份，且學所修性，即包含心在內。學所修性心，並未完全改變其本質；而乃砥礪琢磨其本質，使之適合於人事界之應用。其言曰：

或曰：學無益也，如質何？曰：未之思矣。夫有刀者礲諸，有玉者錯諸。不礲不錯，焉攸用？礲而錯諸，質在其中矣；否則輟。（同上）

人之爲學應在兒童時代就開始，因爲：

其不姦姦，不詐詐也，如姦姦而詐詐，雖有耳目，焉得而正諸。（法言吾子篇）

兒童猶如『白紙』未染惡習，易於修學。如已染惡習後，再由學以正之，則殊難見功效。所以爲學應在兒童時代就開始。除此之外，尙須注意於求師。他極言師於學之重要道：

務學不如務求師。師者，人之模範。模不模，範不範，爲不少矣。一閧之市，不勝異意焉。一卷之書，不勝異說焉。一閧之市，必立之平。一卷之書，必立之師。習乎習，以習非之勝是也，況習是之勝非乎！（法言學行篇）

於此可知爲學之要道，在乎審是而習之，故曰：

於戲！學者審其是而已矣。（同上）

而『審是』之工作，全在乎運思。所以他又極言思於學之重要道：

學以治之，思以精之。……未之思也，孰禦焉？（同上）

於此可知用學以修性而尤當注重於專司運思之心。

（六）人的差等

他分人的差等如下：

人而不學雖無憂，如禽何！（法言學行篇）

由於情欲，入自禽門。（法言修身篇）

小人之學爲利也。（法言學行篇）

此種人爲人之最低下的。較此稍高的是小人。小人雖學，但唯以一己之利是圖。他說道：

小人好己之好，而忘人之好。（法言君子篇）

小人之上爲人，卽他所謂『衆人。』人之所以異於人禽與小人者，在乎取四重而去四輕。四重爲：

重言，重行，重貌，重好。言重則有法，行重則有德，貌重則有威，好重則有觀。（法言修身篇）

至於四輕則爲：

言輕則招憂，行輕則招辜，貌輕則招辱，好輕則招淫。（同上）

衆人依舊不能忘情于利祿。所以他曰：

衆人輕其道而重其祿。（法言五百篇）

衆人之上爲士。他說士曰：

其爲中也弘深，其爲外也肅括。（同上）

士又有上下之分。上下士之區別爲：

上士之耳訓乎德；下士之耳訓乎己！（同上）

士之上爲君子，君子亦即他所謂『賢人』『大人』。君子非生來就異乎常人的，也是由學而成。故曰：

學者所以求爲君子也。（法言學行篇）

君子以從善去惡爲唯一目標。其言曰：

人之所好而不足者善也。人之所醜而有餘者惡也。君子日彊其所不足，而拂其所有餘。（太玄玄攡）

所以君子之言行是：

君子之言幽必有驗乎明，遠必有驗乎近，大必有驗乎小，微必有驗乎著。無驗而言之謂妄。君子妄乎？（法言問神篇）

仁，宅也。義，路也。禮，服也。智，燭也。信，符也。處宅，由路，正服，明燭，執符，君子不動，動斯得矣。（法言修身篇）

君子以禮動，以義止，合則進，否則退。（法言問明篇）

君子仕則欲行其義，居則欲彰其道，事不懨，教不倦。（法言五百篇）

　　君子不言，言必有中也；不行，行必有稱也。（法言君子篇）

君子之道有四易，如：

　　簡而易用也，要而易守也，炳而易見也，法而易言也。（法言吾子篇）

君子與小人適相反，所以他把他們對比曰：

　　君子好人之好，而忘己之好；小人好己之好，而忘人之好。（法言君子篇）

　　大人之學爲道也；小人之學爲利也。（法言學行篇）

君子效法聖人，他說道：

　　君子貴遷善。遷善也者，聖人之徒歟！（同上）

　　君子純終領聞，蠢迪撿押，旁開聖則。（法言君子篇）

　　好盡其心於聖人之道者，君子也。（法言寡見篇）

君子雖效法聖人，但與聖尙有別，故曰：

　　聖人則異賢人矣。（法言學行篇）

　　賢人用國檢，聖人用天下檢。（法言修身篇）

聖人爲人中之最高者，所以他說道：

聖人聰明淵懿，繼天測靈，冠乎羣倫。（法言五百篇）

聖人之作事是：

上擬諸天，下擬諸地，中擬諸人。（太玄玄掜）

因此，聖人之言行都能合乎天地而利乎人羣。其言曰：

聖人之言，天也。……聖人之言遠如天。（法言五百篇）

聖人存神索至，成天下之大順，致天下之大利，和同天人之際，使之無間者也。（法言問神篇）

聖人之言行又如天一般的變化莫測，令人難以捉摸。故其言又曰：

聖人固多變。子游子夏得其書矣，未得其所以書也。宰我子貢得其言矣，未得其所以言也。顏淵閔子得其行矣，未得其所以行也。聖人之書言行，天也。天其少變乎？（法言君子篇）

所以，學聖人者，非呆板板的刻畫模倣所可成；必須深明乎其道。言行雖變，而其道則一，是爲中庸。故曰：

過中則惕，不及中則躍。其近於中乎！聖人之道，譬猶日之中矣，不及則未，過則昃。（法言先知篇）

聖人之於其道也，得時則行，不得時則藏。故又曰：

聖言聖行，不逢其時，聖人隱也。（法言淵騫篇）

聖人爲什麽能夠『用之則行，舍之則藏』呢？因爲：

聖人樂天知命。樂天則不勤，知命則不憂。（法言修身篇）

（七）立政

上面所述，大多關於立身。既能立身，即可進而立政。因爲：

政之本，身也。身立，則政立矣。（法言先知篇）

天下爲大，治之在道，不亦小乎！四海爲遠，治之在心，不亦邇乎！（法言孝至篇）

於此可知立政之最要者，爲『道』與『心』。

『治之在道』的道是什麽呢？他說道：

道也者，通也，無不通也。……適堯舜文王者爲正通，非堯舜文王者爲佗道。（法言問道篇）

爲什麽只有適堯舜文王者是正道呢？大概因爲堯舜文王之道就是孔子所直接繼承的中庸之道。故曰：

芒芒大道，昔在聖考，過則失中，不及則不至。（同上）

治道之所以當取中庸者，因爲玄是中庸的。他說道：

玄者，以衡量者也。高者下之，卑者舉之，饒者取之，罄者與之。（太玄玄攡）

玄於高下饒罄，既須使之適中，則玄之爲中庸之道也明矣。玄是兼天地人之道的，所以治道應以玄道爲法。故立政尙中和。其言曰：

立政鼓衆，運化天下，莫尙於中和。中和之發，在晳民情。（法言先知篇）

治之道惟一；而其見於事則屢變。故曰：

夫道有因有循，有革有化。因而循之，與道神之。革而化之，與時宜之。故因而能革，天道乃得。革而能因，天道乃馴。夫物不因不生，不革不成。故知因而不知革，物失其則。知革而不知因，物失其均。革之匪時，物失其基。因之匪理，物喪其紀。因革乎因革，國家之矩范也。矩范之動，成敗之效也。（太玄玄瑩）

因革的實例是：

在昔虞夏，襲堯之爵，行堯之道，法度彰，禮樂著，垂拱而視天下民之阜也，無爲矣。紹桀之後，纂紂之餘，法度廢，禮樂虧，安坐而視天下民之死，無爲乎？（法言問道篇）

道雖有因有革，但須於應因應革的時候爲之。所以治國者對于時代應十二分注意。他極言時之重要道：

時飛則飛，時潛則潛。（法言問神篇）

時未可而潛，不亦貞乎？時可而升，不亦利乎？潛升在己，用之以時，不亦亨乎？（法言問明篇）

詩書禮春秋，或因或作，而成於仲尼乎！其益可知也。故大道非天然，應時而造者，損益可知也。（法言問神篇）

以上是治的原理。至于具體辦法，他書中亦可見其一二。他是主張井田制度的。法言曰：

什一，天下之正也。多則桀，寡則貉。（公羊傳語。）井田之田田也，肉刑之刑刑也。田也者，與衆田之。刑也者，與

衆弃之。法無限，則庶人田侯田，處侯宅，食侯食，服侯服，人亦多不足矣。（法言先知篇）

這正合乎取饒與馨之道。

『治之在道』既經說過，再進而言『治之在心』，所謂『治之在心』者，即言治國者應審其『思斁』以立政。他用問答的口氣以說明『思斁』道：

或問爲政有幾？曰思斁。或問思斁。曰：昔在周公，征于東方，四國是王，召伯述職，蔽芾甘棠，其思矣夫。齊桓公欲徑陳，陳不果內，執袁濤塗，其斁矣夫。嗚呼！從政者審其思斁而已矣。或問何思何斁？曰：老人老，孤人孤，病者養，死者葬，男子畝，婦人桑之謂思。若汙人老，屈人孤，病者獨，死者逋，田畝荒，杼軸空之謂斁。（同上）

假使治國者確能實行『治之在道』與『治之在心』以立政，則這種治國者就是他在太玄賦所謂：『聖作典以濟時兮，驅蒸民而入甲；張仁義以爲綱兮，懷忠貞以矯俗』了。

第十一章　何休（紀元一二九——一八二年）

（一）一生的事略

何休字邵公，是任城樊人。他爲人質朴，訥口，而雅有心思；精研六經，當世儒生沒有能够比得上他的。除精於經學外，又善歷算。曾以列卿子詔拜郎中。奈非其所好，辭病而去。不仕州郡，進退必以禮。不久，太傅陳蕃又徵召他做參政事。因陳蕃於黨爭失敗，他坐廢錮。迨黨禁解，他復被徵召做司徒。羣公表休道術深明，宜侍帷幄；但倖臣對他不滿，乃拜議郎。後因屢陳忠言，再遷諫議大夫。年五十四卒。

當他坐廢錮時，乃作春秋公羊解詁，覃思不闚門十有七年；又注訓孝經論語鳳角七分，都是經緯典謨，不與守文同說；又以春秋駁漢事六百餘條，妙得公羊本意。他與其師博士羊弼，追述李育意，以難二傳，作公羊墨守，左氏膏肓，穀梁廢疾。今除春秋公羊解詁外，餘多不傳。茲卽根據該書以推見其哲學思想如下。

（二）宇宙萬物的由來

何休曰：

變一爲元。元者，氣也。無形以起，有形以分，造起天地，天地之始也。（公羊解詁隱公元年春王正月條）

這就是說：天地的造成由於一元的無形氣體。天地既成，再轉生萬物。其生萬物，則全藉四時之功。故曰：

春者，天地開辟之端，養生之首，法像所出，四時之本名也。（同上）

四時為陰陽二力循環消長之所成。所謂『春者，天地開辟之端』，卽言其為此種二力消長的開始。

萬物既是天地所生，則人為萬物之一，當然也是天地所生的了。故又曰：

聖人受命，皆天所生。（同上成公八年秋七月天子使召伯來錫公命條）

人既都是天所生，則人與人當一視同仁，不可互相殘殺。故又曰：

戎亦天地之所生，而乃迫殺之甚痛。（同上莊公三十年齊人伐山戎條）

蓋天有好生之德，所以人當遵天道以戒殺戮。人不僅於此當遵天道，應一切行事都遵天道。不過：

天道闇昧，故推人道以接之。（同上宣公三年春王正月條）

因此，何休所以略於天道而詳於人道，意在使人推人道以接近闇昧的天道。

（三）統治者與行政

大一統天下者，是受天命而起，有以往之史事為證：

文王，周始受命之王，天之所命。（公羊解詁隱公元年春王正月條）

因統治者是受天之所命，所以：

明王者當繼天奉元，養成萬物。（同上）

統治者的稱號之高下，即以其繼天奉元之程度如何而定。例如：

德合元者稱皇。孔子曰「皇象元，逍遙術，無文字，德明謚。」德合天者稱帝，河洛受瑞可放。仁義合者稱王，符瑞應，天下歸往。（同上成公八年秋七月天子使召伯來錫公命條）

設原有統治者不能繼天奉元，則能繼天奉元者即可應天之命起而代之。他所以說：

春秋王魯，因見王義。（同上莊公三十一年六月齊侯來獻戎捷條）

所謂『春秋王魯』，並非眞言魯君當代周而王天下，乃不過托辭罷了。故曰：

春秋托王於魯。（同上桓公十年冬十有二月丙午齊侯衞侯鄭伯來戰于郎條）

春秋托隱公以爲始受命王。（同上隱公十一年春滕侯薛侯來朝條）

其意以爲凡有王天下之資格者，即可應天命向有名無實之統治者起而革命。所謂魯隱公，不過是革命者的假像。因革命而成功的新統治者，一方應改元立號，以明更始；而一方對於前兩代舊統治者的後裔應當：

王者封二王後，地方百里，爵稱公，客待之而不臣也。（同上隱公三年八月庚辰宋公和卒條）

爲什麽一個新統治者，對於前兩代舊統治者的後裔應當如此優待呢？他說道：

王者存二王之後，使統其正朔，服其服色，行其禮樂，所以尊先聖，通三統，師法之義，恭讓之禮，於是可得而覩

之。（同上隱公三年春王二月條）

這個優待舊統治者的後裔的理由簡單說起來，就是要恪守儒家傳統的通三統說。統治者首應自正。故曰：

明王者起，當先自正。（同上隱公十年辛未取郜辛已取防條）

統治者怎樣自正呢？那就是取法乎天。故又曰：

王者不能正，而上自繫於天也。（同上隱公元年秋七月天王宰咺來歸惠公仲子之賵條）

這就是儒家向所謂治國平天下者應先修身，修身後再進而齊家。齊家之最要者，爲正夫婦之始。他言其重要曰：

春秋正夫婦之始也。夫婦正，則父子親。父子親，則君臣和。君臣和，則天下治。故夫婦者，人道之始，王教之端。（同上隱公二年九月紀履綸來逆女條）

齊家後，更進而治國平天下。其進行治國平天下的順序，當如：

明當先正京師，乃正諸夏。諸夏正，乃正夷狄，以漸治之。葉公問政於孔子。孔子曰：「近者悅，遠者來。」季康子問政於孔子。孔子曰：「政者，正也；子帥以正，孰敢不正」是也。（同上成公十五年冬十有一月條）

由此還可知何休所以主張統治者進行治國平天下的順序當如此者，完全是依據儒家的祖始孔子之說。

統治者對於士大夫應用禮，因爲：

禮本下爲士制。（同上桓公八年春正月己卯烝條）

他以爲刑不上士大夫的理由是：

古者刑不上大夫，蓋以爲摘巢毀卵，則鳳凰不翔；刳胎焚夭，則麒麟不至。刑之，則恐誤刑賢者。死者不可復生。刑者不可復屬。故有罪放之而已，所以尊賢者之類也。（同上宣公元年晉放其大夫胥甲父于衞條）

對於士大夫固不可用刑，而對於人民也不可輕易用刑。故曰：

恩惠當先施；刑罰當後加。（同上僖公二十八年三月丙午晉侯入曹執曹伯畀宋人條）

因爲治民之根本在於教化，而不在於刑罰。故曰：

君子所以貴教化而賤刑罰也。（同上定公元年冬十月霣霜殺菽條）

王者封諸侯，必居土中，所以教化者平貢賦者均，在德不在險。（同上僖公元年夏六月邢遷于陳儀條）

教化既應重視，則其推行之道將何由呢？曰：由禮樂。爲什麽禮樂是推行教化的唯一道路呢？其原因是：

凡人之從上教也，皆始於音。音正，則行正。故聞宮聲，則使人溫雅而廣大；聞商聲，則使人方正而好義；聞角聲，則使人惻隱而好仁；聞徵聲，則使人整齊而好禮；聞羽聲，則使人樂養而好施。所以感蕩血脈，通流精神，存甯正性。故樂從中出，禮從外作也。禮樂接於身，望其容而民不敢慢，觀其色而民不敢爭。故禮樂者君子之深教也，不可須臾離也。君子須臾離禮，則暴慢襲之；須臾離樂，則姦邪入之。是以古者天子諸侯雅樂鐘磬未曾離

於庭，卿大夫御琴瑟未曾離於前；所以養仁義而除淫辟也。（同上隱公五年初獻六羽條）

不過教化雖可貴，却不可捨刑罰而純由教化。因爲有時不得不用刑罰來輔佐教化之所不及。必須用刑罰時，當特別注意的一點就是『愼重』。怎樣愼重呢？他說道：

於治世，當賞疑從重；於平世，當罰疑從輕。（同上莊公三十二年秋七月癸已公子牙卒條）

定人之罪惡而用刑罰時，當原人之心，切不可貿然定讞。其言曰：

明當隨意善惡而原之。……所以原心定罪。（同上隱公元年三月公及邾婁儀父盟于眛條）

爲什麼定人之罪，當原人之心呢？因心爲作善作惡之主。其言又曰：

同心爲善，善必成；同心爲惡，惡必成。（同上莊公十六年冬十有二月條）

因此故：

君子誅意不誅事。（同上定公十三年晉趙鞅歸于晉條）

統治者應重視民命。凡輕視民命者，都爲春秋所貶。例如：

惡國家不重民命。（同上僖公二十五年秋楚人圍陳納頓子于頓條）

輕視民命者，且爲天所不容。又如：

先是龍門之戰，死傷者衆，桓無惻痛於民之心，不重宗廟之尊，逆天危先祖，鬼神不饗；故天應以災御廩。（同

上桓公十四年秋八月壬申御廩災條）

而重視民命之首要者，爲與民解決民食問題。因爲民食與民命的密切關係，是：

> 民食不足，百姓不可復興，危亡將至，故重而書之，明當自省減，開倉廩，賙振乏。哀公問於有若曰：「年饑，用不足，如之何？」有若對曰：「盍徹乎？」曰：「二，吾猶不足，如之何其徹也！」對曰：「百姓足，君孰與不足？百姓不足，君孰與足？」（同上宣公十年冬饑條）

統治者『開倉廩，賙振乏』，是解決民食問題的臨時急救辦法，而尚非根本政策。解決民食問題的根本政策是採行什一之政。他述什一之政曰：

> 民以食爲本也。夫饑寒並至，雖堯舜躬化，不能使野無寇盜；貧富兼并，雖皐陶制法，不能使彊不陵弱。是故聖人制井田之法而口分之。一夫一婦受田百畝，以養父母妻子。五口爲一家。公田十畝，卽所謂什一而稅也。廬舍二畝半。凡爲田一頃十二畝半，八家而九頃，共爲一井，故曰井田。廬舍在內，貴人也；公田次之，重公也；私田在外，賤私也。井田之義：一曰無泄地氣，二曰無費一家，三曰同風俗，四曰合巧拙，五曰通財貨。因井田以爲市，故俗語曰市井。種穀不得種一穀，以備災害。田中不得有樹，以妨五穀。還廬舍種桑荻雜菜，畜五母雞，兩母豕。瓜果種疆畔。女工蠶織。老者得衣帛焉，得食肉焉，死者得葬焉。多於五口名曰餘夫，餘夫以率受田二十五畝。十井共出兵車一乘。司空謹別田之高下善惡，分爲三品：上田一歲一墾，中田二歲一墾，下田三歲一墾。肥饒

不得獨樂。墝埆不得獨苦。故三年一換主易居，財均力平。兵車素定。是謂均民力，彊國家。在田曰廬。在邑曰里。一里八十戶。八家共一巷。中里爲校室。選其耆老有高德者，名曰父老；其有辯護伉健者爲里正，皆受倍田，得乘馬。父老比三老孝弟官屬。里正比庶人在官吏。民春夏出田，秋冬入保城郭。田作之時，春，父老及里正旦開門坐塾上。晏出後時者不得出。莫不持樵者不得入。五穀畢入，民皆居宅，里正趨緝績，男女同巷，相從夜績，至於夜中。故女功一月得四十五日。作從十月盡正月止。男女有所怨恨，相從而歌：饑者歌其食，勞者歌其事。男年六十，女年五十無子者，官衣食之，使之民間求詩。鄉移於邑，邑移於國，國以聞於天子。故王者不出牖戶，盡知天下所苦，不下堂而知四方。十月事訖，父老教於校室。八歲者學小學。十五者學大學。其有秀者，移於鄉學。鄉學之秀者，移於庠。庠之秀者，移於國學。學於小學。諸侯歲貢小學之秀者於天子。學於大學。其有秀者命曰進士，行同而能偶，別之以射，然後爵之。士以才能進取，君以考功授官。三年耕，餘一年之畜。九年耕，餘三年之積。三十年耕，有十年之儲。雖遇唐堯之水，殷湯之旱，民無近憂。四海之內，莫不樂其業。故曰頌聲作矣！（同上宣公十五年初稅畝條）

這不僅是何休重視民命的方案；并且還是他所認爲美滿政治的縮影呢。

（四）戰爭與和平

何休是反對戰爭的。他所持以反對戰爭的理由，大別有四。第一，戰爭是害衆的。其言曰；

凡書兵者正不得也外內深淺皆舉之者因重兵害衆兵動則構怨結禍，更相報償，伏尸流血無已時（公羊解詁隱公二年夏五月莒人入向條）

第二，戰爭是不仁之甚的。僖公二十六年書曰：冬楚人伐宋圍緡。傳曰：

邑不言圍，此其言圍何？刺道用師也。

公羊解詁云：

時以師與魯未至，又道用之，於是惡其視百姓之命若草木，不仁之甚也。

第三，戰爭是虛國的。公羊解詁曰：

魯舉四大夫，不舉重者，惡內多虛國家悉出用兵。（成公二年六月癸酉條）

第四，戰爭是招天災的。其事證見於昭公五年書曰：戊辰叔弓帥師敗莒師于濆泉。傳曰：

濆泉者何？直泉也。直泉者何？涌泉也。

公羊解詁曰：

蓋戰而涌爲異也。不傳異者，外異不書。此象公在晉，臣下專受莒叛臣地，以興兵戰鬥，百姓悲怨歎息，氣逆之所致。故因以著戰處，欲明天之與人相報應之義。

春秋之所以力貶戰爭者，卽以上所述各理由。其貶嗜戰者爲夷狄之行。如昭公十二年書曰：冬十月公子整生奔齊。

傳曰：

楚子伐徐。晉伐鮮虞。

公羊解詁曰：

謂之晉者，中國以無義，故爲夷狄所強。今楚行詐滅陳蔡，諸夏懼然去而與晉，會于屈銀，不因以大綏諸侯，先之以博愛而先伐同姓，從親親起，欲以立威行霸，故狄之。

他以爲統治者應偃武修文以使國家立於和平之磐石。故一再曰：

霸兵不月者，刺文公不偃武修文以附疏，倉卒欲服許，卒不能降，威信自衰，故不成其善。（公羊解詁僖公二十八年諸侯遂圍許條）

晉文公功信未著，且當修文德，未當深求於諸侯，故不美也。（同上僖公二十八年春晉侯侵曹晉侯伐衞條）

不過他又認爲要使國家永久和平，却不可盡棄用兵之道。當和平動搖，不得已時仍須用兵以維護和平。不得已時之用兵，謂之義兵。義兵是春秋所褒的。例如僖公四年齊桓侵蔡之役注云：

月者，善義兵也。

僖公十五年伐厲之役注云：

善錄義兵。

又定公四年二月陳侯吳卒條注云：

故善錄其行義兵也。

就是不得已而用兵的時候，還須出之以審愼，否則不免於暴。怎樣的審愼方能免於暴呢？他說道：

用兵之道，當先至竟侵責之，不服乃伐之。今日至，便以今日伐之，故日以起其暴也。（同上莊公二十八年春王三月條）

由此可知他是相對的反對戰爭者，而却非絕對的反對戰爭者。其所以不絕對的反對戰爭者，以其深明和平非完全非武力所能維持的。

（五）災異與禎祥

陰陽失和，則災異見。所謂陰陽失和者，卽陰盛或陽盛也。因陰盛所成的災異，例如桓公八年所書曰：冬十月雨雪。傳曰：

何以書？記異也。何異爾？不時也。

公羊解詁曰：

周之十月，夏之八月，未當雨雪。此陰氣大盛，兵象也。是後有郎師龍門之戰，流血尤深。

而以陽盛所致的災異，則又例如隱公九年所書曰：三月癸酉大雨震電。傳曰：

何以書？記異也。何異爾？不時也。

公羊解詁曰：

震雷電者陽氣也，有聲名曰雷，無聲名曰電。周之三月，夏之正月，雨當冰雪雜下，雷當聞於地中，其雉雊，電未可見，而大雨震雷，此陽氣大失其節，猶隱公久居位不反於桓，失其宜也。日者，一日之中也。凡災異一日者日，歷日者月，歷月者時，歷時者加自文，爲異。發於九年者，陽數可以極而不還國於桓之所致。

因此可知陰陽之所以偏盛者；實以統治者行事之失當，緣統治者行事失當，則造成宇宙萬物的原動力——陰陽——失和。陰陽失和，則其所造成的天就隨之而降災異。這是何休認爲自然界中不可遁逃的因果律；所以他以爲災異是：

明天人相與報應之際。（公羊解詁僖公三年六月雨條）

但所謂『災異』，細辨之，其中尚有區別。據董仲舒所言，則『災』與『異』的區別是：

國家將有失道之敗，而天迺先出災害以譴告之；不知自省，又出怪異以警懼之；尚不知變，而傷敗迺至。（漢書董仲舒列傳）

所以『災』淺而『異』深。公羊定公元年冬十月實霜殺菽。傳曰：

何以書？記異也。此災菽也，曷爲以異書？異大乎災也。

何休解之曰：

異者，所以為人戒也，重異不重災。

由此可知何氏以為公羊甚言災為異者，意在使統治者早自警戒，從速改善。因統治者設見災異而自知行為失當，翻然改過，則災異即可消弭。他舉事證曰：

一月書者，時僖公得立，欣喜不恤庶衆，比致三旱，即能退避正殿，飭過求己，循省百官，放佞臣郭都等，理冤獄四百餘人，精誠感天，不雩而得澍雨。故一月即書，善其應變改政。旱不從上發傳者，著人事之備積於是。（公羊解詁僖公三年夏四月不雨條）

統治者誠能改過而成為聖帝明王，則不但災異消弭，而且禎祥出現呢。所以他說道：

上有聖帝明王，天下太平，然後乃至。（指麟而言）尚書曰「簫韶九成，鳳凰來儀；擊石拊石，百獸率舞。」援神契曰「德至鳥獸，則鳳凰翔，麒麟臻。」（同上哀公十四年春西狩獲麟條）

他心所謂標準的聖帝明王，就是堯舜。其言曰：

堯舜當古歷象日月星辰，百獸率舞，鳳凰來儀。春秋亦以王次春，上法天文，四時具，然後為年，以敬授民時，崇德致麟，乃得稱太平。道同者相稱，德合者相友，故曰樂道堯舜之道。（同上）

他所以把堯舜為標準的聖帝明王者，因他們能法天行事。凡統治者能法天行事，即是行堯舜之道，堪與堯舜媲美丁.

（六）時代的演進

春秋有所謂三世。何休曰：

於所傳聞之世，見治起於衰亂之中，用心尙麤觕，故內其國而外諸夏；先詳內而後治外，錄大略小，內小惡書，外小惡不書；大國有大夫，小國略稱人；內離會書，外離會不書是也。於所聞之世，見治升平，內諸夏而外夷狄；書外離會，小國有大夫；宣十一年秋，晉侯會狄于攢函；襄二十三年，邾婁鼻我來奔是也。至所見之世，著治太平，夷狄進至於爵，天下遠近小大若一，用心尤深而詳；故崇仁義，譏二名，（二名，非禮也。）晉魏曼多仲孫何忌是也。（公羊解詁隱公元年公子益師卒條）

三世之義，近代講的人愈推愈廣。譬如把全世界來說，則第一期是自草昧之世，漸啓文化時代；第二期則是由列國紛爭，而漸入于統一之局；到第三期，就廓然大公，國家種族等成見漸次化除，可以進而爲世界全人類的大團結了。此等列擧不勝擧，要而言之，世界的進化是無窮期的；而其進行則必有一定的次序。這是漢代春秋家的理想。何君之說，也不過表現此等理想罷了。

第十二章　王符仲長統與崔實

王符（約生於後漢和帝至順帝時）

（一）一生的事略

王符字節信，是安定臨涇人。他少好學，有志操。當時的名流如馬融、竇章、張衡等，都是他的好友。他本鄉的風俗是鄙視人家妾生的兒子的，而他却是妾生的，且沒有外家，所以他向爲鄉人所賤。後漢自和帝、安帝以後，世務游宦、當塗者更相薦引，但他獨耿介不同於俗，因此遂不得升進，志意蘊憤，乃隱居著書以終。

他傳於後世的名著是潛夫論：全書共計三十餘篇。因他不要章顯其名，所以把『潛夫』名其書。四庫全書提要曾批評他的書道：『符書似洞悉政體之昌言，而明切過之；辨別似論衡，而醇正過之。』可見其書的特色了。

（二）本體界與現象

王符講無形的本體界，怎樣轉變成森羅萬象的現象界，道：

上古之世，太素之時，元氣窈冥，未有形兆，萬精合幷，混有爲一，莫制莫御。若斯久之，翻然自化，淸濁分別，變成陰陽。陰陽有體，實生兩儀，天地絪縕，萬物化淳，和氣生人，以統理之。（潛夫論本訓篇）

這就是說萬物的本體原爲無形的元氣。元氣的本身具有兩種相反的創造力——陰陽。從陰陽創造出五行。所以他說道：『古有陰陽，然後有五行。』（潛夫論卜列篇）陰陽二力所創造成的就是天地。天地再由陰陽二力蘊釀成萬物。萬物中以人獨得中和之氣，故人爲天地造物中之傑作。所以他又說道：『天地之所貴者，人也。』（同上讚學篇）又曰：

天本諸陽，地本諸陰，人本中和，三才異務，相待而成。（同上）

人雖是天地的傑作，但其中仍有優劣之分。他說道：

今夫性惡之人，居家不孝悌，出入不恭敬，輕薄慢傲，凶悍無辨，明以威侮侵利爲行，以賊酷殘虐爲賢，故數陷王法者，此乃民之賊，下愚極惡之人也。雖脫桎梏而出囹圄，終無改悔之心。（同上述赦篇）

大惡之資，終不可化。（同上）

人類雖有此等下愚，然究居少數。其大多數，則皆可以自勉而進於善。而因人受天地之中以生，故其行爲亦能感動天地。故曰：

天道曰施，地道曰化，人道曰爲。爲者，蓋所謂感通陰陽而致珍異也。人行之動天地，譬猶車上御駟馬，蓬中擢自照矣。雖爲所覆載，然亦在我何所之可。孔子曰：「時乘六龍以御天。」言行，君子所以動天地也，可不愼乎！

從此觀之，天呈其兆，人序其勳。書故曰：「天工人其代之。」（同上本訓篇）

這就是說人身當順天而行。要順天而行，首須知道天心。能知天心者唯有聖賢。他說道

夫聖人爲天口賢人爲聖譯。是故聖人之言天之心也，賢者之所說聖人之意也。（同上考績篇）

這是常人應取法乎聖賢的理由。

最能順天行事者，則有資格出而爲全民的統治者，其言曰：

皇天無親帝王繼體之君，父事天王者爲子。故父事天也，率土之民，莫非王臣也。（同上釋難篇）

旣爲統治者之後，則行動當更愼重；因其思慮言行都直接影響於天。其言又曰：

王者至貴，與天通精，心有所想意有所慮，未發聲色天爲變移。（同上述赦篇）

天因統治者行事所生之『變移』，就是災異與禎祥。統治者行事逆天，則災異見。統治者行事順天，則禎祥出。天與統治者之間所以感通如是之靈敏者，乃由於陰陽。陰陽，與『變移』之關係爲：

陰陽者以天爲本。天心順，則陰陽和。天心逆，則陰陽乖。（同上本政篇）

所以他鄭重地說道：

凡人君之治，莫大於和陰陽。（同上）

所謂『和陰陽，』就是順天行事罷了。

人無論智愚貴賤，總不能免於一死。人死後之精神尙不卽散，而成爲鬼神。鬼神雖由人成，但與人却已有異。所

以他說道：

　　夫鬼神與人殊氣異務，非有事故，何奈於我。（同上卜列篇）

不過鬼神與人之相異，非是絕對的；相異之中猶有相同之處。人有善惡之分，而鬼神則有正邪之別。故曰：

　　所謂淫鬼者，閑邪精物，非有守司眞神靈也。鬼之有此，猶人之有姦言賣平以干求者也。（同上正列篇）

又人有貴賤之分，而鬼神亦有尊卑之別。故又曰：

　　且人有爵位，鬼神有尊卑。（同上）

蓋既以鬼神爲人所成，則理想的鬼神世界總不能完全與人事界相異。

（三）治國者與被治者

王符說政治組織的起源道：

　　太古之時，烝黎初載，未有上下，而自順序，天未事焉，君未設焉。後稍矯虔，或相陵虐，侵漁不止，爲萌巨害，於是天命聖人使司牧之，使不失性，四海蒙利，莫不被德，僉共奉戴，謂之天子。故天之立君，非私此人也，以役民；蓋以誅暴除害利黎元也。是以神謀鬼謀，能者處之。（潛夫論班祿篇）

這不僅告訴我們政治組織的起源，并且明白的說天之所以爲民立天子者，意在『利黎元』。所以治國者之唯一重大任務也就是在此。故曰：

夫為國者，以富民為本。（同上務本論）

然則什麼是富民的根本辦法呢？他說道：

夫富民者，以農桑為本。（同上）

全民當從事於耕織，設有一部份人不如此，即將累及全民之生計。他所以痛論當時之害道：

王者以四海為一家，以兆民為通計。一夫不耕，天下必受其饑者。一婦不織，天下必受其寒者。今舉世舍農桑，趨商賈，牛馬車輿，塡塞道路，游手為功，充盈都邑，治本者少，浮食者衆，商邑翼翼，四方是極。今察洛陽浮末者什於農夫，虛偽游手者什於浮末。是則一夫耕，百人食之；一婦織，百人衣之。以一奉百，孰能供之。天下百郡千縣，市邑萬數，類皆如此。本末何足相供，則民安得不饑寒。饑寒並至，則安能不為非。為非，則姦宄，姦宄繁多，則吏安能無嚴酷。嚴酷數加，則下安能無愁怨。愁怨者多，則咎徵並臻。下民無聊，則上天降災，則國危矣。（同上浮侈篇）

要全民從事於農桑，應使他們有閒暇的時日。他所以又說道：

國之所以為國者，以有民也。民之所以為民者，以有穀也。穀之所以豐殖者，以有人功也。功之所以能建者，以日力也。治國之日舒以長，故其民閒暇而力有餘。亂國之日促以短，故其民困務而力不足。所謂治國之日舒以長者，非謂羲和而令安行也，又非能增分度而益漏刻也，乃君明察而百官治，下循正而得其所，則民安靜而力有餘，故視日長也。所謂亂國之日促以短者，非謁義和而令疾驅也，又非能減分度而損漏刻也，乃君不明，則百亂而姦宄興，法令嚣而役賦繁，則市民困於吏政，仕者窮於典禮，寃民就獄，乃得眞烈士交私乃得保，姦臣肆心於上，亂化流行於下，君子載質而車馳，細民懷財而趨走，故視日短也。（同上愛日篇）

由此可知要使人民有閒暇時日以從事於農桑，須先使國家政治清明，故改良政治實爲厲行重農主義的先決問題。

要國家長治而不亂，則治者應任賢。其言曰：

凡有國之君者，未嘗不欲治也，而治不世見者，所任不賢故也。（同上潛歎篇）

爲什麼任賢就可以去亂源呢？因爲賢人是治國亂病的唯一聖手。賢人的爲國除亂，正像名醫的爲人治病，同樣的著手成春，故曰：

疾者身之病，亂者國之病也。身之病待醫而愈，國之亂待賢而治。（同上思賢篇）

醫生治疾之術本之醫書，而賢人治亂之術則本之經書。故又曰：治身有黃帝之術，治世有孔子之經。（同上）

所謂『經』，就是『五經』。五經之言是沒有誣的。假使賢者本之而不能止亂，則必非五經之言誣，而是用得不對。故又接着說：

然病不愈而亂不治者，唯鍼石之法誤，而五經之言誣也。乃因之者非其人。（同上）

本醫書而不能治好病者，必非良醫。本經書而不能止亂者，必非眞賢。治病當求良醫，止亂當求眞賢。任賢而不得眞賢，與求醫而不得良醫同樣的敗事。他所以沉痛的說道：

夫治世不得眞賢，譬猶治病不得良醫也。治疾當得人參，反得支羅服，當得麥門冬，反承橫麥，己而不識眞，合而服之，病以侵劇，不自知爲人所欺也，乃反謂方不誠，而藥皆無益於病，病然後藥而弗敢飲，而便求巫覡者，雖死可也。人君求賢，下應以鄙，與眞不以枉，己不引眞，受猥官之國，以侵亂不自知爲下所欺也，乃反謂經不信，而賢皆無益於救亂。因廢直言，不復求進，更任俗吏，雖滅亡可也。（同上）

不過治國者要得眞賢，首須自己賢明。因爲：

唯聖知聖，唯賢知賢。（同上本政篇）

他又舉賢明的治國者能得眞賢之史事曰：

周公之爲宰輔也，以謙下士，故能得眞賢。祁奚之爲大夫也，舉讎薦子，故能得正人。（同上）

治國者除自己賢明以號召天下眞言來歸外，更可用考功以發見眞賢。其言曰：

凡南面之大務，莫急於知賢，知賢之近途，莫急於考功。功誠考，則治亂暴而明，善惡信，則直賢不得見障蔽。（同上考績篇）

如有眞賢，不論出身之貴賤，都在羅致之中。切不可因賢人出身下賤，而隨棄之。其言又曰：

攻玉以石治金以鹽濯錦以魚浣布以灰。夫物因有以賤治貴，以醜治好者矣智者棄其所短，而採其所長，以致其功。明君用士亦猶是也。（同上實貢篇）

所謂眞賢者並非指全才而言有一種實在能力就是眞賢，就應羅致倘能將全國之眞賢都量才錄用，則國之長治久安可操左劵。他所以說道：

一能之士各貢所長出處默語勿彊相兼，則蕭曹周韓之倫何足得矣。吳鄧梁竇之徒而致十，各以所宜，量材授任，則庶官無曠興功可成，太平可致，麒麟可臻。（同上）

而最足妨礙任賢之計劃者，就是當政者的妬忌心。所以他說：

世未嘗無賢也而賢不得用者羣臣妬也。主有索賢之心而無得賢之術；臣有進賢之名，而無進賢之實。此以人君孤危於上，而道猶抑於下也。（同上潛歎篇）

當政者有妬賢心，則非特賢者不來歸；就是來歸之後，還是要遇難而去的。所以他又說道：

世之所以不治者由賢難也。所謂賢難者，非直體聰明服德義之謂也。此則求賢之難得爾，非賢者之所難也。故所謂賢者乃將言平循善則見妬，行賢則見嫉也，而必遇患難者也。（同上賢難論）

他舉史事爲證曰：

虞舜之所以放殛，子胥之所以被誅，上聖大賢，猶不能自免於嫉妬，則況乎中世之人哉！（同上）

此所以世之賢者，非退隱林泉，即受辱而歿。而治國者雖有求賢之名，而難有任賢之實，由此可知任賢之唯一要圖，在化除自己與左右的妬賢心。能如是，則眞賢自不召而來歸了。

然治國者單能任賢以富民，還未曾盡全責；更須進而教化之。因爲富民與教民並爲治國的基本。其言如下：

夫爲國者，以富民爲本，以正學爲基。民富乃可教，學正乃得義。民貧則背善，學淫則詐僞，入學則不亂，得義則忠孝。故明君之法，務此二者，以爲成太平之基，致休徵之祥。（同上務本篇）

而教之所當本者爲：

以道義爲本。（同上）

化之所當本者又爲：

夫修身愼行，敦方正直，淸廉潔白，恬淡無爲，化之本也。（同上實貢篇）

不過教化雖當重視，刑法亦不可偏廢。其言曰：

夫養稊稗者傷禾稼，惠姦宄者賊良民。書曰：「文王作罰，刑茲無赦。」是故先王之制刑法也，非好傷人肌膚，斷人壽命者也，乃以威姦懲惡除民害也。天下本以民不能相治，故爲立王者以統治之。天下在於奉天威命，共行賞罰。故經稱：「天命有德，五服五章。天罰有罪，五刑五用。」（同上述赦篇）

因刑法之用，正所以助教化，使之易於推行。他所以說道：

今欲變巧僞以崇美化，息辭訟以閑官事者，莫若表顯有行，痛誅無狀，導文武之法，明詭詐之信。（同上斷訟篇）

由此可知刑法與教化原本無背。但刑法終不若教化之可貴耳。故復曰：

是故法令刑賞者乃所以治民事而致整理，爾未足以興大化而升太平也。夫欲歷三王之絕迹，臻帝皇之極功者，必先元元而本本，興道而致和，以淳粹之氣生敦龐之民，明德義之表，作信厚之心，然後化可美而功可成也。（同上本訓篇）

治國者之施教化雖大致如上述，却不可拘泥固執，應隨時代而變更。所以又曰：

王者統世觀民設教，乃能變風易俗以致太平。（同上浮侈篇）

治國者誠能如是富民教民，則必大得民心，能得民心，即能得天心；因天以民爲心，民安樂，則天心順。（同上本政篇）

（四）學業與道德

王符在上面已經說道：

夫爲國者，……以正學爲基。（同上務本篇）

學之重要已可想見了。但人究竟爲什麽要學他？以爲：

人之有學也，猶物之有治也。故夏后之璜，楚和之璧，雖有璞玉，卞和之資，不琢不錯，不離礫石。（同上讚學篇）

人之就學，正同璞玉之受琢錯。因爲：

雖有至聖，不生而智；雖有至材，不生而能。（同上）

人非生而有智有能，正同玉非生而爲美玉。玉必琢磨方成美玉。人必就學，方有智能。玉之琢磨，須有良工。人之就學，須有良師。所以又由修學而言及就師道：

故志曰：「黃帝師風后，顓頊師老彭，帝嚳師祝融，堯師務成，舜師紀后，禹師墨如，湯師伊尹，文武師姜尙，周公師庶秀，孔子師老聃。」若此言之而信，則人不可以不就師矣。（同上）

不過從師之所欲學得者，尙不在智而在德。故緊接上文曰：

夫此十一君者，皆上聖也，猶待學問，其智乃博，其德乃碩，而況於凡人乎！（同上）

學實爲唯一進德之路。其言曰：

聖人之所尙者，義也；德義之所成者，智也；明智之所求者，學問也。（同上）

德爲虛位，有凶有吉，故必明乎道，而道也由學所成，故曰：

夫道成於學而藏於書，（同上）

此處所謂『書』即聖賢所傳於後世之經典。因爲他曾說道：

索物於夜室者，莫良於火。索道於當世者，莫良於典。典者，經也，先聖之所制。先聖得道之精者，以行其身，欲賢人自勉以入於道。故聖人之制經以遺後賢也，譬猶巧倕之爲規矩準繩以遺後工也。（同上）

他又極言道於人心之重要道：

道之於心也，猶火之於人目也。中穽深室，幽黑無見，及設盛燭，則百物彰矣。此則火之燿也，非目之光也；而目假之，則爲明矣。天地之道，神明之爲，不可見也。學問聖典，心思道術，則皆來覩矣。此則道之材也，非心之明也；而人假之，則爲已知矣。（同上）

蓋德祇能使人向『應然』方面做去；所以定其應然之方面者爲道。因此，道與德相待而成。

（五）命定與人爲

王符曰：

詩所謂「天生烝民，有物有則。」是故人身體形貌，皆有象類，骨法角肉，各有分部，以著性命之期，顯貴賤之表。一人之身，而五行八卦之氣具焉。（同上相列篇）

這是說人受命所規定的。人所受的本質無論怎樣完善，必經人爲而方成爲完才。故曰：

人之有骨法也，猶萬物之有種類，材木之有常宜。巧匠因象，各有所授，曲者宜爲輿，檀宜作輻，榆宜作轂，此其正法通率也。若有其質，而工不材，可如何！故凡相者，能期其所極，不能使之必至。十種之也，膏壤雖肥，弗耕不獲。千里之馬，骨法雖具，弗策不致。夫觚而弗琢，不成於器。士而弗仕，不成於位。若此者，天地所不能貴賤，鬼神所不能貧富也。（同上）

再設由卜筮以知天命爲善，而人卻自妄爲之，則非特不能獲福，反是得禍。設知天命爲惡，而人自循省改尤，則禍可轉福。其言曰：

夫君子聞善，則勸樂而進；聞惡，則循省而改尤，故安靜而多福。小人聞善，即懾懼而妄爲，故狂躁而多禍。是故凡卜筮者，蓋所問吉凶之情，言興衰之期，令人修身慎行以迎福也。（同上卜列篇）

所以相與卜雖能告人以天命之善惡；但究竟之善與惡，則在人自獲之。故又曰：

凡人吉凶，以人爲主，以命爲決。（同上正列篇）

這就是明言人之吉凶，雖由天命所決定，而其結果之究竟如何，尚在人之自爲。

仲長統（紀元一七九——二一九年）

（一）一生的事略

仲長統字公理，是山陽高平人。他少好學，博涉書記，贍於文辭。二十餘歲時，游學青徐幷冀之間。凡和他交友者，都異其人。當他過幷州時，備受該地善招致天下士的刺史高幹之優待。不過他以爲幹『有雄志而無雄才，好士而不能擇人；」（後漢書仲長統傳）卒以幹不能採納他的勸告而辭去。他去了沒有多久，幹以并州叛而敗亡。因此并冀之士都異其有知人之鑒。他生性俶儻，敢直言，不矜小節，默語無常，時人或謂之狂生。每州郡命召，輒稱疾不就。常以爲凡游帝王者欲以立身揚名耳，而名不常存，人生易滅，優游偃仰，可以自娛，欲卜居淸曠，以樂其志。尙書令荀彧奇其人，舉爲尙書郎，後參丞相曹操軍事。每論說古今及時俗行事，常發憤歎息，因著論，名曰：『昌言』。全書三十四篇，十餘萬言，但崇文總目已稱『今所存十五篇，分爲二卷，餘皆亡。』今則幷此而無之，僅能於後漢書本傳暨幾種類書中略窺見其學術思想了。他卒於獻帝遜位之歲，存年四十有一。

（二）爲政

仲長統是富於人治的精神的，所以說：

昔高祖誅秦項而陟天子之位，光武討篡臣而復已亡之漢，皆受命之聖主也……二主……之所以震威四海，布德生民，建功立業，流名百世者，唯人事之盡耳，無天道之學焉。（羣書治要昌言下）

所謂『無天道之學』者，卽不取天的『吉凶之祥』。其言曰：

吉凶之祥，又何取焉。故知天道而無人略當作事者，是巫醫卜祝之伍，下愚不齒之民也。信天道而背人略者，是昏亂迷惑之主。（同上）

所謂『吉凶之祥，又何取焉』，卽言人主行政，祇求合於人事，不必爲禎祥與災異而妄自變更。不過雖不學天道，却不可不用天道。人主所必須用的天道，是：

指晨辰以授民事順四時而與功業。（同上）

人主之高下，卽以其對人事與天道如何以爲斷。其言又曰：

人事爲本，天道爲末。……故審我已善，而不復恃天道，上也；疑我未善，引天道以自濟者，其次也；不求諸己而求諸天者，下愚之主也。（同上）

人主既當以『人事爲本』，則最要者就是人主自己要有『公心』『平心』與『儉心』。能如此，方足爲『審我已善』。爲什麼人主應有此三種心呢？他以爲：

我有公心焉，則士民不敢念其私矣。我有平心焉，則士民不敢行其險矣。我有儉心焉，則士民不敢放其奢矣。

（羣書治要昌言上）

人主有此三心，則自己可爲賢明，而爲下民之則了。但單是人主自己賢明尚不中用，更須用賢人以爲輔佐。苟得一眞賢，可卽將政權完全付托於彼。仲長統以爲與其任許多賢人，反不如專任一賢之爲佳。其理由是：

夫任一人則政專，任數人則相倚。政專則和諧，相倚則違戾。和諧則太平之所與也，違戾則荒亂之所起也。

（本傳法誡篇）

有人或謂政在一人，權實太重；但他以爲：

人實難得何重之嫌。（同上）

設有一眞賢而人主任以獨權；則政權不致分於外戚宦官，與汚吏。如是，則政務必大有可觀了。所以他說道：

> 政不分于外戚之家，權不入于宦豎之門，下無侵民之吏，京師無佞邪之臣，則天神可降，地祇可出。（羣書治要昌言上）

人主除自己賢明與用賢外，尙須把德教治民。德之重要如下：

> 古之聖帝明王所以能親百姓，訓五品，和萬邦，蕃黎民，召天地之嘉應，降鬼神之吉靈者，實德是爲，而非刑之攸致也。（同上）

雖至治之世，由德治所成，而非刑法所致；但却不可無刑法爲助。故曰：

> 德教者人君之常任也，而刑罰爲之佐助焉。（同上）

而於革命之時更非有嚴刑峻法不爲功。故又曰：

> 至於革命之期運，非征伐用兵，則不能定其業；姦宄之成羣，非嚴刑峻法，則不能破其黨。時勢不同，所用之數亦宜異也。（同上）

因此可知德教與刑罰不但應相互爲用，且須看時勢不同而異其用。至於人主對法制，既不宜泥古，也不宜尙新，當以實際的功用定法制之因革。其言曰：

法有翫於時者，可改也。故行于古有其迹，用于今無其功者，不可不變。變而不如前，易而多所敗者，亦不可不復也。（本傳損益篇）

不過法制無論怎樣好，倘須用的人好。因爲：

君子用法制而至于化，小人用法制而至于亂。均是一法制也，或以至化，或以至亂，行之不同也。苟使豺狼牧羊豚，盜跖主征稅，國家昏亂，吏人放肆，則惡復論損益之間哉！（同上）

所以政務的根本首在人主自己賢明。

但賢明的君主所當留意者，簡單說起來，就是用人，德治等等，而詳言之，則爲：

明版籍以相數閱，審計伍以相連持，限夫田以斷并兼，定五刑以救死亡，益君長以興政理，急農桑以豐委積，去末作以一本業，敦教學以移情性，表德行以厲風俗，覈才藝以叙官宜，簡精悍以習師田，修武器以存守戰，嚴禁令以防僭差，信賞罰以驗懲勸，糾游戲以杜姦邪，察奇刻以絕煩暴。（同上）

設人主能留心於以上十六點，則天下之長治久安可操左券了。所以緊接着說：

審此十六者以爲政務，操之有常，課之有限，安寧勿懈墮，有事不迫遽，聖人復起，不能易也。（同上）

（二）爲人

人雖生來就有德性的，但須受訓練後方成爲有德者。其言曰：

道德仁義天性也，織之以成其物，練當作鍊之以致其情，瑩之以發其光。（意林御覽四百二）

人能行德實爲吉祥之術。他說道：

肅禮容，居中正，康道德，履仁義，敬天地，恪宗廟，此吉祥之術也。（羣書治要）

他的修身治國，兼有儒法二家的精神。至於養生，則又有近乎老莊之論。他說道：

行潛德而不有，立潛功而不名，孜孜爲此，以沒其身。（同上）

人生雖不免於死，但養生有道，也可以延年益壽。他以爲養生長壽之道，就是：

和神氣，懲思慮，避風濕，節飲食，適嗜欲：此壽考之方也。（同上）

他并述自己的願望道：

使居有良田廣宅，背山臨流，溝池環帀，竹木周布，場圃築前，果園樹後，舟車足以代步涉之難，使令足以息四體之役。養親有兼珍之膳，妻孥無苦身之勞。良朋萃止，則陳酒肴以娛之，嘉時吉日，則烹羔豚以奉之。蹰躇畦苑，遊戲平林，濯清水，追涼風，釣游鯉，弋高鴻，諷于舞雩之下，詠歸高堂之上。安神閨房，思老氏之玄虛，呼吸精和，求至人之彷彿。與達者數子，論道講書，俯仰二儀，錯綜人物，彈南風之雅操，發清霜之妙曲，逍遙一世之上，睥睨天地之間，不受當時之責，永保性命之期，如是，則可以陵霄漢，出宇宙之外矣，豈羨夫入帝王之門哉！（本傳）

這種保性安命的享樂的人生實是老子莊子揚子的思想之混合物。不過他以爲爲人應以禮義道德爲重，則猶不脫儒家之本色。

崔實（——死于後漢靈帝建寧中）

（一）一生的事略

崔實字子眞，一名台，字元始，是涿郡安平人。他從小就是沈靜的，喜歡典籍。他的父親死後，他隱居墓側，喪服滿後，三公並辟，都不就。桓帝初詔公卿郡國舉至孝獨行之士。他以郡舉徵詣公車，病不能對策，除爲郎。太尉袁湯大將軍梁冀辟他，並不應。旋以薦召拜議郎，遷梁冀府司馬，與邊韶延篤等著作東觀。出爲五原太守，以病徵拜議郎。等到梁冀誅，坐免官禁錮。後拜遼東太守。母卒歸葬。喪服滿後，召拜尚書，以世方阻亂，稱疾不視事，免歸。當他父親死後，他曾剽賣田宅，爲父起冢塋，立碑頌，因此資產用盡，乃以酤釀販鬻爲業。時人多以此譏笑他，但他終不改，因爲不在謀利，僅取自足。後來他仕宦歷位邊郡，而愈貧薄。建寧中病卒，家徒四壁，無以殯斂。他的著作原有政論五卷，四民月令一卷，集二卷，今僅存一部分。政論一書，尤爲人所推崇。仲長統稱之曰：『凡爲人主，宜寫一通，置之坐側。』（後漢書本傳）於此可見那書的尊貴了。

（二）用賢

治國者要求國家隆盛，必有賢人爲佐。崔實舉史事爲證曰：

自堯舜之帝，湯武之王，皆賴明哲之佐，博物之臣。故皋陶陳謨，而唐虞以興，伊箕作訓，而殷周用隆。及繼體之君，欲立中興之功者，曷嘗不賴賢哲之謀乎？（意林政論）

所謂「明哲」「賢哲」者，是指眞賢而言。如非眞賢，則不能收到這樣的效果。他所以說道：

理世不得眞賢，猶治病無眞藥；當用人參，反得蘆菔根。（御覽九百八十）

治國者未嘗不願求眞賢，奈以不辨賢不肖，所以往往要進眞賢而反致納不肖，使眞賢終抑於時。其言曰：

世主莫不願得尼軻之倫，以爲輔佐，卒然獲之，未必珍也。自非題牓其面曰：魯孔丘，鄒孟軻。殆必不見敬信。何以明其然也？此二者善已存于上矣。當時皆見薄賤而莫能任用，困厄削逐，待放不追，勞辱勤瘁，爲豎子所議笑。其故獲也？夫淳淑之士，固不曲道以媚時，不詭行以邀名，恥鄉原之譽，絕比周之黨，必待題其面曰：魯仲尼鄒孟軻，不可得也。而世主凡君明不能別異量之士，而適足受譖潤之愬。前君既失之于古，後君又蹈之于今；是以命世之士常抑于當時，而見思于後人。（意林政論）

其所以如此者，因賢不肖之間最初沒有顯明的區別，辨別至難。故又曰：

常患賢佞難別，是非倒紛，始相去如毫氂，而禍福差以千里；故聖君明主，其猶愼之。（同上）

所以世主單有進賢之心尚不足，須更有選賢之能方得濟事。就是眞賢進用之後，也須經過相當時間始克奏效。他又舉史事曰：

西門豹治鄴一年，民欲殺之。子產相鄭，初亦見詛。三載之後，德化乃治。……近漢世所謂良吏，黃侯召父之治，都視事皆且十年，然後功業乃著。且以仲尼之聖，由曰「三年有成」。（羣書治要政論）

因此急功近利之世主，就是得了眞賢也終難得其輔佐。

（三）刑罰與德教

治世之術不宜泥古，應遭時定制。他說道：

濟時拯世之術，豈必體堯蹈舜然後乃治哉！期于補綻決壞，枝柱邪傾，隨形裁割，取時君所能行，要措斯世于安甯之域而已。故聖人執權，遭時定制，步驟之差，各有云施，不強人以不能，背所急而慕所聞也。（意林政論）

這種主張並非是他的創見，而取之於儒家的始祖孔子。他以爲：

孔子對葉公以來遠，哀公以臨民，景公以節禮，非其不同，所急異務也。（同上）

他又以爲：

昔孔子作春秋，褒齊桓，懿晉文，歎管仲之功。夫豈不美文武之道哉？誠達權救弊之理也。故聖人能與世推移，而俗士苦不知變。（後漢書崔寔傳）

他所謂『文武之道』就是王道，專重德教；而齊晉所行之道是霸政，著重刑罰。他以爲王道與霸政相較，前者不一定勝於後者，換言之，卽德教不定勝於刑罰。其評價之高下，當以時世爲準則。時世宜於德教，則以德教爲高。時世宜於刑罰，則以刑罰爲高。但何時宜用德教何時應行刑罰呢？他說道：

夫刑罰者，治亂之藥石也；德教者，興平之粱肉也。夫以德教除殘，是以粱肉理疾也；以刑罰理平，是以藥石供養也。（同上）

而在他的時代，則他以爲應行刑罰之治。其理由是：

故宜量力度德。春秋之義。今既不能純法八世，故宜參以霸政，則宜重賞深罰以御之，明著法術以檢之。（同上）

爲什麽當時『不能純法八世』呢？因爲：

方今承百王之敝，値厄運之會。自數世以來，政多恩貸，馭委其轡，馬駘其銜，四牡橫奔，皇路險傾，方將拑勒鞬䩛以救之。豈暇鳴和鑾，清節奏，從容平路哉？（同上）

既宜重刑罰，則行之當嚴。因爲：

罰則不恕，不罰則不治。（羣書治要政論）

行刑罰既當本『罰則不恕』之原則，所以他反對赦免，曰：

赦以趣姦，姦以趣赦，轉相驅踧，兩不得息。雖日赦之，亂甫繁耳。（同上）

不過他所反對者是常時舉行赦免，而都非絕對主張不用赦免。他以爲舉行赦免：

宜十歲以上乃是壹赦。（同上）

在亂世固宜治以刑罰，就是在治世也不可盡棄刑罰。因爲：

夫人之情，莫不樂富貴榮華美服麗飾鏗鏘眩耀芬芳嘉味者也。晝則思之，夜則夢焉，唯斯之務，無須臾不存于心，猶水之歸下，川之赴壑。不厚爲之制度，則皆侯服王食僭至尊踰天制矣。是故先王之御世也，必明法度以閉民欲，崇隄防以禦水害。法度替而民散亂，隄防墮而水泛溢。（同上）

人民在亂世固欲盛，當重刑罰以制之。在治世固欲衰，但却不能無欲。既不能無欲，則不能無刑法；猶有水，則不能無隄防。誰在治世既亦不能無刑法，則刑罰之不可盡棄於治世也明矣。這就是說在升平之世也當有刑罰以輔佐德教。

（四）民生問題

在施行刑罰與德教之前，尚有一先決問題。這個先決問題，就是民生問題。他說道：

人非食不活，衣食足，然後可教以禮義，威以刑罰。（羣書治要政論）

要解決衣食問題，當使人民以農爲本。使人民賤本務而重末作者，爲奢僭之風。所以去奢僭實爲首圖。他極言奢僭之害道：

世奢服僭，則無用之器貴本務之業賤矣。農桑勤而利薄，工商逸而入厚，故農夫輟耒而彫鏤，工女投杼而刺繡，躬耕者少末作者衆。生土雖皆墾乂，而地功不致，苟無力穡焉得有年？財鬱蓄而不盡出；百姓窮匱而為姦寇。是以倉廩空而囹圄實，一穀不登則饑餒流死，上下相匱無以相濟。國以民為根，民以穀為命，命盡則根拔，根拔則本顛。（同上）

治國之首要既在去奢僭而重農耕，則農耕中之土地分配問題又因之以起。他以為要解決土地分配問題，當採用移民政策。所以他論移民政策曰：

今青徐兗冀，人稠土狹，不足相供，而三輔左右及涼幽州，內附近郡，皆土曠人稀，厥田宜稼，悉不肎墾發。小人之情安土重遷，寧就飢餒，無適樂土之慮。故人之為言瞑也，謂瞑瞑無所知，猶羣羊聚畜，須主者牧養處置。置之茂草則肥澤繁息，置之磽鹵則零丁耗減。是以景帝六年，詔郡國令人得去磽狹，就寬肥。至武帝遂徙關東貧人于隴西北地西河上郡會稽，凡七十二萬五千口，後加徙猾吏于關內。今宜復遵故事，徙貧人不能自業者于寬地。此亦開草闢土振人術之。（通典）

於此不但可以見到他的解決民生問題的方法；并且瞭然於他的政治思想的根本了。

第十三章　荀悅（紀元一四八——二〇九年）

（一）一生的事略

荀悅，字仲豫，是潁川人。他的父親早就死掉的。十二歲時，他就能說春秋。因家貧無書，每到人家見了篇牘，一覽就能誦記。生性沈靜而美姿容。後漢靈帝時，閹官用權，士多退身窮處，所以他也託疾隱居，時人沒有知道他的。建安初，辟鎮東將軍曹操府，遷黃門侍郎。因獻帝頗好文學，他與他的從弟彧，及少府孔融，侍講禁中，旦夕談論，累遷秘書監侍中。當時政權多握在曹操的手裏，獻帝只得順從。他見到這種局勢，很想獻替，但謀無所用，乃作書以寄意。建安十四年卒。

他性好著述，曾作申鑒五篇，獻於獻帝，帝稱善；依左傳體以爲漢紀三十篇，辭約事詳，論辨多美；又著崇德正論及諸論數十篇。今所存者，僅前二書。

（二）人與性

荀悅說道：

立天之道，曰陰與陽。立地之道，曰柔與剛。立人之道，曰仁與義。陰陽以統其精氣，剛柔以品其羣形，仁義以經

其事業，是爲道也。（申鑒政體篇）

這就是說人的本體是『精氣』。精氣之所以能成人，由於陰陽二力所致。人既生成，當致力於仁義，方不負爲人之道。但人之本質是否卽爲仁義？若人之本質原爲仁義，則人之致力於仁義也，僅須保全其原有的本質就成功了。若人之本質非純爲仁義，或竟非仁義，則人之成仁人與義士也，不可不有賴於外力。要解決此問題，則不可不先究明人性。所謂性者，就是：

生之謂性也，形神是也。（同上雜言下）

所謂『形神』，他又解釋道：

凡言神者，莫近於氣。有氣斯有形，有神斯有好惡喜怒之情矣。（同上）

由此可知人性就是人所受『精氣』而成之形神。所謂『情』者，乃由性受感動而生；故曰：

易稱乾道變化，各正性命，是言萬物各有性也。觀其所感而天地萬物之情可見矣，是言情者，感應而動者也。（同上）

由此更可知『性』爲本質，而『情』則爲其動態。性所動而生者，不單是情，尙有『意』『心』『志』等。其言曰：

凡情意心志者，皆性動之別名也。情見乎辭，是稱情也。言不盡意，是稱意也。中心好之，是稱心也。以制其志，是

稱志也（同上）

情意心志名雖各別，實則都是性動所生的。性的善惡問題，古來先哲持論各異。他於諸先哲中，獨贊同劉向之言。他說道：

孟子稱性善。荀卿稱性惡。公孫子曰：「性無善惡。」揚雄曰：「人之性善惡渾。」劉向曰：「性情相應，性不獨善；情不獨惡。」曰：問其理。曰：性善則無四凶，性惡則無三仁。人無善惡，文王之教一也，則無周公管蔡。性善情惡，是桀紂無性，而堯舜無情也。性善惡皆渾，是上智懷惠而下愚挾善也，理也未究矣。惟向言爲然。（同上）

他於諸性論中既獨贊同劉向的『性情相應』說，則認人之仁義由其性的靜態與動態相應而成的結果。性的靜態好比是拍照所用的乾片，性的動態，卽所謂情，又好比是攝影鏡頭撥開後，乾片上所生的感應作用。而仁義則似乾片上受感應後所成的形像。單是乾片好，攝影的成績未必一定好。單是攝影術好，而乾片惡劣，攝影的成績也難見好。性與情相應所生之仁義與不仁義，或善與惡，也是如此。不過普通攝影成績之不良，類多由於攝影術之拙劣。而人之不仁不義，也類多由于情之不當。他申言其理曰：

有人於此，嗜酒嗜肉，肉勝則食焉，酒勝則飲焉。此二者相與爭，勝者行矣。非情欲得酒，性欲得肉也。有人於此，好利好義，義勝則義取焉，利勝則利取焉。此二者相與爭，勝者行矣。非情欲得利，性欲得義也。其可兼者，則兼取之。其不可兼者，則隻取重焉。若苟隻好而已，雖可兼取（當有闕文）矣。若二好均平，無分輕重，則一俯一

仰，乍進乍退。(同上)

于此不但見情爲人之仁義與不仁義的樞紐；幷且可知情之當與不當，全視外力之如何。欲使人情不爲不良之外力引誘而趨於不當，則惟有賴于教與刑。故曰：

性雖善，待教而成。性雖惡，待法而消。唯上智下愚不移。其次善惡交爭，於是教扶其善，法抑其惡，得施之九品，從教者半，畏刑者四分之三，其不移大數九分之一也。一分之中，又有微移者矣。然則法教之於化民也，幾盡之矣。及法教之失也，其爲亂亦如之。(同上)

爲什麼『唯上智下愚不移』呢？因爲他認性有三品。其言曰：

有三品焉，上下不移，其中則人事存焉爾。(同上)

性之有三品，又好比乾片之有上中下三等。上等乾片加以高明之攝影術，則其成績當然是好的；就是攝影術稍差，其成績也不致過劣。下等乾片而遇不甚高明之攝影術，則其成績當然不好；就是攝影術高明，其成績亦難見好。中等乾片對於攝影上成績之高下，則全視攝影術之高下爲轉移。性與教刑之關係亦然。故曰：『上下不移，其中則人事存焉爾。』世間上智下愚較少，而中才特多；所以人之成仁義與否，類多由於情之當否。而其情之當否，則又繫於教與刑之存亡。於此不僅可瞭然於仁義之由性情相應而來，幷且懂得怎樣完成『立人之道』了。

(三) 養性之道

人性既是人所受精氣而成之形神，則人欲求形神長存，不可不知養性之道。荀悅詳談養性之道曰：

養性秉中和守之以生而已。愛親愛德愛力愛神之謂嗇，否則不宣，過則不澹。故君子節宣其氣，勿使有所壅閉。滯底昏亂，百度則生疾。故喜怒哀樂思慮，必得其中所以養神也。寒暄盈虛消息，必得其中，所以養神也。善治氣者，由禹之治水也。若夫導引蓄氣，歷藏內視，過則失中，可以治疾，皆非養性之聖術也。夫屈者以乎申也，蓄者以乎虛也內者以乎外也。氣宜宣而遏之，體宜調而矯之，神宜平而抑之，必有失和者矣。夫善養性者無常術得其和而已矣。（申鑒俗嫌篇）

於此可知養性之要道就是『秉中和。』世所謂『仁者壽』者，就是因爲仁者能『秉中和。』其言曰：

仁者，內不傷性，外不傷物，上不違天，下不違人，處正居中，形神以和，故咎徵不至，而休嘉集之，壽之術也。（同上）

因此可知『秉中和』不僅是養性之道，簡直就是長壽之術。他以爲這種長壽之術，就是神仙家的『鬬息。』其術如下：

鄰臍二寸謂之關。關者，所以關藏呼吸之氣，以稟授四氣也，故氣長者以關息；氣短者其息稍升，其脈稍促，其神稍越，至於以肩息而氣舒。其神稍專，至於以關息而氣衍矣。故道者常致氣於關。是謂要術。（同上）

他又把『關息』從學理上說明道：

> 凡陽氣生養，陰氣消殺。和喜之徒，其氣陽也。故養性者，崇其陽而絀其陰。陽極則亢，陰極則凝。亢則有悔，凝則有凶。夫物不能爲春，故候天春而生。人則不然，存吾春而已矣。（同上）

他既這樣深明神仙家的關息之術和陰陽屈伸之旨，幷且予以稱揚；則必爲神仙家的信徒了。但實則不然。他不僅不取神仙家的『導引蓄氣歷藏內視；』且反對『黃白』道：

> 燔埴爲瓦則可。爍瓦爲銅則不可。以自然驗於不然，詭哉！歐犬羊之肉以造馬牛，不幾矣！不其然歟！（同上）

又反對神仙家的『多服藥』道：

> 藥者，療也，所以治疾也。無疾，則勿藥可也。肉不勝食氣，況於藥乎？寒斯熱，熱則致滯。陰藥之用也，唯適其宜，則不爲害。若已氣平也，則必有傷。唯鍼火亦如之。故養性者不多服也，惟在乎節之而已矣。（同上）

他所以不被捲入當時盛行的神仙家之隊伍中者；因爲他是根本站在儒家的旗幟之下的。所以他訶斥神仙之術道：

> 誕哉！末之也已矣。聖人弗學，非惡生也。終始，運也。短長，數也。運數，非人力之爲也。（同上）

他的篤信運數，就是儒家的特徵。所以他雖採用神仙家的『關息』以爲養性之道；但堅決的認此道祇足用以『盡性』『盡命，』而不能如神仙家之所謂成仙。其言曰：

> 夫惟壽則惟能用道；惟能用道則性壽矣。苟非其性也，修之不至也。學必至聖，可以盡性；壽必用道，所以盡命。

（同上）

僬僥桂莽產乎異俗。就有仙人，亦殊類矣。（同上）

所以運數短的人雖能養性，也未必能長壽。他論仁人如顏回冉有的夭壽道：

命也，麥不終夏，花不濟春。如和氣何？雖云其短，長亦在其中矣。（同上）

運數之有長短，由於性之有差等。他所說『苟非其性也，修之不至也』意卽在此。

（四）人類的模楷

他以爲人類的敗類是小人，而與小人適處於相反的地位者是君子。其適相反之主要點爲：

爲世憂樂者，君子之志也；不爲世憂樂者，小人之志也。（申鑒雜言上）

此卽言君子是推己及人的，而小人則惟以一己是圖。不過君子之足以稱道者，尙不止此。他列舉君子之特點道：

君子循其性以輔其命，休斯承，否斯守，無務焉，無怨焉。（同上雜言下）

君子樂天知命，故不憂；審物明辨，故不惑；定心致公，故不懼。若乃所憂懼則有之，憂己不能成天性也，懼己惑之變不能免天命無惑焉。（同上）

君子所惡乎異者三：好生事也，好生奇也，好變常也。好生事，則多端而動衆；好生奇，則離道而惑俗；好變常，則輕法而亂度。故名不貴苟傳，行不貴苟難，權爲茂矣。其幾不若輕，辯爲美矣，其理不若絀。文爲顯矣，其中不若模，博爲盛矣。其正不若約。莫不爲道，知道之體，大之至也。莫不爲妙，知神之幾，妙之至也。莫不爲正，知（缺一子）之（缺一字）正之至也。故君子必存乎三至。弗至，斯有守無誖焉。（同上）

君子有三鑒：世人鏡鑒，前惟順，人惟賢，鏡惟明。夏商之衰，不鑒於禹湯也；周秦之弊，不鑒於民下也；側弁垢顏，不鑒於明鏡也。故君子惟鑒之務。若夫側景之鏡，亡鑒矣。（同上雜言上）

君子嘉仁而不責惠，尊禮而不責意，貴德而不責怨，其責也先己而行也先人。……故君子有常交，曰義也；有常誓，曰信也。（同上雜言下）

君子審乎自恥。（同上）

君子既有如是種種懿行美德，所以實爲人類的模楷。君子之所以成爲君子者究何在？他說道：

君子本神爲貴，神和德平而道通。（同上）

君子自成之關鍵在乎通中正和平之道，簡稱之曰中道。所以：

君子食和羹以平其氣；聽和聲以平其志；納和言以平其政；履和行以平其德——夫酸鹹甘苦不同，嘉味以濟，謂之和羹；宮商角徵不同，嘉音以章，謂之和聲；臧否損益不同，中正以訓，謂之和言；趨舍動靜不同，雅度以平，謂之和行。（同上雜言上）

於此可知君子之成也不僅通中道，且須無往而不行中道。但君子猶非是人類的最高模楷。在君子之上，尙有所謂聖人。聖人與君子之不同處，僅在於行中道的程度上。其言曰：

> 莫不爲道。聖人其宏矣。聖人之道，其中道乎！（同上雜言下）

於此又可知聖人之所以高於君子者，在乎其所行之中道較君子所行者尤爲宏大。聖人既爲人類的最高模楷，則人人是否都可做效而成的呢？他說道：

> 人非下愚，則皆可以爲堯舜矣。寫堯舜之貌，同堯舜之姓，則否。服堯之制，行堯之道，則可矣。行之於前，則古之堯舜也。行之於後，則今之堯舜也。（同上雜言上）

除去生性下愚者外，人人可做行聖人之道而成聖人，於君子更不必論了。又說道：

> 行桀紂之事，是桀紂也。堯舜桀紂之事，常並存於世，唯人所用而已。楊朱哭歧路，所通逼者然也。夫歧路惡足悲哉！中反焉。若夫縣度之厄，素舉足而已矣。損益之符，微而顯也。趙獲二城，臨饋而憂。陶朱既富，室妾悲號。此知益爲損之爲益者也。屈伸之數，隱而昭也。有仍之困，復夏之萌也。鼎雉之異，興殷之符也。邵宮之難，隆周之應也。會稽之棲，霸越之基也。子之之亂，強燕之徵也。此知伸爲屈之爲伸者也。（同上）

只要不是生性下愚，人人固可成君子聖人；但亦不難淪爲小人。人人能自知上進，則成君子聖人。人人苟自甘墮落，則成小人。所以人之成爲人類的模楷或敗類，全在人自爲。不過既成爲君子聖人者，亦不必自負，偶一不愼，卽淪爲小人。而已淪爲小人者，亦不可自甘墮落，苟能振作，仍不難成爲君子聖人。小人與君子聖人之間原無鴻溝之隔，僅在一念之轉變罷了。

(五)政之大經

荀悅論政治的體系曰：

> 天作道，皇作極，臣作輔，民作基。(申鑒政體篇)

這個體系的關聯是在乎皇。皇不僅是這個體系的承上啓下之樞紐，幷且爲使其圓滿發展之要人。皇苟欲使其圓滿發展，當行六事。所以荀氏曰：

> 惟先哲王之政：一曰承天，二曰正身，三曰任賢，四曰恤民，五曰明制，六曰立業。承天惟允，正身惟常，任賢惟固，恤民惟勤，明制惟典，立業惟敦，是謂政體也。(同上)

此六事實爲王欲完成政治體系所不可缺者。所謂『承天』者，卽爲王承天所作之『道』以行事。至於『道』之內容，他說明道：

> 夫道之本，仁義而已矣。五典以經之，羣籍以緯之，詠之歌之，弦之舞之，前鑒旣明，後復申之。故古之聖王，其於仁義也，申重而已。(同上)

道就是經書中所載的仁義。古聖王詳細推敲經書中的仁義，以爲治國之依據，也就是在乎承天之道。而所謂『仁義』者，又可以『恕正』二字說明之，其言曰：

有一言而可常行者，恕也。有一行而可常履者，正也。恕者，仁之術也。正者，義之要也。至哉！此謂道根，萬化存焉爾。是謂不思而得，不爲而成，執之胸心之間，而功覆天下也。（同上）

王之由仁義或恕正發而爲行政，就是能承天之道。因爲承天之道須從實地做去，不可徒事表面；故曰『承天惟允』。所謂『正身』者，卽王自正其身。王之正身也應：

戒專欲。（同上雜言上）

勤身苦思，矯情以從道。（同上）

王之正身不是一時之事，須持至悠久；故曰：『正身惟常』。所謂『任賢』，卽王用賢臣以爲輔佐。王之須有臣輔而始能稱治，猶天之須與地合作方可生萬物。其言曰：

非天地不生物，非君臣不成治。首之者天地也，統之者君臣也哉。（同上）

王固不可無臣輔，但須用賢人以爲臣輔。否則，非特不能成事，反致敗事。所以他說道：

用臣不賢，則國非其國也。（同上政體篇）

不過王欲任賢，須恤十難。他說道：

惟恤十難以任賢能。一曰不知，二曰不進，三曰不任，四曰不終，五曰以小怨棄大德，六曰以小過黜大功，七曰以小失掩大美，八曰以奸訐傷忠正，九曰以邪說亂正度，十曰以讒嫉廢賢能：是謂十難。十難不除，則賢臣不

用。(同上)

賢人既被任用後，當竭盡其臣道。臣道就是：

戒專利。(同上雜言上)

必竭其誠，明其道，盡其義，斯已而已矣；不已則奉身以退，臣道也。(同上)

臣固須守其臣道，王亦當堅持其用賢之決心，故曰『任賢惟固。』所謂『恤民』『明制』『立業』者，都是王對於人民所應行之事，要實現此三事，當崇『五政』，而要崇『五政』，又當先屏『四患』。所謂『四患』者就是：

一曰僞，二曰私，三曰放，四曰奢。(同上政體篇)

爲什麽這些是政治上的四患呢？其理由如下：

僞亂俗，私壞法，放越軌，奢敗制。四者不除，則政末由行矣。俗亂則道荒，雖天地不得保其性矣。法壞則世傾，雖人主不得守其度矣。軌越則禮亡，雖聖人不得全其道矣。制敗則欲肆，雖四表不能充其求矣。是謂四患。(同上)

四患屏除之後，方可進而崇『五政』。所謂『五政』則爲：

興農桑以養其生；審好惡以正其俗；宣文教以章其化；立武備以秉其威；明賞罰以統其法。(同上)

他又分段詳細講明五政道：

民不畏死，不可懼以罪。民不樂生，不可觀以善。雖使高布五教，咎繇作士，政不行焉。故在上者，先豐民財以定其志。帝耕籍田，后桑蠶宮，國無遊民，野無荒業，財不虛用，力不妄加，以周民事，是謂養生。

君子之所以動天地應神明正萬物而成王治者，必本乎眞實而已。故在上者審則儀道，以定好惡：善惡要於功罪，毀譽效於準驗，聽言責事，舉名察實，無或詐僞以蕩衆心。故事無不覈，物無不切，善無不顯，惡無不彰，俗無姦怪，民無淫風，百姓上下，睹利害之存乎己也。故肅恭其心，愼脩其行，內不忒惑，外無異望，慮其睹去徼倖，無罪過不憂懼，請謁無所聽，財賂無所用，則民志平矣。是謂正俗。

君子以情用，小人以刑用。榮辱者賞罰之精華也。故禮教榮辱以加君子，化其情也；桎梏鞭朴以加小人，治其刑也。君子不犯辱，況於刑乎？小人不忌刑，況於辱乎？若夫中人之倫，則刑禮兼焉。教化之廢，推中人而墜於小人之域；教化之行，引中人而納於君子之塗。是謂章化。

小人之情，緩則驕，驕則恣，恣則急，急則怨，怨則畔，危則謀亂，安則思欲，非威彊無以懲之。故在上者，必有武備以戒不虞，以遏寇虐。安居則寄之內政，有事則用之軍旅。是謂秉威。

賞罰，政之柄也。明賞必罰，審信愼令。賞以勸善，罰以懲惡。人主不妄賞，非徒愛其財也；賞妄行，則善不勸矣。不妄罰，非徒愼其刑也；罰妄行，則惡不懲矣。賞不勸謂之止善，罰不懲謂之縱惡。在上者能不止下爲善，不縱下爲惡，則國治矣。是謂統法。（同上）

首一政爲實現六事中之『恤民』。爲什麼對於民政首須重養民呢？因爲：

　　人主承天命以養民者也。（同上雜言上）

君爲元首，臣爲股肱，民爲手足。下有憂民，則上不盡樂。下有飢民，則上不備膳。下有寒民，則上不具服。徒跣而垂旒，非禮也。故足寒傷心，民寒傷國。（同上政體篇）

次四政爲實現六事中之『明制』與『立業』，亦即對民施行『法』與『教』。養民爲施行法教之先決問題，所以先言養民而後說法教。他以爲法教在行政上至爲重要，故曰：

　　凡政之大經，法教而已矣。（同上）

雖重法，却不主張濫施刑罰。其言曰：

　　惟愼庶獄以昭人情。天地之大德曰生。萬物之大極曰死。死者不可以生，刑者不可以復；故先王之刑也，官師以成之，棘槐以斷之，請訊以寬之，朝市以共之，矜哀以恤之，刑斯斷，樂不舉，愼之至也。刑哉！刑哉！其愼矣夫。（同上）

　　惟稽五赦，以綏民中：一曰原心，二曰明德，三曰勸功，四曰褒化，五曰權計。（同上）

重法之目的在乎教。因爲法是在消極方面輔助教化，故曰：

　　教者陽之化也；法者陰之符也。（同上）

教必有法之輔助，始能大行于天下。故又曰：

若乃二端（教與法也）不愆，五德（仁義禮智信也）不離，六節（好惡喜怒哀樂也）不悖，則三才允序，五事交備，百工惟釐，庶績咸熙。（同上）

於此可見他以爲行政之最後目的，是在乎教化之大行。王之大事在於立政，政既立好了，卽可實行無爲而治。所以他說道：

四患既蠲，五政既立，行之以誠，守之以固，簡而不怠，疏而不失，無爲爲之，使自施之，無事事之，使自交之，不肅而治，垂拱揖遜，而海內平矣。是謂政之方也。（同上）

於此又可見他以爲立政之道，當本之儒家的仁義；而行政之方，則又須採取道家的無爲了。

第十四章　徐幹（紀元一七一——二一八年）

（一）一生的事略

徐幹，字偉長，是北海劇人。年未弱冠，學五經悉載於口，博覽傳記，言則成章。他和時賢王粲陳琳阮瑀應瑒劉楨都是好朋友。建安中爲司空軍謀祭酒掾屬五官將文學。先賢行狀稱之曰：『幹清玄體道，六行脩備，聰識洽聞，操翰成章，輕官忽祿，不耽世榮。建安中太祖（魏太祖曹操）特加旌命，以疾休息，後除上艾長，又以疾不行。』魏文帝與吳季重書又稱之曰：『偉長懷文抱質，恬淡寡欲，有箕山之志，可謂彬彬君子者矣。』（文選）建安二十三年卒，行年四十八。

他的著作有中論二十餘篇，辭義典雅；但今僅存二十篇。昔唐太宗稱嘗見幹中論復三年喪篇，而今書此篇已闕。（貞觀政要。）曾鞏校幹書而論之曰：『漢承周衰及秦滅學之餘，百氏雜家與聖人之道並傳，學者罕能獨觀於道德之要，而不牽於俗儒之說；至於治心養性，去就語默之際，能不悖於理者固希矣；況至於魏之濁世哉！幹獨能考六藝，推仲尼孟軻之旨，述而論之，求其辭，時若有小失者，要其歸，不合於道者少矣。』於此已可見其言論之主要所在。茲再分析其重要思想如下。

（二）人心

徐幹論人心曰：

人心莫不有理道。（中論上脩本篇。）

人心雖有理道；但如寶物之藏於暗室，必經開明，而始得見。誰能担負這開明的任務呢？那唯有『學。』其言曰：

民之初載，其矇未知，譬如寶在於玄室，有所求而不見，白日照焉，則羣物斯辨矣。學者，心之白日也。（同上治學篇。）

怎樣學方能使黑暗的心變成光明呢？其言又曰：

人心必有明焉，必有悟焉，如火得風，而炎熾，如水赴下而流速。故太昊觀天地而畫八卦，燧人察時令而鑽火，帝軒聞鳳鳴而調律，倉頡視鳥跡而作書。斯大聖之學乎神明，而察乎物類也。賢者不能學於遠，乃學於近，故以聖人爲師。昔顏淵之學聖人也，聞一以知十；子貢聞一以知二。斯皆觸類而長之，篤思而聞之者也。非唯賢者學於聖人，聖人亦相因而學也。孔子因於文武，文武因與成湯，成湯因於夏后，夏后因於堯舜。故六籍者，羣聖相因之書也。其人雖亡，其道猶存。今之學者勤心以取之，亦足以到昭明而成博達矣。（同上）

於此可知所謂學者，就是因聖賢或物類，而使黑暗的心變做光明。爲什麽心不能自明，而必有所『因』呢？他說明這個道理道：

目也者，能遠察而不能近見，其心亦如之。君子誠知心之似目也，是以務鑒於人以觀得失。故視不過垣牆之裏，而見邦國之表；聽不過閫槷之內，而聞千里之外，因人也。人之耳目盡為我用，則我之聰明無敵於天下矣。（同上虛道篇）

心之矇昧時，為未成心。心因學而見光明時，為成心。成心方能見心之特效。他說成心之特效道：

君子者，能成其心。心成，則內定。內定，則物不能亂。物不能亂，則獨樂其道。獨樂其道，則不聞為聞，不顯為顯。故禮稱君子之道，闇然而日彰；小人之道，的然而日亡。君子之道，淡而不厭，簡而文，溫而理，知遠之近，知風之自，知微之顯，可與入德矣。（中論下考偽篇）

因『善無大小，咸載於心』，（中論上虛道篇）所以成心之特效為『可與入德矣』。然則成心與未成心之區別又何在呢？他說道：

夫見人而不自見者謂之矇，聞人而不自聞者謂之瞶，慮人而不自慮者謂之瞀。故明莫大乎自見，聰莫大乎自聞，睿莫大乎自慮。（中論上脩本篇）

於此可見矇昧的未成心是『不自見，』『不自聞，』『不自慮』的；而光明的成心是『自見，』『自聞，』『自慮』的。此不僅是成心與未成心的區別，并且為有德者與失德者之成因呢。

（三）人道

徐幹曰：

先王立教官，掌教國子，教以六德曰：智、仁、聖、義、中、和；教以六行曰：孝、友、睦、婣、任、恤；教以六藝曰：禮、樂、射、御、書、數。三教備而人道畢矣。（中論上治學篇）

此所謂『六德』『六行』『六藝』是根據周禮的。『德』『行』二者，徐氏在他篇中亦總稱之曰『德』，而以德藝二者並舉。他說：

藝者，可以事成德者也；德者，以道率身者也。藝者，德之枝葉也；德者，人之根幹也。斯二物者，不偏行，不獨立。木無枝葉，則不能豐其根幹，故謂之瘣；人無藝，則不能成其德，故謂之野。若欲爲夫君子，必兼之乎。（同上藝紀篇）

他所以把德藝認做爲人之道者，實本之於儒家的鼻祖孔子。所以他說道：

孔子曰：「志於道，據於德，依於仁，游於藝。」藝者，心之使也，仁之聲也，義之象也。故禮以考敬，樂以敦愛，射以平志，御以和心，書以綴事，數以理煩。敬考則民不慢；愛敦則羣生悅；志平則怨尤亡；心和則離德睦；事綴則法戒明；煩理則物不悖。六者雖殊，其致一也。（同上）

但德藝之成，根本由於『智』。他說道：

人不學，則無以有懿德。（同上治學篇）

因爲人學則可以使未成心變爲成心，由成心而『可與入德矣』。所謂未成心變爲成心者，卽言因學而由愚昧轉爲智慧。又所謂由成心而『可與入德矣』者，卽言由智慧而進於德。這就是他簡約地說明德根本由於『智』而成。他又說道：

藝之興也，其由民心之有智乎。造藝者，將以有理乎。民生而心知物，知物而欲作，欲作而事繁，事繁而莫之能理也。故聖人因智以造藝，因藝以立事。二者近在乎身，而遠在乎物。藝者，所以旌智飾能，統事御羣也，聖人之所不能已也。（同上藝紀篇）

這就是他說明藝也根本由於『智』而成。智既爲德藝之根源，故智實高於德藝。漢儒都是重德，而他獨重智。其言曰：

或問曰：士或明哲窮理，或志行純篤，二者不可兼，聖人將何取？對曰：其明哲乎。（同上智行篇）

所謂『明哲』，卽是智。這就是明白的說：於智德不可兼有時，寧獨取智。因爲在實用上，智實不可或闕。他竭力稱智之實用曰：

夫明哲之爲用也，乃能殷民阜利，使萬物無不盡其極者也。……是故聖人貴才智之特能立功立事益於世矣。（同上）

況且有德而無智，德亦將成空虛。因德須籍智，方能見諸實用。他所以又曰：

聖人之可及，非徒空行也智也。伏羲作八卦；文王增其辭。斯皆窮人知化，豈徒特行善而已乎。（同上）

這種專重智的主張，他以爲並非是他獨創的，也本之於孔氏。其言曰：

仲尼問子貢曰「汝與回也孰愈？」對曰「賜也何敢望回回也聞一以知十；賜也聞一以知二。」子貢之行，不若顏淵遠矣，然而不服其行，服其聞一知十。由此觀之，盛才所以服人也。仲尼亦奇顏淵之有盛才也，故曰：「回也非助吾者也，於吾言無所不說。」顏淵達於聖人之情，故無窮難之辭，是以能獨獲亹亹之譽，爲七十子之冠。曾參雖質孝，原憲雖體淸，仲尼未甚嘆也。（同上）

他所以獨標榜唯智論者，意不僅在推翻漢代一般儒生的唯德論；且欲揭明人所向不注意之儒家的眞精神。

（四）生死

好生而惡死，是人之常情。但在事實上，人往往去生而就死。這是什麼道理呢？徐幹用問答的口氣說明這個道理：

問曰：夫人莫不好生而惡死，……然觀其舉措也，或去生而就死，……將好惡與人異乎？曰：非好惡與人異也，乃所以求生……者天其道也。譬如迷者欲南而反北也。（中論下愼所從篇）

這就是說人之去生而就死者，並非以其好惡之情有異，特因其失生之道。他論人對於生死之過失曰：

人之過在於哀死，而不在於愛生。（中論上脩本篇）

這就是說：人好生而妄求生者，乃失生之道；須『在於愛生』上留意，方能得生之正道。所謂『愛生』者，即愛惜生命而不妄生。怎樣才算得愛惜生命而不妄生呢？曰：須使一生爲仁而生。他引曾子之言以說明其自己的主張道：

曾子曰：「士任重而道遠；仁以爲己任，不亦重乎；死而後已，不亦遠乎。」（同上）

能行仁者，不僅是眞正愛生，而且能長生。故又引孔子之言曰：

孔子曰「仁者壽」此行仁之壽也。（中論下天壽篇）

他又說明『仁者壽』的道理道：

孔子云爾者，以仁者壽，利養萬物，萬物亦受利矣，故必壽也。（同上）

有人常以顏子短壽一類話來推翻『仁者壽』之語，所以他更爲此辯護道：

聞自堯至於武王，自稷至於周召，皆仁人也。君臣之數，不爲少矣。考其年壽，不爲夭矣。斯非仁者壽之驗耶？又七十子豈殘酷者哉？顧其仁有優劣耳。其夭者惟顏回。據一顏回而多疑其餘，無異以一鈎之金，權於一車之羽，云金輕於羽也。天道迂闊，闇昧難明，聖人取大略以爲成法，亦安能委曲不失毫芒，無差跌乎？且夫信無過於四時，而春或不華，夏或隕霜，秋或雨雪，冬或無冰，豈復以爲難哉？（同上）

於此可見顏子短壽是『仁者壽』的例外，不能因有例外，即推翻此普遍定律。因此行仁與否，仍不失爲長生速死之關鍵。

（五）名實

名本從實而立。名實原應相符。但實際上名實往往不然。所以說：

名有同而實異者矣。名有異而實同者矣。（中論下譴交篇）

名實不符之名是僞名。僞名是要不得的。所以他說道：

求名者，聖人至禁也。昔衞公孟多行無禮，取憎於國人，齊豹殺之以爲名，春秋書之曰「盜」。（同上考僞篇）

爲什麽孔子對於爲名者，責備得這樣利害呢？因爲爲名有意想不到的大害如下：

夫爲名者，使眞僞相冒，是非易位，而民有所化：此邦家之大災也。（同上）

爲名之害旣如此其大，所以孔子不得不責爲名者如彼之嚴。不過孔子所責之爲名者，是爲僞名者。爲實名者非特不爲孔子所責，且爲其所貴。因爲：

仲尼惡沒世而名不稱。（同上）

爲什麽僞名則受排斥，而實名則反爲可貴呢？他說明僞名與實名之不同，及其可賤可貴之理由道：

名者，所以名實也。實立而名從之，非名立而實從之也。故長形立而名之曰長，短形立而名之曰短。非長短之名先立，而長短之形從之也。仲尼之所貴者，名實之名也。貴名，乃所以貴實也。夫名之繫於實也，猶物之繫於時也。物者，春也吐華，夏也布葉，秋也凋零，冬也成實。斯無爲而自成者也。若強爲之，則傷其性矣。名亦如之。故

僞名者，皆欲傷之者也。人徒知名之爲善，不知僞善者爲不善也，惑甚矣！（同上）

於此可知求僞名者僅得虛名；求實名者是實至名歸。專求名者，常傷其實。專務實者，名反不求而自至。

（十八）君子與聖人

君子是徐幹所認爲人類中的善人。君子之所以爲善人者，以其將貴善爲第一義。所以徐氏曰：

君子之所貴者，遷善懼其不及，改惡恐其有餘。（中論上虛道篇）

君子之貴善也，首在於貴言。爲什麼要貴言呢？其理由如下：

君子必貴其言。貴其言，則尊其身。尊其身，則重其道。重其道，所以立其教。言費，則身賤。身賤，則道輕。道輕，則教廢。故君子非其人則弗與之言，若與之言，必以其方。（同上貴言篇）

所謂『方』，又是怎樣的呢？他說道：

君子之與人言也，使辭足以達其知慮之所至，事足以合其性情之所安，弗過其任而強牽制也。（同上）

言與行相聯，故於貴言之外，復須重行。所以他說道：

君子者，行不媮合，立不易方，不以天下枉道，不以樂生害仁。（中論下亡國篇）

君子之所以如此者，以其看重法象。他說法象與君子之重要關係道：

夫法象立，所以爲君子。法象者，莫先乎正容貌，愼威儀。是故先王之制禮也，爲冕服采章以旌之，爲佩玉鳴璜以聲之。欲其尊也，欲其莊也，焉可懈慢也。夫容貌者，人之符表也。符表正，故情性治。情性治，故仁義存。仁義存，故盛德著。盛德著，故可以爲法象，斯謂之君子矣。（中論上法象篇）

君子於行爲上不僅留意外貌，而且注重內心。故曰：

君子常虛其心志，恭其容貌，不以逸羣之才，加乎衆人之上，視彼猶賢，自視猶不足也。（同上虛道篇）

因爲君子注重內心，所以責己甚嚴。其言曰：

君子之於己也，無事而不懼焉：我之有善，懼人之未吾好也；我之有不善，懼人之未吾惡也；見人之善，懼我之不能脩也；見人之不善，懼我之必若彼也。（同上脩本篇）

君子對己雖嚴厲，而待人則寬和，其言又曰：

君子之交人也，歡而不媟，和而不同，好而不佞詐，學而不虛行，易親而難媚，多怨而寡非，故無絕交，無畔朋。（同上法象篇）

君子不特待人以寬和，且能導人入於善。其言又曰：

大禹善治水，而君子善導人。導人必因其性，治水必因其勢，是以功無敗而言無異也。（同上貴言篇）

因君子之言行如此，所以他極口稱之曰：

君子……立必磬折，坐必抱鼓，周旋中規，折旋中矩，視不離乎結襘之間，言不越乎表著之位，聲氣可範，精神

可愛，俯仰可宗，揖讓可貴，述作有方，動靜有常，帥禮不荒，故為萬夫之望也。（同上法象篇）

與君子相對立者為小人。小人與君子所以常立於相對地位之主因，不外乎下列數端：

人心莫不有理道，至乎用之則異矣：或用乎己，或用乎人。用乎己者謂之務本，用乎人者，謂之近末。君子之理也，先務其本，故德建而怨寡。小人之理也，先近其末，故功廢而讐多。（同上脩本篇）

君子脩德，始乎笄丱，終乎鮐背，創乎夷原，成乎喬嶽。……小人朝為而夕求其成，坐施而立望其反，行一日之善，而求終身之譽，譽不至，則曰善無益矣，遂疑聖人之言，背先王之教，存其舊術，順其常好，是以身辱名賤，而不免為人役也。（同上）

小人恥其面之不及子都也；君子恥其行之不如堯舜也。故小人尚明鑒，君子尚至言。（同上貴驗篇）

君子自強其所重以取福；小人日安其所輕以取禍。（同上脩本篇）

君子小人行徑不同，故一則為人愛戴而獲福，一則為人怨恨而得禍。但君子雖為善人，而猶非至善人。因君子之上尚有所謂聖人。君子與聖人在善之程度上固有差異，而其成也則同由於學。故曰：

昔之君子成德立行，身沒而名不朽，其故何哉？學也。學也者，所以疏神達思，怡情理性，聖人之上務也。（同上治學篇）

君子與聖人既同成於學，則何以成不同之善呢？那由於因學所成之智各不同。聖人之所以高出於君子者，即在於其因學所成之智。故又曰：

聖人之可及，非徒空行也，智也。……蓋君子通於賢者也，聰明惟聖人能盡之，大才通人有而不能盡也。（同上智行篇）

這是徐氏在倫理學上，始終所維護的唯智論。

（七）君道

徐幹所謂『君道』，實在就是治國平天下之道。其言曰：

人君之所務者，其在大道遠數乎。大道遠數者，爲仁足以覆幬羣生，惠足以撫養百姓，明足以照見四方，智足以統理萬物，權足以變應無端，義足以阜生財用。威足以禁遏姦非，武足以平定禍亂，詳於聽受而審於官人，達於興廢之原，通於安危之分。如此，則君道畢矣。（中論下務本篇）

『君道』誠能如徐氏所謂『大道遠數』，自然可以豪髮無遺憾。但這所謂『大道遠數』僅屬原則，而非具體之事務。至於具體之事務，他並未明白指出。就中論全書所述，約可得數事如左：

第一、奉贊天時以經人事。他說道：

帝王興作，未有不奉贊天時以經人事者也。故孔子制春秋，書人事而因以天時，以明二物相須而成也。（同上歷數篇）

第二、用賢。治國者個人無論怎樣賢明，尙須用賢人以爲輔佐。他所以極言帝王應有用賢大臣之必要曰：

帝者昧旦而視朝廷，南面而聽天下，將與誰爲之？豈非羣公卿士歟！故大臣不可以不得其人也。大臣也，君之股肱耳目也，所以視聽也，所以行事也。先王知其如是也，故博求聰明睿哲君子，措諸上位，執邦之政令焉。執政，則其事舉；其事舉，則百僚任其職。百僚任其職，則庶事莫不致其治。庶事致其治，則九牧之民莫不得其所，故書曰：「元首明哉，股肱良哉，庶事康哉。」（同上審大臣篇）

不過治國者選用賢人時，不能以衆人之譽與否爲取舍，因爲：

時俗之所不譽者，未必爲非也；其所譽者，未必爲是也。（同上）

且眞正之賢人未必有時譽。因爲：

大賢在陋巷也，固非流俗之所識也。何則？大賢爲行也，裒然不自見，儡然若無能，不與時爭是非，不與俗辯曲直，不矜名，不辭謗，不求譽，其味至淡，其觀至拙。夫如是，則何以異乎人哉！其異乎人者，謂心統乎羣理而不繆，智周乎萬物而不過，變故暴至而不惑，眞僞叢萃而不迷。故其得志，則邦家治以和，社稷安以固，兆民受其慶，羣生賴其澤，八極之內同爲一。斯誠非流之所豫知也。（同上）

故治國者之用賢，須以其『獨見之明』『親察』之。其言曰：

大臣者，治萬邦之重器也，不可以衆譽著也，人主所宜親察也。衆譽者，可以聞斯人而已；故堯之聞舜也以衆譽，及其任之者，則以心之所自見。又有不因衆譽而獲大賢，其文王乎。畋於渭水邊，道遇姜太公，皤然皓首，方秉竿而釣。文王召而與之言，則帝王之佐也，乃載之歸，以爲太師。姜太公當此時，貧且賤矣，年又老矣，非有貴顯之舉也，其言誠當乎賢君之心，其術誠合乎致平之道，文王之識也，灼然若披雲而見日，霍然若開霧而觀天。斯豈假之於衆人哉。（同上）

苟得眞賢，不必求其多，因爲：

賢者稱於人也，非以力也，力者必須多，而知者不待衆也。故王臣七萬，而輔佐六卿也。故舜有臣五人而天下治；周有亂臣十人而四海服。此非用寡之驗歟！（同上亡國篇）

得賢之後，更不可把賢人當作裝飾品看待。故曰：

賢者之爲物也，非若美嬪麗妾之可觀於目也，非若端冕帶裳之可加於身也，非若嘉肴庶羞之可實於口也，將以言策，策不用，雖多亦奚以爲？若欲備百僚之名，而不問道德之實，則莫若鑄金爲人而列於朝也；且無食祿之費矣。（同上）

如把賢人當做裝飾品看待，則僅能得賢人之身，而不能獲賢人之心。故又曰：

明王之得賢也，得其心也，非謂得其軀也。苟得其軀而不論其心也，斯與籠鳥檻獸無以異也，則賢者之於我也，亦猶怨讎也，豈爲我用哉！雖曰班萬鍾之祿，將何益歟！故苟得其心，萬里猶近，苟失其心，同衾爲遠。今不脩

所以得賢者之心，而務循所以執賢者之身，至於社稷顛覆，宗廟廢絕，豈不哀哉！（同上）

『脩所以得賢者之心』者在於『明其德』。治國者苟能明其德，則賢人自歸心。所以他說道：

人主有能明其德者，則天下其歸之若蟬之歸火也，善哉言乎！昔伊尹在田畝之中，以樂堯舜之道，聞成湯作興，而自夏如商。太公避紂之惡，居於東海之濱，聞文王作興，亦自商如周。其次則寗戚如齊，百里奚入秦，范蠡如越，樂毅遊燕。故人君苟脩其道義，照其德音，愼其威儀，審其教令，刑無頗辟，獄無放殘，仁愛普殷，惠澤流播，百官樂職，萬民得所，則賢者仰之如天地，愛之如親戚，樂之如塤篪，歆之如蘭芳，故其歸我也，猶決壅導河水，注之大壑，何不至之有！（同上）

第三、愼所從。治國者虛心采納人言，似乎很對，但亦須審察乎其言。否則，盲目的採納，與自專的拒絕，實是同樣的壞。他所以說道：

夫人之所常稱曰明君舍己而從人，故其國治以安；闇君違人而專己，故其國亂以危。乃一隅之偏說也，非大道之至論也。凡安危之勢，治亂之分，在乎知所從，不在乎必從人也。人君莫不有從人，然或危而不安者，失所從也；莫不有違人，然或治而不亂者，得所違也。若夫明君之所親任也，皆貞良聰智，其言也皆德義忠信，故從之則安，不從則危。闇君之所親任也，皆佞邪愚惑，其言也皆姦回諂諛，從之安得治？不從之安得亂乎？昔齊桓公從管仲而安，二世從趙高而危。帝舜違四凶而治，殷紂違三仁而亂。故不知所從而好從人，不知所違而好

違人，其敗一也。（同上愼所從篇）

第四、明賞罰。賞罰有關於治亂至大，所以治國者須『明乎賞罰之道』。怎樣方能算得『明乎賞罰之道』呢？其言曰：

夫賞罰者，不在乎必重，而在於必行。必行，則雖不重而民戒。不行，則雖重而民怠。故先王務賞罰之必行。（同上賞罰篇）

『賞罰者不在乎必重，』並非謂賞罰之宜輕。賞乎貴乎適中。故曰：

賞罰不可以重，亦不可以輕。賞輕，則民不勸；罰輕，則民亡懼。賞重，則民徼倖；罰重，則民無聊。故先王明庶以德之思，中以平之，而不失其節。（同上）

賞罰重輕適中後，更須施用得當。所謂施用得當，就是當賞者賞，當罰者罰。否則：

夫當賞者不賞，則爲善者失其本望，而疑其所行；當罰者不罰，則爲惡者輕其國法，而怙其所守。苟如是也，雖日用斧鉞於市，而民不去惡矣；日錫爵祿於朝，而民不興善矣。（同上）

賞罰不當，不僅失賞罰之效，且將致滅國喪身之禍。故又曰：

夫賞罰之於萬民，猶轡策之於驅馬也。轡策不調，非徒遲速之分也，至於覆車而摧轅。賞罰之不明也，則非徒治亂之分也，至於滅國而喪身。可不愼乎！可不愼乎！（同上）

第五、周知民數。他以爲周知民數，是治國之本；所以說道：

> 治平在庶功，庶功興在事役均，事役均在民數周。民數周，爲國之本也。（同上民數篇）

爲什麼知民數是與庶功所必需者呢？他又說道：

> 民數者庶事之所自出也，莫不取正焉。以分田里，以令貢賦，以造器用，以制祿食，以起田役，以作軍旅，國以之建典，家以之立度，五禮用修，九刑用措者，其惟審民數乎。（同上）

民數周，方可與庶功，庶功興，則國自治平。故曰：

> 庶功既興，故國家殷富，大小不匱，百姓休和，下無怨疚焉。然而治不平者，未之有也。（同上）

治國者所應行的『大道遠數』，雖不盡於此數事；但此數事總是『大道遠數』中的條件。治國者苟能由此而推之；對於徐氏所謂『君道』，也就不難明白了。

第十五章　結論

綜上儒家所言，可分宇宙哲學，政治哲學，與人生哲學三部分。對於宇宙哲學，他們認爲萬物的本體是一元的氣體，這種氣體原是無形可見的。無形的氣體怎樣成爲有形的宇宙萬物呢？這是由於氣體中本來具有的兩種相反動力——陰與陽。所謂四時五行，都是陰陽二力的作用。氣體中陰陽二力最先造成天地，天地仍以陰陽二力再產生人與萬物。人的秉賦獨厚，所以稱爲萬物之靈。但仍以其秉賦之不同，而有上智下愚及中才之分。天地能生人，也能殺人。天地之生人固由陰陽二力，而天地之殺人亦以陰陽二力。天地有陰陽二力，人也有陰陽二力。（人的陰陽二力，卽得之於天地。）天地陰陽二力之消長，固足影響人，人陰陽二力之消長，也足影響天地。不僅人與天地如此。其他萬物與天地之關係莫不如此。總之，宇宙萬物的生滅變化，都出於陰陽二力。所謂五行之說，不過陰陽之說的引伸罷了。對於政治哲學，他們以爲人羣的統治者是天之所命的。統治者旣受天之命而爲人羣元首，則處處應遵循天道，代天行事。所謂天道，已早爲古聖昔賢所發見，而詳載於經籍。統治者如能依經籍所言而治天下，卽可謂遵天道而行事了。經籍所言之主要者，不外仁義禮智信樂等等。因此，仁義禮智信樂等等，實爲遵行天道的具體方法。再天之所以爲人羣立統治者，意專在乎利民。所以統治者遵行天道而欲達到的最後目的，也就是利民。因此，利民實爲統治者的本務。利民之首務在於解決民生問題。而解決民生問題之鎖鑰，在於重農桑。民生解決後，再進而行德教。德教是治國的正途，刑罰僅有輔助德教之用。統治者除此之外，更須使戰爭消弭，和平永保，免致民不聊生。統治者一人對於利民之事難以周到，須用賢人爲輔佐。賢人不僅能補助統治者之所不及，且能糾正統治者之錯誤。所以用賢一事，儒家看得萬分重要，幾乎沒有一個儒家不提及。統治者能盡利民之責，則對於天可謂能盡天道，對於人民可謂能盡人道。此卽所謂王道。天道王道人道，其名雖異，其實則一。能行王道，則下得民心，上得天心。如是，則陰陽調和而禎祥出。否則，陰陽失和而災異見。其暴虐甚者，天卽將更命他人代之。此卽所謂革命。此義孟子發揮最透。翼奉眭弘李尋劉歆揚雄何休王符等，亦都知道，不過言辭較爲隱約。這因在專制政體之下，不得不然。至於人生哲學，他們以爲根本當從心性上下工夫。因爲心是爲善爲惡之主；而性是人所秉賦的本質，所以他們對於性的問題看得特重。關於此問題，他們不同的意見大別有三派。第一派以爲性是人的本質之總名，細分之有性與情之別，性是善的，而情是惡的，當以後天的人爲制其惡表其善。此派代表之最顯著者爲董仲舒。第二派以爲性善惡混，卽人的本質中分不出孰善孰惡，其善其惡全在後天的人爲之駕御。此派代表之最顯著者爲揚雄。第三派以爲性情相應，性不獨善，情不獨惡，其善其惡，實以後天的人爲之外力爲歸。此派代表之最顯著者，前有劉向，後有荀悅。不過他們對於性的本質之善惡雖持異意，但同以爲性須經人爲而善始成，并同以爲這種必不可少的人爲就是修學。因人性之成善須經修學，所以他們對於教化看得很重。修學最初所得者爲『智』，但所欲達到的最後目的卻爲『德』。智僅爲進德之階。德方是人生努力的正鵠。人類的差等也由是而分。人類中的小人，衆人，士，君子，聖人等區別，就是由於智之高下，德之厚薄。人類的本性雖有上智中才下愚之別；但先天的區別却都可用後天的人爲——修學——來彌補的。這是他們對於爲人的唯一結論。

以上所述，僅及漢儒思想之大體相同者，而大同之中還是有小異的。在宇宙哲學方面，揚雄以爲萬物的本體元氣，即老子所謂『玄』『道』；其生萬物之序，亦同於老子所謂『道生一，一生二，二生三，三生萬物。』在政治哲學方面，崔寔論刑法與德教時，言多近於法家；荀悅對於行政之方，則又力主採取道家的無爲。在人生哲學方面，劉向之論薄葬，辭多近於道家楊王孫之自然主義；揚雄之所謂執玄以生，正同老聃的清靜無爲，莊周的逍遙自適；仲長統論養生之道，辭多同乎老莊揚子之說；荀悅言養生之術，則又兼採神仙家的『闔息』。蓋漢儒學之盛，適當法道兩家思潮之後；故其說對此兩大思潮不能絕無沾染。且漢儒學一尊的表面上似是排斥各家，而使儒家獨存；其實僅招致各家，都來歸於儒家的旗幟之下罷了。像首倡罷黜百家的儒生董仲舒所言陰陽災異之說，還不是收陰陽家之說爲己有麽？所以漢代儒家僅以孔學爲宗，而兼通各家之說的，如司馬遷就是一個顯例。因此漢代的儒學，已非孔學的本色，而爲各家的混合物了。

此漢代所混成的儒學，影響於我國人的言行至大。茲試舉數點以言之。陰陽五行之說，至今猶爲醫卜星相的絕大根據。凡病之深淺，事之休咎，命相之優劣，天氣之陰晴，時日之吉凶，無不依據陰陽之盈虧，五行之生克。雖其淵源別有所自，但漢儒實爲之推波助瀾。災異之說，在今日科學昌明的中國，仍潛伏於一般人的意識中。雖漢儒明言天災之來由於人爲，但後人祇知天災忘却人爲，明明『人禍』亦強視爲『天災』，因之遇有天災，祇知求天之憐憫，而不圖改革人事，災異的流行，這未始非助長的一因。漢儒雖極言統治者當以利民爲本務，但祇言統治者對於人民應如何施惠，如何愛恤，却未言人民對於統治者應如何督責，如何懲治。此我國雖早有民本主義，而民權主義却終不見發達也。『用賢』是漢儒所極力提倡的，這種提倡賢人政治，正足以糾正法家極端法治的流弊。但中國之所以淡於法治精神，而常興『人亡政息』之嘆者，亦未始不以過重人治之所致。爲人從心性上下工夫，固是根本節制情慾的好方法，由內而至外的人生要道。但後人却因之專向內用工夫，而不向外發展。此不僅是宋明理學發達的種因，且是世人力主『樂道安貧』『安常處順』等說，以爲爲人之要道的由來。由『智』以進『德』，就是『修業進德』之說，原本無錯。但獲得知識後，須經相當的修養方成道德的習慣。後人却往往專注於知識的獲得，而忽略獲得知識後的修養，因之誤以爲有了『智』，即已進於『德』。再講到漢儒的提倡『德』，確能得孔門的人生哲學的核心。但漢儒却以爲天不變，道亦不變；堅信道德的條例是與天地並存，亙古不變的。雖時移世變，依舊須保守着舊道德的規律。因此後世之篤信儒學者，往往貽迂腐之誚；或更不免僞君子之譏呢。總之，我國人二千多年以來的言行，往往非直接與漢代儒學有關，即間接受其影響。

但漢代儒學何以影響後世如此其深長呢？因儒學自得漢武一尊之後，即與專制君主結不解緣。自此以後，祇有補充引伸儒學之說，不僅無一派學說足以壓倒儒學的，且罕見與儒學競進的學說。以經學取士，實爲專制君主擁護儒學的最得力處。而儒學一尊之局所以能與我國專制政體同存亡者，亦卽以此。自漢至清，儒學一尊之局未見動搖，直至清室衰替，異說始得並進。卽此以足見儒學一尊之局，與我國專制政體相結之如何了。我國儒學一尊於漢武以後的局勢，正同歐洲耶教獨霸於西羅馬滅亡以後的情形，不僅異端同樣的不得漏臉，且思潮同樣的停滯不進。耶教獨霸之局，直至文藝復興繼以宗教革命，教權衰替後，始見動搖，而歐美各國社會上迄今猶見其餘勢之盛。我國儒學一尊之局動搖以來僅數十年，自無怪其影響之不能泯滅於今日了。

第四編 雜家

第一章 概說

雜家之學，漢書藝文志說『蓋出於議官。』『議官』是什麼官？又既『雜』，何以能成爲一家之學？關于這兩個問題，歷來注意的人很少；惟江瑔讀子卮言中有如左的說法。他說：

古者立國，咸以民爲本，爲君必得乎丘民。貴民重衆之恉，詳於穀梁。民貴君輕之言，見於孟子。故用殺必詢於國人，祀戎必謀於有衆。雖以草野細民，咸有與聞國家大政之權。此上古之盛治，亦稽古者所盡知矣。然一國之民，爲數至衆，使人人皆可以議政，勢必窒礙難行；於是乃立議官以代之。議官登庸之制如何，其人數又幾何，今皆無可考見；然必國人皆曰賢，然後用之。蓋議官者，所以代國人而行其議政之權者也。迨於東周，官失其守，而議官亦喪棄其職權。一國之政，往往專斷於一人，而小民莫獲過問焉。於是天下秀傑多能之士，奮然以興，思以復其昔日固有之權，而雜家之學遂出。雜家者，以居於小民之地而行議官議政之權者也。（論雜家非駁雜不純章）

其有得道家之正傳而所得於道家亦較諸家爲獨多者，則惟雜家。蓋雜家者，道家之宗子；而諸家者，皆道家之旁支也。惟其學雖本於道家，而亦旁通博綜，更兼采儒墨名法之說：故世名之曰雜家。此不過采諸家之說以濟其流，以見王道之無不貫，而其貴宿固仍在道家也。雜家之書最著者，爲呂氏春秋。其書有八覽六論十二紀之稱，雖由門下士雜纂而成，而其八覽六論實采於黃老；又以有十二紀以紀歲時，故名曰春秋，而春秋之名，亦本於道家所世傳之史。次若淮南子，亦半近道家之言。淮南王安本喜黃老之學；其書分內外篇，顏師古曰：「內篇論道，外篇雜說。」所謂論道者，蓋論道家之道也。又次如鶡冠子，漢志列於道家，後世則列於雜家。今其書猶存，韓愈謂其詞雜黃老刑名。宋濂亦云：所謂「天用四時，地用五行，天子執一，以守中央」此亦黃老家之至言。蓋其學實道家而兼雜家言者也。又如尸子，穀梁傳論舞夏引尸子言，謂「自天子至諸侯，皆用八佾。」則尸子必長於禮。然禮亦道家之所守也。（故孔子問禮於老聃。）後漢書注謂：「尸佼作書二十篇，內十九篇陳道德仁義之紀。」所謂道德者，當卽老子道德經之旨，而以道德仁義爲次，亦老子失道而後德，失德而後仁，失仁而後義之意也。他若孔甲盤盂，班氏列雜家之首，而孔甲爲黃帝之史，攷蔡邕銘論，謂黃帝有巾機之法，孔甲有盤盂之戒，則其書與道家所錄之黃帝銘六篇大旨相同。此可見凡雜家之學，皆以道家爲本，而兼采於諸家。（論道家爲百家所從出章）

竊以爲國人的議政與議官，似未容并爲一談。古『官』『宮』二字相通，官必有一所房屋，必是常設的機關；而此項機關求諸古書了無形迹『議官』二字除漢書藝文志外亦未至見至於國人參政則其制詳見於周官，周官小司寇『掌外朝之政，以致萬民而詢焉；一曰詢國危，二曰詢國遷，三曰詢立君。其位，王南問，三公及州長百姓北面，羣臣西面，羣吏東面，小司寇擯以叙進而問焉。』又卿大夫之職，『大詢於衆庶，則各帥其鄉之衆寡，而致於朝。』周官所述，大抵是戰國時的制度，——漢代何休以爲六國陰謀之書——我們即使讓步，承認他是西周時書；然周官所言，在左氏春秋上猶可考見其事實，如『僖公十五年，瑕呂飴甥教郤缺：朝國人，而以君命賞；』『昭公二十四年，晉侯使士景伯涖問周政，士景伯立于乾祭，而問於介衆；』『定公八年，衞侯欲叛晉，』『哀公元年，吳使召陳懷公，』『二十六年，越人納衞侯，』都有朝國人而問，致衆而問的手續。到春秋昭定哀之世，還能直接詢問國人。似乎前此不會有立一個議官，使之代表人民之事。自此以後，則書之傳者較多。若有議官，似不應羣書中竟無散見之處。竊以爲議官之名，與其遠求之於周以前，不如近徵之於秦漢之世。秦漢之世，政事，典禮，命羣官雜議者甚多。如秦始皇即帝位後三年，東遊到泰山下，即從齊魯之儒生博士七十人，令其臨時會議。見漢書郊祀志 又如二世時，陳勝起兵；二世召問博士諸儒生。見叔孫通傳 這都是秦代令有學識的人，參議典禮政治之事。至於兩漢，則所議之範圍尤廣。其目具見於徐天麟的西漢會要。其與議的人，則有諸侯王，宗室，丞相，二千石，博士，大夫，議郎。近人柳翼謀有漢官議史一篇，見學衡雜誌第一期 考其事尤詳。漢制，大抵沿自秦。秦制，大抵沿自古。此項命官吏及有學識的人會議之事，恐怕很早就有的。雖未嘗特立一個機關；然其事既常有；而與議的人，又以官員爲多；所以就逕稱之爲議官。——這亦是古人措詞粗略之處，若在後世，就不稱之爲官，而稱之爲會議了。

關于後一問題，江氏之說自然是可通的；但亦不必鑿定雜家之說，是以那一家爲主。雜家不過集合衆說。衆說原有彼此相資，不相衝突的。於此，若能發見其互相貫通互相補足之處，而不至漫無別擇，收冰炭不相容之說，硬欲冶之於一爐，就是雜家之善者。漢志說：『知國体之有此，見王治之無不貫。』這個『体』字，就是四支百體的『体』字。其意義是人身上的一種器官，如耳司視目司聽手主持足主行之類。主國政者，如能用儒家之議以教化其民，用法家之議以駕馭其臣，用墨家之議以強本節用，……則如耳目手足各司其職，而事無不舉。這就是所謂『無不貫』。如其聽了各家之說，只覺得其甲亦有理，乙亦有理，而不知其互相貫通而可以互相補助，互相衝突，決不能同時並行之點何在，則所謂『漫羨而無所歸心』了。雜家之書著錄於漢志而現存者，只有呂氏春秋和淮南子兩種。呂氏春秋的叙意已亡。淮南子末篇（要略）即其自叙。我們看其推本諸家之學所以由興，及其評論諸家之語，即可見其兼儒墨合名法的兼與合的手段。此外，讀書當於無字句處。我們安知諸家之說，呂不韋淮南王等沒有認爲不可用，或不可合而删之的呢？如其有之，也可從消極的方面，考見其兼和合的手段；不過不大容易罷了。淮南而外，漢代之書現存而被稱爲雜家的，有王充的論衡；則其關涉的方面尤廣，而其自有宗旨，尤爲顯而易見了。

第二章　淮南王（死于紀元前一二二年）

（一）一生的事略

淮南王是漢高祖的私生子淮南厲王長之長子安。因爲他的父親以『怙恩德驕盈，行多不軌，』（漢書本傳）爲文帝判處蜀嚴道邛郵，在流徙的檻車裏絕食而死；文帝深自痛悔，隨封他和他的弟弟爲侯。不久，他又被改封爲淮南王。他在武帝時，雖備受朝廷的優禮，但終不能忘父死的仇恨，而其羣臣賓客又常把這事激動他，因此蓄意造反。史記曰：

淮南王安爲人，好讀書鼓琴，不喜弋獵狗馬馳騁，亦欲以行陰德拊循百姓，流譽天下；時時怨望厲王死，時欲畔逆。（淮南王傳）

不過他雖有造反之蓄意，而却無舉事的決心；正在遲疑之際，被人告發。結果：

連引與淮南王謀反列侯二千石豪傑數千人，皆以罪輕重受誅。……淮南王安自剄殺，王后荼，太子遷，諸所與謀反者皆族。……國除爲九江郡。（同上）

史記漢書裏雖都說他的死是由於自殺；而民間傳說他的結局却如下：

儒書言淮南王學道，招會天下有道之人，傾一國之尊，下道術之士，是以道術之士，並會淮南，奇方異術，莫不爭出。王遂得道，舉家升天，畜產皆仙，犬吠於天上，雞鳴於雲中。（論衡道虛篇）

民間所以有傳說，大概一因當時民衆對于國家大事得不到確實消息，因他在生前曾提倡神仙方術，所以發生這種誤傳的。

他在學術方面的貢獻是以其著術。漢書記其個人的學力及其從事於著述的經過道：

招致賓客方術之士數千人，作爲內書二十一篇，外書甚衆；又有中篇八卷，言神仙黃白之術，亦二十餘萬言。時武帝方好藝文，以安屬爲諸父，辯博善爲文辭，甚尊重之，每爲報書及賜，常召司馬相如等視草，迺遣。初安入朝，獻所作內篇，新出，上愛秘之。使爲離騷傳，旦受詔，日食時上。又顯頌德及長安都國頌。每宴見，談說得失及方技賦頌，昏暮然後罷。（淮南王傳）

於此可見他門著述雖成於他所招致的賓客方士之合作，但不能說完全沒有他自己的手筆，因爲他自己也是很有才學的人。他的著述除內書外書中篇等外，據漢書藝文志所載，尚有淮南王賦八十二篇，淮南王羣臣賦四十四篇，淮南雜子星十九篇；漢書劉向傳又說：

淮南有枕中鴻寶苑秘書，書言神仙使鬼物爲金之術，及鄒衍重道延命方，世人莫見，而更生（劉向原名）父德，武帝時治淮南獄，得其書。

枕中鴻寶苑秘書，或者就是中篇的一部份。他的著述現行存者，祇有內書二十一篇；及高郵茆泮林從初學記，藝文類聚，太平御覽等書所輯成的淮南萬畢術一卷。淮南萬畢術僅屬枕中鴻寶苑秘書的殘片，所言者爲神仙黃白之術，無多大思想可見。故今單就內書（即淮南鴻烈篇，又名淮南王書，或簡稱淮南子。）以研究他和他所領導之集團思想。

（二）道與宇宙萬物

淮南子以爲宇宙萬物是由道所產生的。其言曰：

　夫道有形者皆生焉。（泰族訓）

於此可見道是宇宙萬物的本體。這宇宙萬物的本體——道——是一元的。淮南子曰：

　道曰規始於一。（宋書律志作「道始於一，」無「曰規」二字。）（天文訓）

至於萬物的原質則爲氣。淮南子又曰：

　煩亂也氣爲蟲，精氣爲人。（精神訓）

淮南子裏形容道的話，重要的如下：

　夫道者，覆天載地，廓四方，析八極，高不可際，深不可測，包裹天地，稟授無形，原流泉浡，沖而徐盈，混混滑滑，濁而徐淸；故植之而塞於天地，橫之而彌于四海，施之無窮而無所朝夕，舒之幎于六合，卷之不盈於一握，約而

能張，幽而能明，弱而能強，柔而能剛，橫四維而含陰陽，紘宇宙而章三光，甚淖而滒，甚纖而微。（原道訓）

道者一立而萬物生矣；是故一之理，施四海；一之解，際天地。其全也純兮若樸，其散也混兮若濁，濁而徐清，沖而徐盈；澹兮其若深淵，汎兮其若浮雲，若無而有，若亡而存。萬物之總，皆閱一孔；百事之根，皆出一門。其動無形，變化若神；其行無迹，常後而先。（同上）

凡物有朕，唯道無朕；所以無朕者，以其無常形勢也。（兵略訓）

這無常形勢的道，怎樣會生出宇宙萬物的呢？那就是賴乎『陰陽』。淮南子曰：

神明接，陰陽和，而萬物生矣。（泰族訓）

故至陰飂飂，至陽赫赫，兩者交接成和而萬物生焉。（覽冥訓）

這造成宇宙萬物的陰陽二力，並不在道之外，而卽爲道之自身。所以說：

道曰規，始於一，一而不生，故分而爲陰陽，陰陽合和而萬物生。（天文訓）

至於道生宇宙萬物之歷程，則爲：

古未有天地之時，惟象無形，窈窈冥冥，芒芠漠閔，澒濛鴻洞，莫知其門。有二神（陰陽之神也。）混生，（俱生也）經天營地，孔乎莫知其所終極，滔乎莫知其所止息；於是乃別爲陰陽，離爲八極，剛柔相成，萬物乃形。（精神訓）

由此可見最初所生者爲天地。天地生成後，再轉以陰陽二力生萬物。而萬物之中，則以人爲靈長。其言曰：

凡人民禽獸萬物貞蟲各有以生；或奇或偶，或飛或走，莫知其情，唯知通道者能原本之：天一，地二，人三。（墬形訓）

煩氣爲蟲，精氣爲人；是故精神天之有也，而骨骸者地之有也。（精神訓）

人獨得天地之精氣，所以人不僅是萬物中之最靈者，且與天地最相似。淮南子曰：

夫精神者所受於天也，而形體者所稟於地也。……故曰一月而膏，二月而胅，三月而胎，四月而肌，五月而筋，六月而骨，七月而成，八月而動，九月而躁，十月而生，形體以成，五藏乃形。是故肺主目，腎主鼻，膽主口，肝主耳，外爲表而內爲裏，開閉張歛，各有經紀。故頭之圓也象天，足之方也象地。天有四時，五行，九解，三百六十六日；人亦有四支，五藏，九竅，三百六十六節。天有風雨寒暑，人亦有取與喜怒。故膽爲雲，肺爲氣，肝爲風，腎爲雨，脾爲雷，以與天地相參也，而心爲之主。是故耳目者日月也，血氣者風雨也。（同上）

天地爲一大宇宙，人則爲大宇宙中所包含之小宇宙。天人的關係既是如此密切，所以天人間的感應非常靈通。淮南子舉幾件往事以證明天人的感應曰：

昔者師曠奏白靈之音，而神物爲之下降，風雨暴至。平公癃病，晉國赤地。庶女叫天，雷電下擊，景公臺隕，支體傷折，海水大出。（覽冥訓）

天人的感應，就是禎祥異災所由來。不僅天人間有感應，人物間也有感應。淮南子曰：

夫物類之相應，玄妙深微，知不能論，辯不能解。故東風至而酒湛溢，蠶咡絲而商弦絕，或感之也。畫隨灰而月運闕，鯨魚死而慧星出，或動之也。故聖人在位，懷道而不言，澤及萬民。君臣乖心，則背譎見於天，神氣相應徵矣。（同上）

天地萬物所以能彼此相應者，則因爲：

夫天地運而相通，萬物總而爲之。（精神訓）

這就是說天地萬物同出於一元的道，所以彼此自然相通了。

萬物之生固直接由於天地，而其死也直接由於天地。淮南子曰：

天設日月，列星辰，調陰陽，張四時，日以暴之，夜以息之，風以乾之，雨露以濡之。其生物也，莫見其所養而物長；其殺物也，莫見其所喪而物亡，此之謂神明。（泰族訓）

萬物之生由於得天地之本質，而其死也即將所得之本質復歸於天地。故又曰：

煩氣爲蟲，精氣爲人；是故精神天之有也，而骨骸者地之有也。精神入其門，而骨骸反其根，我尙何存？（精神訓）

萬物之生死雖直接由於天地，而實間接由於道。道乃操生殺萬物至高無上的權威的。故又曰：

夫太上之道生萬物而不有，成化像而弗宰。跂行喙息，蠉飛蝡動，待後而生，莫之知德；待之後死，莫之能怨。

（原道訓）

萬物之一生一死，僅爲道之一起一伏，或現或隱；因此生無足喜，死無所悲。淮南子所以曰：

夫造化者既以我爲坯矣，將無所違之矣。我安知夫刺灸而欲生者之非惑也，又安知夫絞經而求死者之非福也。或者生乃徭役也，而死乃休息也。天地茫茫，孰知之哉！其生我也，不彊求已；其殺我也，不彊求止。欲生而不事，憎死而不辭。賤之而弗憎，貴之而弗喜。隨其天資而安之不極。吾生也有七尺之形，吾死也有一棺之土。吾生之比於有形之類，猶吾死之淪於無形之中也。然則吾生也物不以益衆，吾死也土不以加厚。吾又安知所喜憎利害其間者乎？（精神訓）

明乎生死，即可知宇宙萬物之成毁純然一道之分合的作用而已。

（三）道與處世爲人

道一方面是宇宙萬物的本體；而一方面又是人處世爲人的典型，淮南子曰：

身者，道之所託。身得身得，則道得矣。道之得也，以視則民，以聽則聰，以言則公，以行則從。（齊俗訓）

得道而行固處處順利，若背道而行則事事遇凶。故又曰：

夫道者無私就也，無私去也，能者有餘，拙者不足，順之者利，逆之者凶。（覽冥訓）

道術不可以進而求名，而可以退而修身；不可以得利，而可以離害。故聖人不以行求名，不以智見譽，法修自然，己無所與，慮不勝數，行不勝德，事不勝道，爲者有不成，求者有不得。人有窮而道無不通，與道爭則凶。（詮言訓）

這不但說出得道而行的必要，且講明修道之術在於『法修自然』。然則怎樣去『法修自然』呢？其言曰：

大丈夫恬然無思，澹然無慮，以天爲蓋，以地爲輿，四時爲馬，陰陽爲御，乘雲陵霄，與造化者俱，縱志舒節，以馳大區，可以步而步，可以驟而驟，令雨師灑道，使風伯掃塵，電以爲鞭策，雷以爲車輪，上游於霄雿之野，下出於無垠之門，劉覽偏照，復守以全，經營四隅，還反於樞。故以天爲蓋，則無不覆也；以地爲輿，則無不載也；四時爲馬，則無不使也；陰陽爲御，則無不備也。是故疾而不搖，遠而不勞，四支不動，聰明不損，而知八弦九野之形埒者，何也？執道要之柄，而游於無窮之地。是故天下之事不可爲也，因其自然而推之；萬物之變不可究也，秉其要歸之趣。（原道訓）

這樣地『法修自然』而『執道要之柄』，還不過是籠統地指示一個修道的途徑。關於修道應當特別注意之點，茲分述如下：

（甲）柔弱與剛強

淮南子曰：

柔弱者，道之要也。(原道訓)

用水作譬喻以說明柔弱的重要曰：

天下之物，莫柔弱於水；然而大不可極，深不可測，修極於無窮，遠淪於無涯，息耗減益，通於不訾，上天則爲雨露，下地則爲潤澤，萬物弗得不生，百事不得不成，大包羣生而無好憎，澤及蚑蟯而不求報，富贍天下而不旣，德施百姓而不費，行而不可得窮極也，微而不可得把握也，擊之無創，刺之不傷，斬之不斷，焚之不然，淖溺流遁，錯繆相紛而不可靡散，利貫金石，強濟天下，動溶無形之域，而翺翔忽區之上，邅回川谷之間，而滔騰大荒之野，有餘不足，與天地取與，授萬物而無所前後，是故無所私而無所公，靡濫振蕩，與天地鴻洞；無所左而無所右，蟠委錯紾，與萬物始終：是謂至德。夫水所以能成其至德於天下者，以其淖溺潤滑也。(同上)

水看似柔弱，而實寓有剛強；所以得其道者也應如此。其言曰：

故得道者志弱而事強，心虛而應當。所謂志弱而事強者，柔毳安靜，藏於不散，行於不能，恬然無慮，動不失時，與萬物回周旋轉，不爲先唱，感而應之；是故貴者必以賤爲號，而高者必以下爲基，託小以包大；在中以制外，行柔而剛，用弱而強，轉化推移，得一之道，而以少正多。所謂其事強者，遭變應卒，排患扞難，力無不勝，敵無不凌，應化揆時，莫能害之。(同上)

於此可見淮南子之欲人守柔弱者非爲柔弱，正欲人之保其剛強耳。故曰：

欲剛者必以柔守之，欲強者必以弱保之；積於柔則剛，積於弱則強。（同上）

若專恃剛強而不守柔弱，則剛強反不可保，故又曰：

兵強則滅，木強則折，革固則裂，齒堅於舌而先之敝，是故柔弱者生之幹也，而堅強者死之徒也。（同上）

但耑恃剛強固不可，而耑守柔弱也不取。故又曰：

太剛則折，太柔則卷；聖人正在剛柔之間，乃得道之本。（氾論訓）

其意卽以爲剛強應以柔弱保之；而柔弱應寓有剛強。

（乙）清靜無爲

淮南子曰：

達於道者，反於清淨。（原道訓）

人反於清淨則自能清靜，清靜實清淨之所致。清淨與清靜之字雖不同，而立意則一。於此不僅知清淨或清靜爲達道之要訣，并知其所以用『反』字者，因爲：

人生而靜，天之性也。（同上）

淮南鴻烈集解中又解『反』字道：

反，本也，天本授人清淨之性，故曰返也。

人性既原本清靜而違於道，則怎樣會不清靜而離道的呢？那是由於欲亂之故。曰：

人性安靜，而嗜欲亂之。（俶眞訓）

欲實是使清淨之性失其清靜而離道的惡魔。要制勝此惡魔，只有實行無爲。其言曰：

吾所謂無爲者，私志不得入公道，嗜欲不得枉正術。（修務訓）

無爲所以能制欲亂動者，因無爲使人『保其精神』。其言又曰：

聖人內修其本，而不外飾其末，保其精神，偃其智故，漠然無爲而無不爲也。（原道訓）

精神能保得清淨，則欲自不能干亂。故曰：

神清者，嗜欲弗能亂。（俶眞訓）

不過所謂無爲者，並非如槁木死灰般坐着不動的意思。淮南子深恐人家弄不清有爲和無爲的眞意，所以用譬喻來說明道：

若夫以火熯井，以淮灌山，此用己而背自然，故謂之有爲。若夫水之用舟，沙之用鳩，泥之用輴，山之用蔂，夏瀆而冬陂，因高爲田，因下爲池，此非吾所謂爲之。（脩務訓）

於此可見凡背自然而強行者爲有爲；遵自然而順行者爲無爲。故又曰：

所謂無爲者，不先物爲；所謂無不爲者，因物之所謂。（原道訓）

這就是淮南子所謂『無爲而無不爲』的眞意了。

(丙)心性神

淮南子曰：

今夫道者，藏精於內，棲神於心。（泰族訓）

這是說人的心神是與道相通的；所以人欲修道，應從心神上下工夫。其言曰：

若夫神無所掩，心無所載，通洞條達，恬漠無事，無所凝滯，虛寂以待，勢利不能誘也，辯者不能說也，聲色不能淫也，善者不能濫也，智者不能動也，勇者不能恐也：此眞人之道也。（俶眞訓）

於此可見從心神上，確能修得處世爲人之道。至於心與神之區別，則爲：

心者形之主也；而神者心之寶也。（精神訓）

因心爲形之主，故曰：

夫心者，五藏之主也：所以制使四支，流行血氣，馳騁于是非之境，而出入于百事之門戶者也。（原道訓）

心於人雖是重要，但猶不如神之重要因爲『神者心之寶也』。故曰：

以神爲主者，形重而利；以形爲制者，神從而害。（同上）

形所以應從神的理由是：

聖人將養其神，和弱其氣，平夷其形，而與道沉浮俛仰。（同上）

形（心）雖比較的沒有神（精）重要，但須同樣的貴而尊之。其言曰：

形勞而休則蹶，精用而不已則竭。是故聖人貴而尊之，不敢越也。（精神訓）

形與神的關係，除此尙有：

神者智之淵也，淵淸則智明矣。智者心之府也，智公則心平矣。（俶眞訓）

由此可見心與神的關係之深切了。

心不但與神有深切的關係，且與性也有深切的關係。淮南子曰：

夫聖人用心，杖性依神，相扶而得終始。（同上）

神明定於天下，而心反其初。心反其初，而民性善。民性善，而天地陰陽從而包之，則財足而人澹矣。（本經訓）

心反於初而性善者，因心反於初則無欲，欲除則性不致受害而善矣。其言曰：

聖人勝心，衆人勝欲……欲與性相害，不可兩立，一置一廢，故聖損欲而從事於性。（詮言訓）

人性雖本善，然必經教學方成其善。故曰：

無其性，不可教訓。有其性，無其養，不能遵道。繭之性爲絲；然非得工女煑以熱湯，而抽其統紀，則不能成絲。卵之化爲雛，非慈雌嘔煖覆伏累日積久，則不能爲雛。人之性有仁義之資，非聖人爲之法度而教導之，則

不可使鄉方。（泰族訓）

不學之與學也，猶瘖聾之比與人也。凡學者能明於天人之分，通于治亂之本，澄心清意以存之，見其終始，可謂知略矣。（同上）

總之，人欲修得處世爲人之道，必須在心性神上下工夫；而必不可少的工夫，就是教學。

（丁）善行與禍福

淮南子曰：

人之所以生者，行善是也。（主術訓）

怎樣行善呢？又曰：

所謂爲善者，靜而無爲也……適情辭餘，無所誘惑，循性保眞，無變於己。（氾論訓）

尋常以爲能依仁義而行者，即爲行善之人；但淮南子以爲唯有體道而行者，乃是眞行善之人。其言曰：

導者物之所導也，德者性之所扶也，仁者積恩之見證也，義者比於人心而合於衆適者也。故道滅而德用，德衰而仁義生。故上世體道而不德，中世守德而弗壞也，末世繩繩乎唯恐失仁義。（繆稱訓）

爲什麽道高於其餘一切爲善的規律呢？因爲：

得道而德從之矣。（說林訓）

仁義之不能大於道德也，仁義在道德之包。（說山訓）

於此可見一切爲善的規律都包含在道之中，苟能體道而行，則其餘一切爲善的規律不遑行而自遑行矣。若岀立仁義，則道反廢棄了。故曰：

道散而爲德，德溢而爲仁義，仁義立而道德廢矣。（俶眞訓）

行善的方法固在淸靜無爲，以達到體道而行，然行善的步驟，則在從小處做起。其言曰：

君子不謂小善不足爲也而舍之，小善積而爲大善；不謂小不善爲無傷也而爲之，小不善積而爲大不善。是故積羽沉舟，羣輕折軸。故君子禁於微，壹快不足以成善，積快而爲德；壹恨不足以成非，積恨而成怨。故三代之善，千歲之積譽也；桀紂之謗，千歲之積毀也。（繆稱訓）

行善之所最忌者乃是爲名。故淮南子曰：

欲尸名者，必爲善；欲爲善者，必生事。事生則釋公而就私，貨數而任己。欲見譽於爲善，而立名於爲質，則治不修故，而事不須時。治不修故則多責，事不須時，則無功。責多功鮮，無以塞之，則忘發而邀當，忘爲而要中。功之成也，不足以更責；事之敗也，不足以斃身。（詮言訓）

不過眞能爲善者，雖不求名而名自歸之。故又曰：

聖人爲善，非以求名，而名從之。（繆稱訓）

常人以為行善則得福，作惡則得禍；所以把善行與禍福看做有密切關係。但淮南子則謂：

人之為天成之終身為善，非天不行；終身為不善，非天不亡。故善否我也，禍福非我也。……故君子能為善而不能必其得福；不忍為非，而未能必免其禍。（同上）

淮南子雖這樣講，然却以為吾人不能因行善不必得福，或反獲禍，而遂放棄行善。行善者對于禍福之態度應：

不為福先，不為禍始，保於虛無，動於不得已。（詮言訓）

如依照上述各點而修道，則成為得道者了。得道者之處世為人所異於常人最顯者是：

窮而不懾，達而不榮；處高而不機，持盈而不傾；新而不朗，久而不渝；入火不焦，入水不濡。是故不時勢而尊，不待財而富，不待力而強，平虛下流，與化翱翔。若然者，藏金於山，藏珠於淵，不利貨財，不貪世名。是故不以康為樂，不以慊為悲，不以貴為安，不以賤為危，形神氣志各處其宜，以隨天地之所為。（原道訓）

得道者之處世為人固足為世人之模楷。但世人之欲成得道者非個人的私願所能償，而實有賴於時世。其言曰：

夏桀殷紂燔生人，辜諫者，為炮烙，鑄金柱，剖賢人之心，析才士之脛，醢鬼侯之女，葅梅伯之骸。當此之時，嶢山崩，三川涸，飛鳥鎩翼，走獸擠脚。當此之時，豈獨無聖人之哉？然而不能通其道者，不遇其世。夫鳥飛千仞之上，獸走叢薄之中，禍猶及之，又況編戶齊民乎！由此觀之，體道者不耑在于我，亦有繫于世矣。（俶眞訓）

於此可見要改善人生，非改善時勢不爲功；換言之，欲求個人能體道而行，非先求天下國家體道而行不可。

（四）道與治國平天下

淮南子曰：

世治則愚者不能獨亂；世亂則智者不能獨治。身蹈於濁世之中，而責道之不行也；是猶兩絆騏驥而求其致千里也。置猨檻中，則與豚同，非不巧捷也，無所肆其能也。（俶眞訓）

因此於探討處世爲人之道後，不得不進而研求治國平天下之道。處世爲人之道，得之於造成宇宙萬物的道；而治國平天下之道亦然此。故曰：

聖亡乎治人，而在于得道。（原道訓）

但要得道而治，必須先參透下列各要點。

（甲）以中制外

淮南子曰：

好憎者心之過也；嗜欲者性之累也。人大怒破陰，大喜墜陽，薄氣發瘖，驚怖爲狂，憂悲多恚，病乃成積，好憎繁多，禍乃相隨。故心不憂樂，德之至也；通而不變，靜之至也；嗜欲不載，虛之至也；無所好憎，平之至也；不與物散，粹之至也。能此五者，則通於神明。通於神明者，得其內者也。是故以中制外，百事不廢。中能得之，則外能收之。

中之得，則五藏寧思慮平，筋力勁強，耳目聰明，疏達而不悖，堅強而不鞼，無所大過而無此不逮，處小而不逼，處大而不窕，其魂不躁，其神不嬈，湫漻寂寞，爲天下梟大道坦坦，去身不遠，求之近者，往而復反，迫則能應，感則能動，物穆無窮，變無形像，優游委縱，如響之與景，登高臨下，無失所秉，履危行險，無忘玄伏，能存之此，其德不虧，萬物紛糅，與之轉化，以聽天下，若背風而馳。（原道訓）

這不僅說治道應『以中制外』且言要通此治道應從心性上下工夫。故又曰：

原天命，治心術，理好憎，適情性，則治道通矣。（詮言訓）

爲什麼從心性上下工夫，就能通治道呢？因爲：

能有天下者，必不失其國，能有其國者，必不喪其家，能治其家者，必不遺其身，能修其身者，必不忘其心。能原其心者，必不虧其性，能全其性者，必不惑於道。（同上）

從心性上下工夫既能不惑於道，則自能由之而通治道了。

反過來說，若不能從心性上以得道，則不能通治道。其言曰：

不得於心，而有經天下之氣，是猶無耳而欲調鐘鼓，無目而欲喜文章也，亦必不勝其任矣。故天下神器不可爲也，爲者敗之，執者失之。（原道訓）

因爲不得於心性，則爲外物所誘，以致不能以中制外。夏末世之君所以失天下者，即以此。故曰：

遲至於昆吾夏后之世嗜欲連於物聰明誘於外，而性命失其得。（俶眞訓）

淮南子以爲古聖王治國之舉措雖有不同但從心性上以達於道而得以中制外之治道則相同。故又曰：

古之治天下也必達乎性命之性。其舉措未必同也其合於道一也。（同上）

（乙）無治與智治

淮南子曰：

今夫權衡規矩，一定而不易，不爲秦楚變節，不爲胡越改容，常一而不邪，方行而不流，一日刑之，萬世傳之，而以無爲爲之。故國有亡主，而世無廢道；人有困窮，而理無不通。由此觀之。無爲者道之宗。故得道之宗，應物無窮，任人之才，難以至治。湯武聖主也。而不能與越人乘幹舟而浮於江湖。伊尹賢相也，而不能與胡人騎騵馬而服騊駼。孔墨博通，而不能與山居者入榛薄險阻也。由此觀之，則人知之於物也淺矣，而欲以徧照海內，存萬方，不因道之數而崇己之能，則其窮不達矣，故智不足以治天下也。（主術訓）

這是明白主張無爲而治而反對以智治天下。淮南子所以主張無爲而治者，還是根據以中制外的治道。其言曰：

聖人內修其本，而不外飾其末，保其精神，偃其智故，漠然無爲而無不爲也，澹然無治也而無不治也。所謂無爲者，不先物爲也；所謂無不爲者因物之所爲。所謂無治者，不易自然也；所謂無不治者因物之相然也。（原道訓）

於此不僅知其無治思想的所由來且知其所謂無治者，就是依自然之道而治天下。然則怎樣方才是具體的實行無治呢？其言又曰。

何謂無爲？智者不以位爲事，勇者不以爲暴，仁者不以位爲患，可謂無爲矣。（詮言訓）

聖主在上，廓然無形，寂然無聲，官府若無事，朝廷若無人，無隱士，無軼民，無勞役，無寃刑，四海之內，莫不仰上之德，象主之指，夷狄之國，重譯而至，非戶辯而家說之也，推其誠心，施之天下而已矣。（泰族訓）

所以反智治者，不但以智不足治天下；且違反無治。因無治是依自然而治，但智治却是反自然而治。故曰：

以慧治國者，始於治，常卒於亂。使水流下，孰弗能治；激而上之，非巧不能。故文勝則質揜，邪巧則正塞之也。（詮言訓）

所以去智治者，正所以完成依自然而治之無治。故又曰：

耳目之察，不足以分物理；心意之論，不足以定是非。故以智爲治者，難以持國；唯通于太和而持自然之應者，爲能有之。（覽冥訓）

且去智法又正所以迎合古聖王之治道。故又曰：

消知能，脩太常，隳肢體，絀聰明，大通混明，解意譯神，漠然若無魂魄，使萬物各復歸其根；則是所脩伏羲氏之迹，而反五帝之道也。（同上）

古聖王之所以去智治者；要依道而治。故又曰：

至人之治也，掩其聰明，滅其文章，依道履智，與民同出于公，約其所守，寡其所求，去其誘慕，除其嗜欲，損其思慮。（原道訓）

由此可見要依道而治，非去智治而行無治不可。

（丙）人治與法治

淮南子曰：

法雖在，必待聖而後治；律雖具，必待耳而後聽。故國之所以存者，非以有法也，以有賢人也。其所以亡者，非以無法也，以無賢人也。（泰族訓）

主者國之心。心治則百節皆安，心擾則百節皆亂。故其心治者，支體相遺也。其國治者，君臣相忘也。（繆稱訓）

於此可見淮南子是力主人治的。所以主人治而輕法治者，則因爲：

法者非天墮，非地生，發於人間，而反以自正。是故有諸己不非諸人；無諸己，不求諸人；所立於下者，不廢於上；所禁於民者，不行於身。所謂亡國，非無君也，無法也。變法者，非無法也，有法者而不用，與無法等。是故人主之立法，先自爲檢式儀表，故令行於天下。孔子曰：「其身正，不令而行；其身不正，雖令不從。」故禁勝於身，則令行於民矣。（主術訓）

這是明白說法治雖不可缺但究不若人治之重要。細加分析而引申之，可得下列數點主要理由：

一、法須隨時世而變。其所以須變的原因是『夫以一世之變欲以耦化應時，譬猶冬被葛而夏被裘。夫一儀不可以百發；一衣不可以出歲。儀必應乎高下；衣必適乎寒暑。是故世異則事變；時移則俗易。故聖人論世而立法，隨時而舉事。』（齊俗訓）既須『論世而立法，』則非有賢明之主不克任立法之重任；故曰：『人主之立法，先自為檢式樣表。』

二、法僅為治國之工具。其言曰：『法者治之具也，而非所以為治也；而猶弓矢中之具，而非所以中也。』（泰族訓）法既為治國的工具，則工具無論怎樣好須用之得當，方見其好。若有好工具而不用，則有工具等於無工具。故曰：『有法者而不用，與無法等。』

三、治國者自身言明，則所立之法施行至易。否則雖有良法，亦難施行。其言曰：『聖人在上，則民樂其治；在下，則民慕其意。小人在上位，如寢關曝纊，不得須臾寧。故易曰：「乘馬班如，泣血漣如。」言小人處非其位不可長也。』（繆稱訓）因此淮南子所以引孔子之言以佐證其人治的主張。

除上面三個理由外，尚有：

四、事無窮而法有限，以有限之法，不能盡治無窮之事。故須有賢明之主隨機應變。其言曰：『事不在法律中，而可以便國佐治，必參五行之陰考以觀其歸，並用周聽以察其化，不偏一曲，不黨一事；是以中立而偏運照海

內，羣臣公正莫敢爲邪。百官述職務致其公迹也。主精明於上，官勸力於下，姦邪滅迹，庶功日進。』（主術訓）

上述四點都是詳細說明人治之重要遠在法治之上。然則怎樣方是眞正人治呢？淮南子以爲人主應由道而治天下，方是眞正人治。故曰：

治人者，不以人，以君。治君者，不以君，以欲。治欲者，不以欲，以性。治性者，不以性，以德。治德者，不以德，以道。（齊俗訓）

治在道，不在聖。（原道訓）

於此可見淮南子所主張人治之眞意，實在道治。人主能依道而治，則其自身自賢明，其自身賢明，則左右之邪人自匿跡。因爲：

聖人得志而在上位，讒佞姦邪而欲犯主者，譬猶雀之見鸇，而鼠之遇狸也，亦必無餘命矣。（主術訓）

聖人在上位，不但邪人遠去，其羣臣輻輳並進。故曰：

夫人主之聽治也，清明而不闇，虛心而弱志；是故羣臣輻輳竝進，無愚智賢不肖莫不盡其能。（同上）

明主怎樣使『無愚智賢不肖莫不盡其能』呢？其言曰：

賢主之用人也，猶巧工之制木也：大者以爲舟航柱梁，小者以爲楫楔，修者以爲櫩榱，短者以爲朱儒枅櫨，無大小修短各得其所，規矩方圓各有所施。（同上）

明主能如此用其臣屬，則可謂明於治道了。故曰：

夫人主之聽治也虛心而弱志，清明而不闇。是故羣臣輻輳竝進，無愚智賢不肖莫不盡其能者，則君得所以制臣，臣得所以事君，治國之道明矣。（同上）

然雖明於治道，而猶未能通於治道。要通於治道，還須不與臣爭功，故又曰：

水下流而廣大，君下臣而聰明，君不與臣爭功而治道通矣。（繆稱訓）

明主能如是而通治道，則已完全得道而治了。

（丁）道德與刑法

淮南子曰：

有道以統之，法雖少足以化矣。無道以行之，法雖衆足以亂矣。（泰族訓）

國之所以存者道德也。（氾論訓）

於此可見淮南子重視道德而輕刑法。其所以如此的理由則有數端：

一、道德能存國，而刑法反致覆國。淮南子舉史事爲證曰：『今若夫申韓商鞅之爲治也，捽拔其根，無棄其本，而不窮究其所由生。何以至此也？鑿五刑，爲刻削，乃背道德之本，而爭於錐刀之末，斬艾白姓，殫盡太半，而忻忻然常自以爲治；是猶抱薪而救火，鑿竇而出水。』（覽冥訓）

二、道德能移風易俗。又舉史事爲證曰：『昔舜耕於歷山，期年而田者爭處墝埆，以對壤肥饒相讓。釣於河濱，期年而漁者爭處湍瀨，以曲隈深潭相予。當此之時，口不設言，手不指麾，執玄德於心，而化馳若神。使舜無其志；雖口辯而戶說之，不能化一人，是故不道之道，莽乎大哉！夫能理三苗，朝羽民，徙裸國，納肅愼，未發號施令而移風易俗者，其唯心行者乎！法度刑罰，何足以致之也。』（原道訓）而以刑法不能移風易俗，故曰：『刑罰不足以移風。』（主術訓）

三、道德能使人積極的爲善而刑法却祇能消極的防人作惡。其言曰：『不知禮義，不可以行法。法能殺不孝者，而能使人爲孔曾之行。法能刑竊盜者，而不能使人爲伯夷之廉。孔子弟子七十，養徒三千人，皆入孝出悌，言爲文章，行爲儀表，教之所成也。墨子服役者百八十人，皆可使赴火蹈刃，死而不還踵，化之所致也。』（泰族訓）在亂世時，且欲用法以消極的防人作惡，猶不可能。故其言又曰：『世亂則君子爲姦，而法弗能禁也。』（齊俗訓）

因此之故，淮南子所以稱揚依道治天下者曰：

當今之時，天子在上位，持以道德，輔以仁義，近者獻其智，遠者懷其德，拱揖指麾而四海賓服，春秋冬夏皆獻其貢職，天下混而爲一，子孫相代，此五帝之所以迎天德也。（覽冥訓）

又因刑法諸多不可恃，故論以刑法治天下者爲末等之治曰：

利賞而勸善，畏刑而不爲非，法令正於上，而百姓服於下：此治之末也。（泰族訓）

道德的原理雖然無往不宜；然及其現於實而爲各種制度，則與刑法同爲治具。其言曰：

法制禮義者，治人之具也。（氾論訓）

故亦應如刑法之隨時而變易。故曰：

先王之制不宜則廢之；末世之事善則著之。是故禮樂未始有常也。故聖人制禮樂，而不制於禮樂。治國有常，而利民爲本，政教有經，而令行爲上。苟利於民，不必法古。苟周於事，不必循舊。夫夏商之衰也，不變法而亡。三代之起也，不相襲而王。故聖人法與時變，禮與俗化。衣服器械各便其用；法度制令各因其宜。故變古未可非，而循俗未足多也。（同上）

因此接着反對儒者的拘泥古制，曰：

百川異源而皆歸於海；百家殊業而皆務於治。王道缺而詩作；周室廢，禮義壞，而春秋作。詩春秋，學之美者也，皆衰世之造也。儒者循之以教導於世，豈若三代之盛哉！以詩春秋爲古之道而貴之，又有未作詩春秋之時。夫道其缺也，不若道其全也。誦先王之詩書，不若聞得其言。聞得其言，不若得其所以言。得其所以言者，言弗能言也。故道可道者，非常道也。（同上）

以道德治天下者，固勝於以刑法；然猶非至治之道。其言曰：

古之人同氣于天地，與一世而優游。當此之時，無慶賀之利，刑罰之威，禮義廉恥不設，毀譽仁鄙不立，而萬民莫根侵欺，暴虐猶在於混冥之中。逮至衰世人衆財寡，事力勞而養不足，於是忿爭生，是以貴仁。仁鄙不齊，比周朋黨，設詐諝，懷機械巧故之心，而性失矣，是以貴義。陰陽之情莫有血氣之感，男女羣居雜處而無別，是以貴禮。性命之情淫而相脅，以不得已則不和，是以貴樂。是故仁義禮樂者可以救敗，而非通治之至也。夫仁者所以救爭也，義者所以救失也，禮者所以救淫也，樂者所以救憂也。神明定於天下，而心反其初，心反其初而民性善。民性善而天地陰陽從而包之，則財足而人澹矣，貪鄙忿爭不得生焉。由此觀之，則仁義不用矣。道德定於天下，而民純樸，則目不營於色，耳不淫於聲，坐排而歌謠，被髮而浮游，雖有毛嬙西施之色，不知說也，掉羽武象不知樂也，淫泆無別不得生焉。由此觀之，禮樂不用也。是故德衰然後仁生，行沮然後義立，和失然後聲調，禮淫然後容飾。是故智神明，然後知道德之不足爲也。知道德，然後知仁義之不足行也。知仁義，然後知禮樂之不足脩也。今背其本而求其末，釋其要而索之于詳，未可與言至也。（本經訓）

淮南子心目中的神明之至治，就是純粹依道而治。所以治國之有賴於道德者，尤在於道。故曰：

國之亡也，雖大不足恃。道之行也，雖小不可輕。由此觀之，存在得道，而不在於大也；亡在失道，而不在於小也。

（汜論訓）

（戊）民本主義

淮南子曰：

國主之有民也，猶城之有基，木之有根。根深則本固，基美則上寧。（泰族訓）

因民爲國本，所以統治者之治國應不忘民本主義。其與民更當彼此視同家人父子。其言曰：

上視下如子，則下視上如父，上視下如弟，則下視上如兄。上視下如子，則必王四海。下視上如父，則必正天下。上親下如弟，則不難爲之死。下視上如兄，則不難爲之亡。（兵略訓）

統治者既須得下民之愛戴，則應爲民除害。其言又曰：

明王之用兵也，爲天下除害，而與萬民共享其利。（同上）

統治者之行賞罰，應以民情爲依據，其言又曰：

聖人因民之所喜而勸善，因民之所惡而禁姦。故賞一人而天下譽之，罰一人而天下畏之。故至賞不費，至刑不濫。（氾論訓）

統治之務，尤以養民爲最要。故曰：

食者，民之本也。民者，國之本也。國者，君之本也。是故人君者上因天時，下盡地財，中用人力；是以羣生遂長，五穀蕃植。教民養育六畜，以時種樹，務修田疇，滋植桑麻，把墝高下各因其宜，丘陵阪險不生五穀者以樹竹木，春伐枯槁，夏取果蓏，秋畜疏食，冬伐薪蒸，以爲民資。（主術訓）

民之衣食足而有餘，則不致相爭而亂天下。故又曰：

夫民有餘卽讓，不足則爭；讓則禮義生，爭則暴亂起。（齊俗訓）

但要使民足用而不起爭端，則其爲治非根據於道不可。故又曰：

足用之本，在於勿奪時。勿奪時之本，在於省事。省事之本，在於節欲。節欲之本，在於反性。反性之本，在於去載。去載則虛，虛則平。平者，道之素也；虛者，道之舍也。（詮言訓）

於此可知民本主義之要，亦以道爲歸。

* * *

統治者倘能參透上列各點以行治道，則可謂得道而治了。然以上所述，祇是概括言之。統治者在實際上猶須視其自己的地位而定其治道。故曰：

帝者體太一，王者法陰陽，霸者則四時，君者用六律。秉太一者，牢籠天地，彈壓山川，含吐陰陽，伸曳四時，紀綱八極，經緯六合，覆露照導，普氾無私，蠉飛蝡動，莫不仰德而生。陰陽者，承天地之和，形萬殊之體，含氣化物，以成埒類，贏縮卷舒，淪於不測，終始虛滿，轉於無原。四時者，春生夏長，秋收冬藏，取予有節，出入有時，開闔張歙，不失其敘，喜怒剛柔，不離其理。六律者，生之與殺也，賞之與罰也，予之與奪也，非此無道也。故謹於權衡準繩，審乎輕重，足以治其境內矣。是故體太一者，明於天地之情，通於道德之倫，聰明燿於日月，精神通於萬物，動靜調於陰陽，喜怒和於四時，德澤施於方外，名聲傳於後世。法陰陽者，德與天地參，明與日月竝，精與鬼神總，戴圓履方，抱表懷繩，內能治身，外能得人，發號施令，天下莫不從風。則四時者，柔而不脆，剛而不鞼，寬而不肆，肅而不悖，優柔委從，以養羣類，其德含愚而容不肖，無所私愛。用六律者，伐亂禁暴，進賢而退不肖，扶撥以爲正，壞險以爲平，矯枉以爲直，明於禁舍開閉之道，乘時因勢以服役人心也。帝者體陰陽則侵；王者法四時則廢；霸者節六律，則辱；君者失準繩則廢，故小而行大則滔窕而親：大而行小，則陿隘而不容。貴賤不失其體而天下治矣。（本經訓）

由此可知不能相機活用者，還沒有得到道的妙用。

淮南子一書非人之作；故辭意有未能盡合一者。然以原道訓冠其首，即以道通論一切。此其思想的一貫處啊。

第三章　王充（生于西紀元二七年）

（一）一生的事略

王充字仲任，是會稽上虞人。他的祖先原住在魏郡元城，以農桑爲業。他的祖父汎始改業商，遷居會稽錢唐，他的父親誦因與當地的豪家丁伯等結怨，再舉家徙處上虞。他『六歲教書。……八歲出於書館。……手書既成，辭師受論語尚書，日諷千字，經明德就，謝師而專門，援筆而衆奇，所謂文書亦日博多。』（論衡自紀篇）弱冠出鄉，到當時的首都洛陽受業太學，師事班彪。他在洛陽，因家貧無資，常至書店裏閱所賣書，過目不忘，遂博通衆流百家之言。爲學的方法，與當時學究者流專埋頭於章句訓詁的絕對不同；而用活的方法，研究眞實的知識。故自紀篇曰『淫讀古文，甘聞異言，世書俗說，多所不安，幽處獨居，考論實虛。』

講到他的爲人，『爲小兒與儕倫遨戲，不好狎侮。儕倫好掩雀捕蟬，戲錢林熙，充獨不肯，父誦奇之。六歲教書，恭愿仁順，禮敬具備，矜莊寂寥，有巨人之志。父未嘗笞，母未嘗非，閭里未嘗讓。八歲出於書館，書館小僮百人以上，皆以過失袒謫，或以書醜得鞭。充書日進，又無過失。……才高而不尙苟作，口辯而不好談對，非其人，終日不言。其論說始若詭於衆，極聽其終，衆乃是之。以筆著文，亦如此焉。操行事上，亦如此焉。……不好徼名於世，不爲利害見將。常言人長，希言人短。專薦未達，解已進者過。及所不善，亦弗譽，有過不解，亦弗復陷。能釋人之大過，亦悲夫人之細非。好自周，不肯自彰，勉以行操爲基，恥以材能爲名。衆會乎坐，不問不言，賜見君將，不及不對。在鄉里慕蘧伯玉之節，在朝廷貪史子魚之行。見汙傷不肯自明，位在進亦不懷恨。貧無一畝庇身，志佚於王公，賤無斗石之秩，意若食萬鍾。得官不欣，失位不恨。處逸樂而欲不放，居貧苦而志不倦。……充爲人清重，遊必擇友，不好苟交。所友位雖微卑，年雖幼稚，行苟離俗，必與之友。好傑友雅徒，不泛結俗材。……充性恬澹，不貪富貴。爲上所知，拔擢越次，不慕高官。不爲上所知，貶默抑屈，不恚下位。比爲縣吏，無所擇避。』（論衡自紀篇）

至於他在仕途的經過，則『在縣位至掾功曹，在都尉府位亦掾功曹，在太守爲列掾五官功曹行事，入州爲從事。……充以元和三年徙家辟詣揚州部丹陽九江廬江，後入爲治中。材小任大，職在刺劇，筆札之思，歷年寢廢。章和三年罷州家居。』（同上）『友人同郡謝夷吾上書薦充才學；肅宗特詔公車徵，病不行。……永元中病卒於家。』（後漢書王充傳）他享壽共七十餘歲。

他一生著述的目的及其經過，則據自紀篇謂：『俗性貪進忽退，收成棄敗。充升擢在位之時，衆人蟻附；廢退窮居，舊故叛去。志俗人之寡恩，故閑居作譏俗節義十二篇，冀俗人觀書而自覺。故直露其文，集以俗言。……充既疾俗情，作譏俗之書；又閔人君之政，徒欲治人，不得其宜，不曉其務，愁精苦思，不睹所趨，故作政務之書。又傷僞書俗文，多不實誠，故爲論衡之書。……章和二年，罷州家居，年漸七十，時可懸輿，仕路隔絕，志窮無如。事有否然，身有利害。髮白齒落，日月踰邁，儔倫彌索，鮮所恃賴，貧無供養，志不娛快，曆數冉冉，庚辛域際，雖懼終徂，愚猶沛沛，乃作養性之書凡十六篇，養氣自守。』但上述各書今所存者，祇有論衡八十四篇。論衡一書最初爲秘藏本後始廣傳於世。袁山松書述其流傳之經過曰：『充所作論衡，中土未有傳者。蔡邕入吳始得之，恒秘玩以爲談助。其後王朗爲會稽太守，又得其書。及還許下，時人稱其才進。或曰：不見異人，當得異書。問之，果以論衡之益。由是遂見傳焉。』據後漢書所載；『論衡八十五篇，二十餘萬言。』今招致篇已亡，故所存祇有八十四篇。又清四庫提要因自紀篇有『所論百種』之語，以論衡當時宜有百篇，後傳八十五篇已非完書。不過，充之著述雖多散佚；但他立論好爲反覆，詳盡，故凡譏俗養性之說，論衡中也往往有之，今據僅存的論衡各篇以研究他的思想，雖不能窺其全豹，或可得其大體呢。

(二)萬物與人的生死

王充曰：

天地合氣，物偶自生矣。(物勢篇)

天地如何合氣以生萬物呢？則爲：

夫天覆於上，地偃於下，下氣蒸上，上氣降下，萬物自生其中間矣。當其生也，天不須復與也，由子在母懷中，父不能知也。物自生，子自成。(自然篇)

氣上下迎合的動力乃由於自然，因爲：

天之運氣，時當自然。（明雩篇）

於此可見天非特不故生物，且非自動生物。他雖與漢儒同樣的說：

天稟元氣。（超奇篇）

但反對他們謂天有意志與人格道：

何以天之自然也？以天無口目也。案有爲者口目之類也。口欲食而目欲視，有嗜欲於內，發之於外，口目求之，得以爲利，欲之爲也。今無口目之欲，於物無所求索，夫何爲乎？何以知天無口目也？以地知之。地以土爲體，土本無口目。天地夫婦也，地體無口目，亦知天無口目也。使天體乎，宜與地同。使天氣乎，氣若雲煙，雲煙之屬，安得口目。（自然篇）

春觀萬物之生，秋觀其成，天地爲之乎？物自然也。如爲天地爲之，爲之宜用手，天地安得萬萬千千手，並爲萬萬千千物乎？（同上）

他所以力言天無意志與人格者，正所以顯出天之行動純由於自然。

萬物既由天地所生，則人爲萬物之一，其生也當不能爲例外。他言人之生獨詳。其言曰：

人稟氣而生，含氣而長。（命義篇）

人所稟之氣，直接得之於天。他曰：

人稟元氣於天。（無形篇）

天賦人之氣，即天籍以成之元氣。故人雖直接由天所生，而根本由元氣所成。他所以又曰：

其（指人）受命於天，稟氣於元。（辨崇篇）

人未生在元氣之中。（論死篇）

人所稟的爲元氣中的精華。故曰：

天地之性，人最爲貴。（無形篇）

天不故生物，則當然也不故生人。他所以反對漢儒說：

儒者論曰：天地故生人。此言妄也。夫天地合氣，人偶自生也，猶夫婦合氣，子則自生也。夫婦合氣，非當時欲得生子，情欲動而合，合而生子矣；且夫婦不故生子，以知天地不故生人也。然則人生於天地也，猶魚之於淵，蟣虱之於人也。（物勢篇）

天不但不故生人，且不故爲人而生物。他說道：

天地合氣，萬物自生，猶夫婦合氣，子自生矣。萬物之生，含血之類，知飢和寒，見五穀可食，取而食之，見絲麻可衣，取而衣之。或說以爲天生五穀以食人，生絲麻以衣人，此謂天爲人作農夫桑女之徒也，不合自然，故其義疑，未可從也。試以道家論之，天者普施氣萬物之中，穀愈飢而絲麻救寒，故人食穀衣絲麻也。夫天之不故生

五穀絲麻以衣食人，……物自生而人衣食之。（自然篇）

不過人在萬物之中知慧獨高於萬物，其言曰：

夫倮蟲三百六十，人爲之長。人物也，萬物之中有知慧者也。（辨崇篇）

因此物雖非爲人生，人却能用其知慧以利用萬物，然人雖高於物，却由物轉輾相生。其言又曰：

天地夫婦也天施氣於地以生物，人轉相生。（奇怪篇）

此與達爾文生物進化論正相偶合。

細究天地所以能生人者，全賴陰陽。他說道：

天能生人之體，故能象人之容。夫人所以生者，陰陽氣也。陰氣主爲骨肉，陽氣主爲精神。人之生也，陰陽氣具，故骨肉堅，精氣盛。精氣爲知，骨肉爲強，故精神言談，形體固守。骨肉精神，合錯相持，故常見而不滅亡也。（訂鬼篇）

陰陽氣非元氣之外另一種氣，卽爲天地所稟之元氣。故曰：

陰陽之氣，天地之氣也。（講瑞篇）

他雖認有陰陽，然反對五行相生相剋說。其言曰：

午，馬也，子，鼠也。酉，雞也。卯，兔也。水勝火，鼠何不逐馬？金勝木，雞何不啄兔？亥，豕也。未，羊也。丑，牛也。土勝水，牛羊何不殺豕？巳，虵也。申，猴也。火勝金，虵何不食獮猴？獮猴者，畏鼠也。嚙獮猴者，犬也。鼠，水，獮猴，金也。水不勝金，獮猴何故畏鼠也？戌，土也。申，猴也。土不勝金，猴何故畏犬？東方木也，其星倉龍也。西方金也，其星白虎也。南方火也。其星朱鳥也。北方水也。其星玄武也。天有四星之精，降生四獸之體。含血之蟲，以四獸爲長。四獸含五行之氣最較著。案龍虎交不相賊，鳥龜會不相害。以四獸驗之，以十二辰之禽效之，五行之蟲以氣性相刻，則尤不相應。（物勢篇）

他以爲物的相刻，非如漢儒所謂由於陰陽分化出來的五行，而純由於物力有強弱不同之所致。其言又曰：

凡萬物相刻賊，含血之蟲則相服。至於相啖食者，自以齒牙頓利，筋力優劣，動作巧便，氣勢勇桀。若人之在世，勢不與適，力不均等，自相勝服，以力相服，則以刃相賊矣。夫人以刃相賊，猶物以齒角爪牙相觸刺也。力強角利，勢烈牙長，則能勝，氣微爪短，誅，膽小距頓，則服畏也。人有勇怯，故戰有勝負。勝者未必受金氣，負者未必得木精也。（同上）

以物力強弱而相刻說，則又近於達爾文所創優勝劣敗論。

人既由天所生，則應合天道而行。他說道：

天與人同道。（卜筮篇）

天道是怎樣的呢？他以爲：

自然無爲，天之道也。（初稟篇）

何以知天道是自然無爲的呢？他說道：

天動不欲以生物，而物自生。此則自然也。施氣不欲爲物，而物自爲。此則無爲也。謂天自然無爲者何？氣也。恬澹無欲，無爲無事者也。（自然篇）

天道既是自然無爲，則人亦應自然無爲。人之賢不肖，即以其行能合天道與否爲斷。其言曰：

問曰：人生於天地，天地無爲，人稟天性者，亦當無爲，而有爲，何也？曰：至德純渥之人，稟天氣多，故能則天，自然無爲；稟氣薄少，不遵道德，不似天地，故曰不肖。不肖者，不似也。不似天地，不類聖賢，故有爲也。天地爲鑪，造化爲工。稟氣不一，安能皆賢。（同上）

於此且可知人生來就有賢不肖之分。其所以如此者，由於『稟氣不一』。所以『稟氣不一』者，則因天氣有和有不和，故曰：

夫天地氣和，即生聖人，（齊世篇）

氣所以有和有不和者，蓋由於陰陽的關係了。

人既有生，不能無死。他說道：

有血脈之類，無有不生，生無不死。以其生，故知其死也。天地不生，故不死。陰陽不生，故不死。死者生之效，生者死之驗也。夫有始者必有終，有終者必有始。唯無終始者，乃長生不死。人之生其猶水也：水凝而爲冰，氣積而爲人。冰極一冬而釋，人竟百歲而死。人可令不死，冰可令不釋乎？（語增篇）

人之有死，如物之有終。所以他又曰：

人有死生，物亦有終始。（辨崇篇）

人與物之生由於陰陽，而其死亦由於陰陽。其言曰：

人物吉凶統與天也：使物生者春也，物死者冬也。春生而冬殺也。……物生統於陽，物死繫於陰也。……寒溫之氣，繫於天地而統於陰陽。（變動篇）

人既不能不死，則學老子的養生延年術也是徒然，故曰：

世或以老子之道爲可以度世，恬淡無欲，養精愛氣。夫人以精神爲壽命，精神不傷，則壽命長而不死。成事。老子行之，踰百度世，爲眞人矣。夫恬淡少欲，孰與鳥獸？鳥獸亦老而死。鳥獸含情欲，有與人相類者矣，未足以言，草木之生何情欲，而春生秋死乎？夫草木無欲，壽不踰歲；人多情欲，壽至於百。此無情欲者反夭，有情欲者壽也。夫如是，老子之術以恬淡無欲，延壽度世者，復虛也。或時老子李少君之類也，行恬淡之道，偶其性命亦自壽長，世見其命壽，又聞其恬淡，謂老子以術度世矣。（道虛篇）

養生之術尚是徒然；則學道以冀升天成仙，服藥以求長生不老，更是虛圖了。故又曰：

夫人物也，雖貴爲王侯，性不異於物。物無不死，人安能仙？鳥有毛羽，能飛，不能升天。人無毛羽，何用飛升？使有毛羽，不過與鳥同。況其無有，升天如何？案能飛升之物，生有毛羽之兆，能馳走之物，生有蹄足之形。馳走不能飛升，飛升不能馳走，禀性受氣，形體殊別也。今人禀馳走之性，故生無毛羽之兆，長大至老，終奇怪。好道學仙，中生毛羽，終以飛升，使物性可變，金木水火可革更也。蝦蟆化爲鶉，雀入水爲蜃蛤，禀自然之性，非學道所能爲也。好道之人，恐其或若等之類，故謂人能生毛羽，毛羽備具，能升天也。且夫物之生長，無卒成暴起，皆有浸漸。爲道學仙之人，能先生數寸之毛羽，從地自奮，升樓臺之陛，乃可謂升天。今無小升之兆，卒有大飛之驗，何方術之學成無浸漸也？毛羽大效，難以觀實，且以人髯髮物色少老驗之。物生也色青，其熟也色黃；人之少也髮黑，其老也髮白。黃爲物熟驗，白爲人老效。物黃，人雖灌溉壅養，終不能青；髮白，雖吞藥養性，終不能黑。黑青不可復還，老衰安可復却？黃之與白，猶肉腥炙之燋，魚鮮煮之熟也。燋不可復令腥，熟不可復令鮮。鮮腥猶少壯，燋熟猶衰老也。天養物，能使物暢至秋，不得延之至春；吞藥養性，能令人無病，不能壽之爲仙。（同上）

人學道服藥，不特不能成仙不死，且不能延長其應死之年。因爲『死者命當盡也。』（偶會篇）

人之生也得之元氣，而其死也復歸元氣，其言曰：

人未生，在元氣之中；既死，復歸元氣。元氣荒忽，人氣在其中。人未生無所知，其死歸無知之本，何能有知乎？人之所以聰明智慧者，以含五常之氣也；五常之氣所以在人者，以五藏在形中也。五藏不傷，則人智慧；五藏有病，則人荒忽。荒忽，則愚癡矣。人死，五藏腐朽。腐朽，則五常無所託矣，所用藏智者已敗矣，所用爲智者已去矣。形須氣而成，氣須形而知。天下無獨燃之火，世間安得有無體獨知之精？人之死也，其猶夢也；夢者，殄之次也。殄者，死之比也。人殄不悟，則死矣。案人殄復悟，死從來者，與夢相似，然則，夢殄死一實也。人夢不能知覺時所作，猶死不能識生時所爲矣。人言談有所作於臥人之旁，臥人不能知，猶對死人之棺爲善惡之事，死人不能復知也。夫臥精氣尚在，形體尚全，猶無所知，况死人精神消亡，形體朽敗乎？（論死篇）

人死既即無知，故人死不能爲鬼。其言又曰：

夫死人不能爲鬼，則亦無所知矣。（同上）

世謂死人爲鬼，有知，能害人。試以物類驗之，死人不爲鬼，無知，不能害人。何以驗之？驗之以物。人，物也。物，亦物也。物死不爲鬼，人死何故獨能爲鬼。（同上）

人之死，猶火之滅也。火滅而燿不點，人死而知不惠。二者宜同一實。論者猶謂死有知，惑也。人病且死，與火之且滅何以異？火滅光消而燭在，人死精亡而形存。謂人死有知，是謂火滅復有光也。隆冬之月，寒氣用事，水凝爲冰。踰春氣溫，冰釋爲水。人生於天地之閒，其猶冰也。陰陽之氣，凝而爲人；年終壽盡，死還爲氣。夫春水不能復爲冰，死魂安能復爲形。（同上）

死既不能有形；則世人見鬼者全屬精神作用。他詳細分析說明之曰：

凡天地之間有鬼，非人死精神爲之也。皆人思念存想之所致也。致之何由？由於疾病。人病則憂懼，憂懼見鬼出。凡人不病，則不畏懼故得病寢衽畏懼鬼至。畏懼則存想，存想則目虛見。何以效之？傳曰：伯樂學相馬，顧玩所見，無非馬者；宋之庖丁學解牛，三年不見生牛，所見皆死牛也。二者用精至矣，思念存想，自見異物也。人病見鬼，猶伯樂之見馬，庖丁之見牛也。伯樂庖丁，所見非馬與牛，則亦知夫病者所見非鬼也。病者困劇身體痛，則謂鬼持箠杖毆擊之，若見鬼把椎鏁繩纆，立守其旁，病痛恐懼，妄見之也。初疾畏驚，見鬼之來；疾困恐死，見鬼之怒，身自疾痛，見鬼之擊；皆存想虛致，未必有其實也。夫精念存想，或泄於目，或泄於口，或泄於耳。泄於目，目見其形，泄於耳，耳聞其聲，泄於口，口言其事。晝日則鬼見，暮臥則夢聞。獨臥空室之中，若有所畏懼，則夢見夫人據案其身哭矣。覺見臥聞，俱用精神，畏懼存想，同一實也。（訂鬼篇）

因人死無鬼，故在祀義篇等竭力反對祭祀等舉動。

人死既不能爲鬼，則死而復活之說益難成立。他所以曰：

天地之性，能更生火，不能使滅火復燃；能更生人，不能令死人復見。能使滅灰更爲燃火，吾乃頗疑死人能復爲形。案火滅不能復燃以況之，死人不能復爲鬼明矣。（論死篇）

人死既不能復活，則尸身何用厚葬？故提倡薄葬曰：

未死之時，求卜迎醫，冀禍消藥有益也。既死之後，雖審如巫咸，良如扁鵲，終不復生。何則？知死氣絕，終無補益。

治死無益。厚葬何差乎！倍死恐傷化，絕卜拒醫獨不傷義乎！親之生也，坐之高堂之上。其死也，葬之黃泉之下。（薄葬篇）

他所以詳論人之死者，竟不僅在破除迷信；且欲絕厚葬等奢禮。故又曰：

論死不悉，則奢禮不絕。不絕，則喪物索用。用索物喪，民貧耗之至，危亡之道也。（同上）

不單論死是絕奢禮，論生也是在絕奢禮。如他論生以明天地無意志與人格，因此不必有郊祀等奢禮，（語見禮義篇等）即是顯例。於此可見他詳論生死的最大目的，都在救『危亡之道也。』

（三）命定論

王充曰：

夫倮蟲三百六十，人爲之長。人物也，萬物之中有知慧者也。其受命於天，稟氣於元，與物無異。（辨祟篇）；

因人生有命，所以生死壽夭貴賤貧富，都在於命。其言曰：

凡人遇偶及遭累害，皆由命也。有死生壽夭之命；亦有貴賤貧富之命。自王公逮庶人，聖賢及下愚，凡有首目之類，含血之屬，莫不有命。命當貧賤，雖富貴之，猶涉禍患矣。命當富貴，雖貧賤之，猶逢福善矣。故命貴從賤地自達，命賤從富位自危。（命祿篇）

凡人既同『受命於天，』何以有壽夭貴賤貧富等等不同呢？他以爲：

稟得堅强之性，則氣渥厚而體堅彊。堅彊，則壽命長。壽命長，則不夭死。稟性軟弱者氣少泊而性羸窳。羸窳，則壽命短。短則早死。……至於富貴所稟猶性。所稟之氣得衆星之精。衆星在天，天有其象。得富貴象，則富貴。得貧賤象，則貧賤。（命義篇）

人之生死壽夭，既在於稟氣的『渥厚』與『少泊』；則無關於行爲的善惡。故曰：

死生之到命也。人命懸於天，吉凶存於時。命窮操行善天不能續。命長操行惡，天不能奪。（辨崇篇）

人之貴賤貧富，既在得星衆的『富貴』與『貧賤』；則無關於智愚頑慧。故曰：

貴賤在命，不在智愚。貧富之祿，不在頑慧。（命祿篇）

不過貴富者才智自高。他所以曰：

夫命富之人，筋力自彊；命貴之人，才智自高。若千里之馬，頭目蹄足自相副也。（同上）

上述生死壽夭之命與貴賤貧富之命二者相較，則前者重於後者。他所以又曰：

壽命勝祿命。（命義篇）

蓋命當大壽者，雖有富貴命也不能久享了。且人不特於生死壽夭貴賤貧富受命的束服；而一切都不能逃出命的法圈。故曰：

一成一敗，一進一退，一窮一通，一全一壞，遭遇適然，命時當也。（禍虛篇）

儒者分命爲三類如下：

一曰正命，二曰隨命，三曰遭命。正命，謂本禀之自得吉也。性然骨善，故不假操行以求福，而吉自至，故曰正命。隨命者，戮力操行而吉福至，縱情施欲而凶禍到，故曰隨命。遭命者，行善得惡，非所冀望，逢遭於外而得凶禍，故曰遭命。（命義篇）

王充對此三命說批評之曰：

行惡者禍隨而至，而盜跖莊蹻橫行天下，聚黨數千，攻奪人物，斷斬人身，無道甚矣，宜其遇禍，乃以壽終。夫如是，隨命之說安所驗乎？遭命者，行善於內，遭困於外也。若顏淵伯牛之徒，如何遭凶？顏淵伯牛行善者也，當得隨命，福祐隨至，何故遭凶？顏淵困於學，以才自殺；伯牛空居而遭惡疾；及屈平伍員之徒，盡忠輔上，竭王臣之節，而楚放其身，吳烹其尸。行善當得隨命之福，乃觸遭命之禍，何哉？言隨命則無遭命，言遭命則無隨命。儒者三命之說，竟何所定。（同上）

因此他把命重行分類道：

凡人禀命有二品：一曰所當觸值之命，二曰彊弱壽夭之命。所當觸值，謂兵燒壓溺也。彊壽弱夭，謂禀氣渥薄也。兵燒壓溺，遭以所禀爲命，未必有審期也。若夫彊弱夭壽，以百爲數，不至百者，氣自不足也。夫禀氣渥，則其體彊，體彊則其命長。氣薄則其體弱，體弱則命短，命短則多病，壽短。始生而死，未產而傷，禀之薄弱也。渥强之

人，不孫詒讓云不當爲必。卒其壽。（氣壽篇）

他以爲『性命繫於形體，』（骨相篇）故信相法，其言曰：

人有壽夭之相，亦有貧富貴賤之法，俱見於體。故壽命修短皆稟於天，骨法善惡皆見於體。（命義篇）

知命之人，見富貴於貧賤，睹貧賤於富貴。案骨節之法，察皮膚之理，以審人之性命，無不應者。（骨相篇）

相法之所以可信者，因形與命相合不可分。其言又曰：

人稟元氣於天，各受壽夭之命，以立長短之形，猶陶者用土爲簋廉，冶者用銅爲柈杅矣器形已成，不可小大。人體已定不可減增。用氣爲性，性成命定。體氣與形骸相抱，生死與期節相須。形不可變化，命不可減加。（無形篇）

形與命如此密切相連，故觀形可以知命。

不單人有命，國亦有命。他說道：

教之行廢，國之安危，皆在命時，非人力也。（治期篇）

國命勝於人命。他舉史事以證之曰：

宋衞陳鄭，同日並災。四國之民，必有祿盛未當衰之人；然而俱災，國禍陵之也。故國命勝人命。（命義篇）

人命非祀禳可以改變，國命亦然。故曰：

國期有遠近，人命有長短。如祭祀可以得福，解除可以去凶，則王者可竭天下之財，以興延期之祀；富家翁嫗可求解除之福，以取踰世之壽。案天下人民，夭壽貴賤皆有祿命，操行吉凶皆有衰盛。祭祀不爲福，福不由祭祀。（解除篇）

（四）性說

與命同時稟得者爲性。其言曰：

命謂初所稟得而生也。人生受性則受命矣。性命俱稟，同時並得，非先稟性，後乃受命也。（初稟篇）

性與命雖同時稟得，却各不相同。王充說明其不同之處曰：

夫性與命異，或性善而命凶，或性惡而命吉。操行善惡者，性也，禍福吉凶者，命也。或行善而得禍，是性善而命凶。或行惡而得福，是性惡而命吉也。性自有善惡，命自有凶吉。（命義篇）

人之操行善惡既在於性，則人性生來是善是惡呢？他說道：

性本自然，善惡有質。（本性篇）

人性同稟於一種元氣，怎樣會有善有惡的呢？因爲：

稟氣有厚泊，故性有善惡也。殘則授不仁之氣泊，而怒則稟勇渥也。仁泊則戾而少愈，勇渥則猛而無義，而又不和氣不足，喜怒失時，計慮輕愚，妄行之人，罪故爲惡。人受五常，含五臟，皆俱於身。稟之泊少，故其操行不及善人猶或厚或泊也，非厚與泊殊其釀也，麴糵多少使之然也。是故酒之泊厚，同一麴糵；人之善惡，共一元氣。氣有少多，故性有賢愚。（率性篇）

性因稟氣厚泊而有善惡，正同命因稟氣不同而有貴賤，故曰：

稟性受命，同一實也命有貴賤性有善惡。謂性無善惡是謂人命無貴賤也。（本性篇）

但命不可改變，而性却不可轉移。他用譬喻以說明性可由人力以轉移道：

夫肥沃墝埆，土地之本性也。肥而沃者性美樹稼豐茂墝而埆者性惡，深耕細鋤，厚加糞壤，勉致人功，以助地力，其樹稼與彼肥沃者相似類也。地之高下亦如此焉。以钁鍤鑿地，以埤增下，則其下與高者齊。如復增钁鍤，則夫下者不徒齊者也反更爲高而其高者反爲下。使人之性有善有惡，彼地有高有下，勉致其教令之善，則將善者同之矣。善以化渥，釀其教令，變更爲善善則且更宜反過於往善猶下地增钁鍤，更崇於高地也。（率性篇）

因此善性可變爲惡，惡性可變爲善。其言曰：

人之性，善可變爲惡，惡可變爲善。（同上）

他所謂性可以人力轉移之說，實本之周人世碩，其言又曰：

周人世碩以爲人性有善有惡，舉人之善性，養而致之則善長；性惡，養而致之則惡長。如此，則性各有陰陽善

惡，在所養焉。（本性篇）

培養善性而使善長之人力，唯在於教。他所以曰：

夫人有不善，則乃性命之疾也。無其教治而欲令變更，豈不難哉！（率性篇）

所謂教者，卽爲聖教，因聖教爲治性惡之唯一良法，故曰：

不患性惡，惡其不服聖教。（同上）

聖教之施行也應從胎教起，因爲：

性命在本，故禮有胎教之法。子在身時，席不正不坐，割不正不食，非正色目不視，非正聲耳不聽。及長，置以賢師良傅，教君臣父子之道，賢不肖在此時矣。受氣時母不謹愼，心妄慮邪，則子長大狂悖不善，形體醜惡。（命義篇）

與教相連者爲學，故言學於治性之重要曰：

夫學者所以反情治性，盡材成德也。（量知篇）

故爲人不可不學。其言曰：

夫人之不學猶穀未成粟，米未爲飯也。……學士簡練於學，成熟於師，身之有益，猶穀成飯，食之生肌腴也。（同上）

他以爲爲學須求博。其言曰：

耕夫多殖嘉穀，謂之上農夫；其少者謂之下農夫。學士之才，農夫之力，一也。能多種穀，謂之上農；能博學問，謂之上儒。（別通篇）

至於所以須博學的原因，則爲：

夫德不優者不能懷遠；才不大者，不能博見。故多聞博識，無頑鄙之訾；深知道術，無淺闇之毀也。（同上）

爲學不僅求博，且須終身孜孜於學。其言曰：

聖人之好學也，且死不休，念在經書，不以臨書之故，棄忘道藝。（同上）

不過教學轉移性的力量無論怎樣偉大，不能使下愚之性轉移爲善。其最能奏效者，僅對於中人之性。他批評孔子告子之性說時，卽明白表示此意曰：

夫告子之言，謂人之性與水同也。使人性若水，可以水喻性，猶金之爲金，木之爲木也。人善因善，惡亦因惡，初稟天然之姿，受純壹之質，故生而兆見，善惡可察。無分於善惡，可推移者，謂中人也；不善不惡，須教成者也。故孔子曰：「中人以上，可以語上也；中人以下，不可以語上也。」告子之以決水喻者，徒謂中人，不指極善極惡也。孔子曰：「性相近也，習相遠也。」夫中人之性，在所習焉，習善而爲善，習惡而爲惡也。至於極善極惡，非復在習。故孔子曰：「惟上智與下愚不移。」性有善不善，聖化賢敎，不能復移易也。孔子道德之祖，諸子中最卓

者也而曰「上智下愚不移；」故知告子之言未得實也。（本性篇）

於此可見王充的性說雖歸宗世碩的性在所養論而猶深信孔子的性三品說。

（五）古今

王充曰：

夫今之天，古之天也；非古之天厚，而今之天薄也。（自然篇）

古今之天既相同，則其所生之人亦當無異。他所以曰：

上世之天，下世之天也，天不變易，氣不改更。上世之民，下世之民也，俱稟元氣。元氣純和，古今不異，則稟以爲形體者，何故不同？夫稟氣等，則懷性均，懷性均，則形體同，形體同，則醜好齊。醜好齊，則夭壽適。一天一地，並生萬物，萬物之生，俱得一氣，氣之薄渥，萬世若一。（齊世篇）

古今之人無異，故其才亦相同。其言曰：

夫古人之才，今人之才也。今謂之英傑，古以爲聖神。（問孔篇）

在古今人之生活上看來，似有質朴與文薄之異；但此乃由於器業變易，非性行有異。其言又曰：

上世之人，所懷五常也，下世之人，亦所懷五常也。俱懷五常之道，共稟一氣而生，上世何以質朴，下世何以文薄？彼見上世之民，飲血茹毛，無五穀之食，後世穿地爲井，耕土種穀，飲井食粟，有水火之調；又見上古巖居穴

處，衣禽獸之皮，後世易以宮室，有布帛之飾，則謂上世質朴，下世文薄矣。夫器業變易，性行不異。（齊世篇）

不特今人與古人之性行無異，且與未來人之性行亦不致有異。故曰：

古之水火，今之水火也，今之聲色，後世之聲色也。鳥獸草木，人民好惡，以今而見古，以此而知來，千歲之前，萬世之後，無以異也。（實知篇）

今既無異於古，世人何以愛古薄今呢？他詳細說明其原因曰：

夫上世之士，今世之士也，俱含仁義之性，則其遭事並有奮身之節。古有無義之人，今有建節之士，善惡雜廁，何世無有。述事者好高古而下今，貴所聞而賤所見，辨士則談其久者，文人則著其遠者，近有奇而辨不稱，今有異而筆不記。若夫琅邪兒子明，歲敗之時，兄為飢人所食，自縛叩頭，代兄為食，餓人美其義，兩舍不食。兄死牧養其孤，愛不異於己之子，歲敗穀盡，不能兩活，餓殺其子，活兄之子。臨淮許君叔亦養兄孤子，歲倉卒之時，餓其親子，活兄之子，與子明同義。會稽孟章父英為郡決曹掾，郡將撾殺非辜，事至覆考，英引罪自予，卒代將死；章後復為郡功曹，從役攻賊，兵卒比敗，為賊所射，以身代將，卒死不去。此弘演之節，陳不占之義，何以異？當今著文書者，肯引以為比喻乎！比喻之證，上則求虞夏，下則索殷周，秦漢之際，功奇行殊，猶以為後，又況當今在百代下，言事者目親見之乎！畫工好畫上代之人，秦漢之士，功行譎奇，不肯圖。今世之士者，尊古卑今也。貴鵠賤雞，鵠遠而雞近也。使當今說道深於孔墨，名不得與之同，立行崇於曾顏，聲不得與之鈞。何則？世俗之性，

賤所見貴所聞也。（齊世篇）

今雖無異於古，但單知今或祇知古都是不對的。他所以斥單知今或祇知古者曰：

夫知古不知今，謂之陸沉。……夫知今不知古，謂之盲瞽。（謝短篇）

於此可見要不做陸沉或盲瞽，則非並知古今不可。

(十八)關於爲政

王充是最反對迷信的，所以竭力排除儒家文武受命之說道：

文王自爲，非天驅赤雀使告文王，云當爲王，乃敢起也。然則文王赤雀，及武王白魚，非天之命昌熾祐也。（初稟篇）

統治者雖非受天命而興，却須則天而治。其言曰：

王者則天不違，奉天之義也。推自然之性，與天合同。（同上）

自然之性，是無爲自化。故『推自然之性』而治者，卽實行無爲而治。至於何謂無爲而治，及無爲而治之何以『與天合同』則說明於下：

黃老之操，身中恬澹，其治無爲，正身共己，而陰陽自和；無心於爲，而物自化；無意於生，而物自成。易曰：「黃帝堯舜，垂衣裳而天下治。」垂衣裳者，垂拱無爲也。孔子曰：「大哉！堯之爲君也，惟天爲大，惟堯則之，」又曰：

「巍巍乎！舜禹之有天下也而不與焉。」周公曰：「上帝引佚。」「上帝，」謂舜禹也。舜禹承安繼治，任賢使能，恭己無爲，而天下治。舜禹承堯之安，堯則天而行，不作功邀名，無爲之化自成。故曰：「蕩蕩乎！民無能名焉，年五十者，擊壤於塗，不能知堯之德。蓋自然之化也。易曰：「夫人與天地合其德，」黃帝堯舜，大人也。其德與天地合，故知無爲也。天道無爲，故春不爲生，而夏不爲長，秋不爲成，冬不爲藏，陽氣自出，物自生長，陰氣自起，物自成藏。（自然篇）

統治者一方則天；一方還須順民意。其言曰：

王良登車，馬無罷駑；堯舜治世，民無狂悖。王良馴馬之心，堯舜順民之意。（非韓篇）

所以須順民意者，因爲：

夫治人以人爲主。（宣漢篇）

民意所欲者，莫大於『平安』所以說：

賢君之治國也，猶慈父之治家。慈父耐乎教明令，耐使子孫皆爲孝善。子孫孝善，是家興也。百姓平安，是國昌也。（治期篇）

百姓所以不平安之最大原因，則爲『民棄禮義。』其言曰：

夫世之所以爲亂者，不以賊盜衆多，兵革並起，民棄禮義，負畔其上乎？（同上）

所以力言禮義對於治國之重要曰：

國之所以存者禮義也。（非韓篇）

這也就是他主張德治的明白宣言。盛世固須行德治；卽在衰世亦不能全任法而廢德。故於批評韓非之說中，曾說明此意曰：

治國，猶治身也。治一身，省恩德之行，多傷害之操，則交黨疎絕，恥辱至身。推治身以況治國，治國之道，當任德也。韓子任刑，獨以治世，是則治身之人任傷害。韓子豈不知任德之爲善哉！以爲世衰事變，民心靡薄，故作法術，耑意於刑也。夫世不乏於德，猶歲不絕於春也。謂世衰難以德治，可謂歲亂不可以春生乎？人君治一國，猶天地生萬物。天地不爲亂歲去春，人君不以衰世屛德。（同上）

然他以爲要施行德治，非先解決民生不可，故曰：

夫飢寒並至而能無爲非者寡。然則溫飽並至而能不爲善者希。傳曰：「倉廩實民知禮節，衣食足民知榮辱。」讓生於有餘，爭起於不足。穀足食多，禮義之心生。禮豐義重，平安之基立矣。故飢歲之春，不食親戚。穰歲之秋，召及四鄰。不食親戚，惡行也。召及四鄰，善義也。爲善惡之行，不在人質性，在於歲之飢穰。由此言之，禮義之行，在穀足也。（治期篇）

因此可見解決民生，實爲施行德治的先決問題。德治純屬於文治；而除文治之外，更須有武備。其言曰：

治國之道所養有二：一曰養德，二曰養力。養德者，養名高之人，以示能敬賢。養力者，養氣力之士，以明能用兵。此所謂文武張設，德力且足者也。事或可以德懷，或可以力摧。外以德自立，內以力自備。（非韓篇）

文治武備兼有，方爲得治道之全。

漢儒以爲治道之善否，與禎祥及災異有密切關係。治道善，則禎祥出；治道不善，則災異見。此卽所謂天人感應之說。但王充竭力反對此說，認人在天地間至爲微小，其言行不能動天。他說道：

今人之形，不過七尺。以七尺形中精神，欲有所爲，雖積銳意，猶筯撞鍾算擊鼓也，安能動天？（感虛篇）

不僅常人之言行不能動人，卽聖人之言行亦然如此。他所以又說道：

聖人之拘，不能動天。（同上）

人之言行固不能動天，而天自身也不能聞見人之言行。因爲：

天之去人高數萬里，使耳附天，聽數萬里之語，弗能聞也。人坐樓臺之上，察地之螻蟻，尙不見其體，安能聞其聲？何則？螻蟻之體細，不若人形大，聲音孔氣，不能達也。今天之崇高，非直樓臺；人體比於天，非若螻蟻於人也。謂天非若螻蟻於人也，謂天聞人言，隨善惡爲吉凶，誤矣。（變虛篇）

如是，則天人之間決不能發生感應作用。故曰：

夫人不能以行感天，天亦不隨行而應人。（明雩篇）

天人之間，既無感應作用；則災異之見，並非天聞見統治者行政有不善，而故予之譴告。其言曰：

論災異，謂古之人君爲政失道，天用災異譴告之也。災異非一，復以寒溫爲之效。人君用刑非時則寒，施賞違節則溫。天神譴告人君，猶人君責怒臣下也。故楚嚴王曰：「天不下災異，天其忘予乎？」災異爲譴告，故嚴王懼而思之也。曰：此疑也。夫國之有災異也，猶家人之有變怪也。有災異，謂天譴人君；有變怪，天復譴告家人乎？家人既明，人之身中亦將可以喻。身中病，猶天有災異也。血脈不調，人生疾病；風氣不和，歲生災異。災異謂天譴國政，疾病天復譴告人乎？釀酒於罌，烹熟於鼎，皆欲其氣味調得也。時或鹹苦酸淡不應口者，猶人勺藥失其和也。夫政治之有災異也，猶烹釀之有惡味也。苟謂災異爲天譴告，是其烹釀之誤得見譴告也。占大以小，明物事之喻，足以審天。……夫天道，自然也——無爲。如譴告人，是有爲，非自然也。（譴告篇）

天既不因統治者爲政不善而降災異，則自更不因爲政善而賜禎祥了。故其言又曰：

夫瑞應猶災變也。瑞以應善，災以應惡。善惡雖反，其應一也。災變無種，瑞應亦無類也。陰陽之氣，天地之氣也。遭善而爲和，遇惡而爲變。豈天地爲善惡之政，更生和變之氣乎？（講瑞篇）

然統治者爲政之善與否，雖不能感天應變；而天之所變，却爲國之昌衰所繫。他說道：

百姓平安，是國昌也。昌必有衰，興必有廢。興昌非德所能成，然則衰廢非德所能敗也。昌衰興廢，皆天時也。（治期篇）

爲什麽國之昌衰在天時，而不在德治呢？因德治之行，須先解決民生。民生之解決，端賴穀成，而穀之成敗，全在天時。故曰：

> 案穀成敗，自有年歲。年歲水旱，五穀不成，非政所致，時數然也。（同上）

夫天時之變，則又由於『氣自爲之。』其言曰：

> 夫天無爲，故不言。災變時至，氣自爲之。（感類篇）

而氣之所爲，則又依乎『自然』：因爲

> 天之行也，施氣自然也。（說日篇）

至此可知王充學說之根本立脚點在於『自然』；而確認宇宙一切皆籠罩於大自然勢力之下者也。

第四章 結論

淮南王所主編的淮南王書，自始至終以『道』通貫一切。而所謂『道』者，就是『自然』。因爲淮南王書教我們修道之術在於『法修自然』（詮言訓）故知『道』就是『自然』。王充著的論衡，通體以『自然』爲立場。此處所謂『自然』都與道家的『自然主義』相同。不過他們雖都把道家的思想做中心，却不擯棄諸家之說。玆將他們兼采諸家之說最顯見的，約舉於左。

淮南王書曰：『國之所以存者道德也。』（氾論訓）論衡曰：『國之所以存者禮義也。』（非韓篇）此同是主張德治的思想。淮南王書曰：『國之所以存者，非以有法也，以有賢人也。』（泰族訓）王充曰：『賢君之治國也，猶慈父之治家。慈父耐平教明令，耐使子孫皆爲孝善。子孫孝善，是家興也。百姓平安，是國昌也。』（治期篇）此同是主張人治的思想。淮南王書曰：『上視下如子，則下視上如父。上視下如弟，則下視上如兄。上視下如子，則必王四海。下視上如父，則必正天下。上親下如弟，則不難爲之死。下視上如兄，則不難爲之亡。』（兵略訓）論衡曰：『王良登車，馬無罷駑；堯舜治世，民無狂悖。王良馴馬之心，堯舜順民之意。』（非韓篇）此同是主張民本主義。但德治，人治，民本主義，都是儒家的根本思想。

淮南王書曰：『無道以行之法，雖衆足以亂矣。』（泰族訓）論衡曰：『治國之道，當任德也。韓子任刑，獨以治世。是則治身之人任傷害也。』（非韓篇）這也是同樣的看輕法治。但他們雖不以法治主張爲是；却深贊同法家不泥古而重今的觀念。如淮南王書所謂：『聖人法與時變，禮與俗化』；（氾論訓）論衡所謂：『夫知古不知今，謂之陸沉，』（謝短篇）都是他們兼采法家思想的顯例。

淮南王書曰：『出入無間，役使鬼神，』（精神訓）這是淮南王與墨子同樣的承認天地之間除人物以外尙有鬼神。且更對於墨子薄葬說表同情，故曰：『吾生也有七尺之形，吾死也有一棺之土。』（淮南王書精神訓）王充雖極言『人死不能爲鬼，』（論衡論死篇）與墨子明鬼相反；却贊同墨子薄葬說，故曰：『治死無益，厚葬何差乎！……其死也葬之黃泉之下。』（同上薄葬篇）

以上雖未能詳細說明；然已足見淮南王與王充都於道家之外兼采衆說，正是雜家的本來面目。不過他們雖同是雜家；却有值得注意的不同處。淮南王以爲天人之間確有感應作用，故曰：『昔者師曠奏白雪之音，而神物爲之下降，風雨暴至。』（淮南王書覽冥訓）王充則力反此說，故曰：『今人之形不過七尺，以七尺形中精神欲有所爲，雖積銳意猶筋撞鍾算擊鼓也，安能動天？』（論衡感虛篇）又淮南王深信神仙家所言養生成仙之術，今枕中鴻寶苑秘書雖已無從窺見全豹，但就其現存的猶時流露此類語句。其言曰：『得道者窮而不懾，達而不窮；……新而不朗，久而不渝，入火不焦，入水不濡。是故不待勢而尊，不待財而富，不待力而强；平虛下流，與化翺翔。』（原道訓）

『若吹呴呼吸，吐故納新，熊經鳥伸，鳧浴蝯躩，鴟視虎顧，是養形之人也，不以滑心。』（精神訓）而王充則反對神仙家之語曰：『夫人物也，雖貴爲王侯，性不異於物；物無不死，人安能仙？』（論衡道虛篇）以爲『死生之到命也。』（論衡辨崇篇）

然則淮南王與王充何以有如此的不同呢？蓋淮南王生當道家衰落，漸與神仙家混成一脈，而儒家又正將大盛之際；所以不僅深信神仙家養生術，且迎合漢儒災異說。王充之世，雖儒家之勢仍盛，神仙家之說尚流行；但因爲他生性『疾俗情，……傷僞書俗文多不實誠，』（論衡自紀篇）故取道家的自然主義解釋一切，以破除儒家和神仙家的虛妄。由此可知淮南王實爲道家思潮過渡到儒家思潮的橋樑；而王充乃是道家中興造成魏晉玄學的先聲。

敬啟

『民國專題史』叢書，乃民國時期出版的著名學者、專家在某一專題領域的學術成果。所收圖書絕大部分著作權已進入公有領域，但仍有極少圖書著作權還在保護期內，需按相關要求支付著作權人或繼承人報酬。因未能全部聯系到相關著作權人，請見到此說明者及時與河南人民出版社聯系。

聯系人 楊光

聯系電話 0371–65788063

2016年3月28日